“十四五”高等职业教育轨道交通类专业系列教材

施工企业物资管理实务

李曦明　谭虹钰◎主　编
孟凡静◎副主编
胡　浩◎主　审

中国铁道出版社有限公司
CHINA RAILWAY PUBLISHING HOUSE CO., LTD.

内 容 简 介

本书是黑龙江省第二轮高水平高职学校和专业群建设项目成果之一。书中系统阐述了施工企业物资管理工作中的物资计划、物资采购、物资运输、物资储备、物资供应、物资核算等内容。通过对本书的学习,读者可以掌握节约物资成本的知识,认识物资成本核算领域"降本增效"的重要性和紧迫性,从而增强责任感和使命感。

本书适合作为高等职业院校、成人高校现代物流管理专业的教材,也可作为施工企业物资管理人员的培训教材,还可供相关管理人员、技术人员自学参考。

图书在版编目(CIP)数据

施工企业物资管理实务/李曦明,谭虹钰主编.—北京:中国铁道出版社有限公司,2023.5(2025.8 重印)
"十四五"高等职业教育轨道交通类专业系列教材
ISBN 978-7-113-29468-7

Ⅰ.①施… Ⅱ.①李… ②谭… Ⅲ.①施工企业-物资管理-高等职业教育-教材 Ⅳ.①F407.906.5

中国版本图书馆 CIP 数据核字(2022)第 131049 号

书　　名:施工企业物资管理实务
作　　者:李曦明　谭虹钰

策　　划:王文欢
责任编辑:李中宝　　**编辑部电话**:(010)83527746　　**电子邮箱**:578399731@qq.com
封面设计:刘　颖
责任校对:安海燕
责任印制:赵星辰

出版发行:中国铁道出版社有限公司(100054,北京市西城区右安门西街 8 号)
网　　址:https://www.tdpress.com/51eds
印　　刷:河北京平诚乾印刷有限公司
版　　次:2023 年 5 月第 1 版　2025 年 8 月第 2 次印刷
开　　本:787 mm×1 092 mm 1/16　**印张**:16.75　**字数**:408 千
书　　号:ISBN 978-7-113-29468-7
定　　价:49.00 元

前言

随着改革开放的不断深入，建筑业取得了突飞猛进的发展，对施工企业的物资管理提出了更高的要求。施工企业物资管理是施工企业管理中十分重要的组成部分。施工物资质量是工程质量的基础。不同工程项目、不同工艺阶段，对施工物资要求也不相同，物资本身质量的优劣，直接影响着工程质量的好坏。施工产品总成本中的60%～70%由施工物资成本构成。施工企业物资管理水平的高低关系到施工企业经济效益的好坏。在中国特色社会主义市场经济条件下，施工物资的供应渠道增多了，物资管理的难度增加了，但是施工企业又必须不断提高工程质量降低工程成本，才能在激烈的市场竞争中占有一席之地。因此，不论人们自觉与否，物资管理水平已经成为影响施工企业盛衰成败的关键因素之一。同时，必须建立一支能适应新形势、具备高素质的物资管理人员队伍。

本书以培养技术技能型人才为目标对教学内容进行设计，侧重实用、够用，在编写过程中紧跟行业发展趋势，采取校企合作方式，结合岗位和后续专业课程的需要，扩展了物资管理新规定及物资核算等内容。

本书以学习者为中心，站在初学者角度上，结合施工企业物资管理工作的实际，突出施工企业物资管理工作的专业特点，总结施工企业物资管理工作的经验及教训，并将其贯穿全书。同时将施工企业“开路先锋”精神、物资管理职业道德规范、建筑行业从业人员的职业道德等思政元素巧妙地融入教材。

针对“施工企业物资管理”的课程特点，为了使学生更加直观地理解构造特点，也方便教师教学讲解，本书配套丰富的数字化资源和在线开放课程，集物资管理软件、二维动画、图片、案例、习题等数字化资源于一体。学习者可登录“学银在线”(https://www.xueyinonline.com/detail/222121703)搜索“施工企业物资管理”课程进行在线学习。本书通过二维码技术实现纸质教材与移动终端互动，支持多终端的在线学习和测试，使教、学、考的形式更加灵活，提升教师团队的信息化教学水平。

本书由哈尔滨铁道职业技术学院李曦明、谭虹钰任主编，孟凡静任副主编，中铁二十四局集团有限公司南昌公司胡浩主审。具体编写分工如下：李曦明编写绪论、项目三、项目四、项目九，谭虹钰编写项目一、项目五、项目六，孟凡静编写项目二、项目七，陈静编写项目八。

本书的编写得到了中铁二十四局集团有限公司南昌公司以及哈尔滨铁道职业技术学院的大力支持,在此表示衷心的感谢!在本书编写过程中,我们还参考了许多专家的研究成果和有关文献资料,在此谨向各位专家、作者表示衷心的感谢,未能一一注明出处,在此向原作者表示歉意。

由于编者水平有限,书中难免存在疏漏之处,诚请广大读者和各位同行批评指正,以便对本书加以修正,使之不断完善。

编　者

2022年7月

目　录

绪 论

学习目标

知识目标

(1)了解物资及施工企业物资的含义。

(2)掌握施工企业管理的内涵及施工企业物资管理的内容。

(3)熟悉施工企业物资管理的原则、任务及程序。

(4)熟悉施工企业物资管理的机构及人员配备。

(5)掌握施工企业物资管理人员的职业道德建设内容。

能力目标

(1)能够根据物资实物(或物资图片及视频),区分不同种类的物资。

(2)能够根据物资管理内容绘制物资管理流程图。

(3)能够根据施工企业物资管理人员工作内容辨别采购员、管库员、材料员的职责与工作程序。

素养目标

(1)引导学生意识到作为一名合格的建筑行业从业人员应遵守的职业道德。

(2)弘扬忠于职守、热爱本职、质量第一、信誉至上、遵纪守法的职业品质。

(3)传承施工企业“开路先锋”精神,培育学生具有自觉严明的纪律观、勇于奉献的价值观。

学习导航

- 绪论
  - 物资管理概述
    - 物资的含义
    - 施工企业物资的含义及分类
      - 施工企业物资的含义
      - 施工企业物资的分类
    - 施工企业物资管理的含义及可能存在的问题
      - 施工企业物资管理的含义
      - 施工企业物资管理可能存在的问题
    - 施工企业物资管理的特点
    - 施工企业物资管理的意义
    - 施工企业物资管理的方针及原则
      - “从施工生产出发，为施工生产服务”的方针
      - 加强计划管理的原则
      - 加强核算，坚持按质论价的原则
      - 厉行节约的原则
      - 树立风险管理意识原则
    - 施工企业物资管理的要求
      - 落实资源，保证供应
      - 抓好实物采购运输，加速周转，节省费用
      - 抓好商情信息管理
      - 降低材料单耗
    - 施工企业物资管理的内容
      - 编制物资供应计划
      - 组织货源
      - 物资消耗定额管理
      - 仓库管理
      - 库存量控制和储备资金管理
      - 物资供应统计与核算
      - 建立健全物资管理的规章制度
  - 物资管理体制及流程
    - 影响企业物资管理体制确定的因素
    - 物资管理组织机构设置
      - 物资管理组织机构设置原则
      - 影响物资管理组织机构设置的因素
    - 物资管理组织机构类型
    - 物资管理的程序及方法
      - 施工企业物资管理程序
      - 施工企业物资管理的方法
    - 施工企业物资管理人员工作职责
      - 集团物资管理部门工作职责
      - 子公司物资管理部门工作职责
      - 项目经理物资管理工作职责
      - 项目物资部门管理工作职责
      - 项目部工作人员工作职责
  - 物资管理人员职业道德
    - 职业道德与培养
      - 职业道德的特点
      - 物流行业职业道德的基本规范
    - 建筑行业从业人员职业道德规范
      - 忠于职守，热爱本职
      - 质量第一，信誉至上
      - 遵纪守法，安全生产
      - 文明施工，勤俭节约
      - 钻研业务，提高技能

学习重点　学习难点　慕课资源　动画资源　课程思政

随着全球经济一体化进程的不断加速，我国经济融入全球经济的速度不断加快，我国企业承受的竞争压力不断加强，企业不仅遭遇国内同行的激烈竞争，而且要直接面对国际跨国公司更加激烈的全方位竞争。国际跨国公司不仅利用其强大的科研实力决战于中高端市场，而且携其品牌、资金、全球供应与制造网络和成本控制能力决战于低端市场。如此不利的外部环境，迫使我国企业必须在物资管理方面摒弃先前的粗放式经验管理，采用更加科学的管理方法和手段，减少物资消耗，降低产品成本，增强企业竞争力。

第一节　物资管理概述

一、物资的含义

物资是物质资料的简称，包括生产资料和生活资料。企业的物资是指用于产品生产制造过程中所消耗的各种外购的生产资料，如原料、材料、辅助材料、燃料、动力、工具和机械、仪表、零部件等物质。它不包括土地、列作固定资产的机器设备等生产资料。物资的构成如图 0-1 所示。

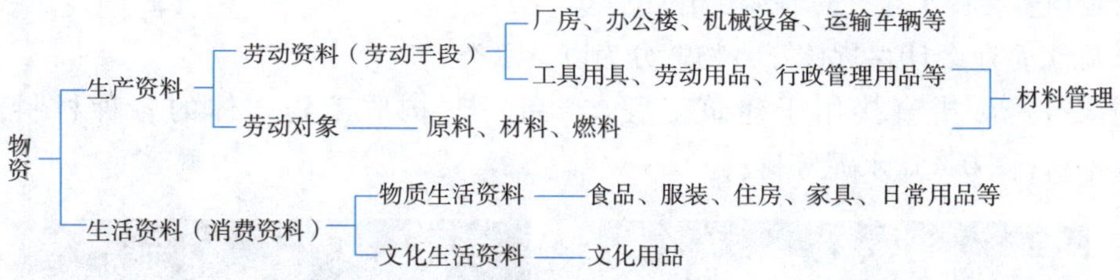

图 0-1　物资的构成

二、施工企业物资的含义及分类

（一）施工企业物资的含义

施工企业物资部门的物资管理范围，不仅包括原料、材料、燃料，还包括生产工具、劳保用品、机电产品，甚至扩大到机械配件。所以“物资”一词，对施工企业来说，是指材料部门管理的所有物资。

施工企业物资是建筑安装施工过程的劳动对象，是建筑产品的物质基础。施工物资投入生产后，原有的实物形态发生改变或消失，构成工程实体或有助于工程实体的形成。

施工企业物资是建筑企业生产经营资金中流动资金的主要实物表现形态，是建筑物资的主要组成部分。

（二）施工企业物资的分类

建筑业对物资消耗的量很大，建筑工程成本的 70% 左右为材料费。建筑用材料有近 80 个大类、2 000 多个品种、30 000 多个规格，涉及冶金、化工、建材、石油、林业、机械、轻工、电子、仪表等 50 多个工农业部门的产品。为方便管理，人们从不同角度对物资进行了分类。

1. 按建筑材料的理化性能分类

建筑材料按理化性能分类如图 0-2 所示。

- 建筑材料
  - 非金属材料
    - 无机材料
      - 天然石材（砂、石）
      - 陶质材料（砖、瓦、陶器）
      - 胶结材料（石膏、石灰、水泥、水玻璃等）
      - 隔热材料（硅酸盐发泡类材料）
      - 玻璃及其制品
      - 未焙烧人造石及制品（混凝土、砂浆及制品）
    - 有机材料——木材、竹材、胶结材料（沥青）、油漆、塑料制品
  - 金属材料
    - 黑色金属——生铁、碳钢、合金钢等
    - 有色金属——金、银、铜、铝、铅、锌、锡等及其合金

图 0-2　建筑材料按理化性能分类

2. 按照物资在施工生产过程中的作用分类

目前，施工企业会计存货核算将物资分为以下六类：

(1)主要物资，指直接用于建筑工程(产品)上，构成工程实体的各种材料，如钢材(图 0-3)、木材(图 0-4)、水泥等材料。

图 0-3　钢材

图 0-4　木材

(2)结构件，指事先已经对建筑材料进行加工，经过安装后构成工程实体的各种加工件，如金属构件(图 0-5)、预制钢筋混凝土构件、木构件(图 0-6)等。

图 0-5　金属构件

图 0-6　木构件

(3)机械配件，指维修机械设备所需的各种零件和配件，如曲轴、螺钉(图0-7)等。

图0-7 螺钉

(4)周转材料，指施工生产中多次反复使用，基本保持原有形态且逐渐转移其价值的工具性材料，如脚手架(图0-8)、模板、枕木(图0-9)等。

图0-8 脚手架

图0-9 枕木

(5)低值易耗品，指使用期限较短(一般在一年以内)或单位价值较低而达不到固定资产标准的劳动资料，如工具、用具、劳动保护用品(图0-10)、玻璃器皿等。

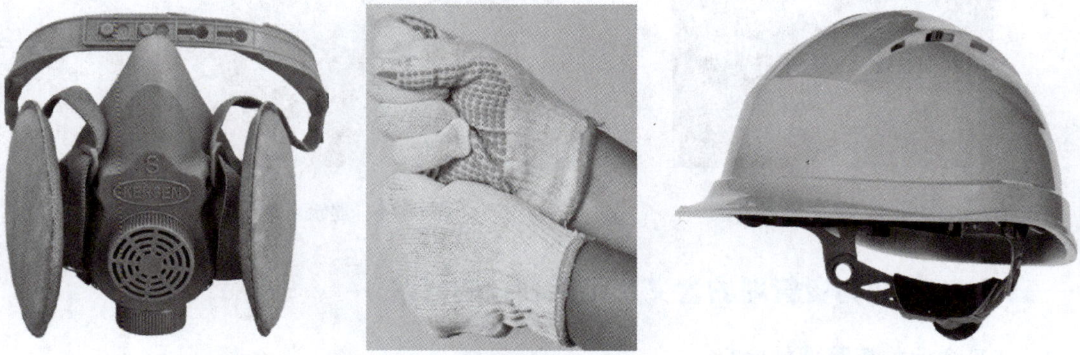

(a)防尘保护面罩 (b)劳动保护手套 (c)安全帽

图0-10 劳动保护用品

(6)其他材料，指不构成工程(产品)实体，但有助于工程(产品)实体形成或便于施工生产进行的各种材料，如燃料(图0-11)、油料等。

3. 按主要用途分类

(1)结构材料，主要指用于构造建筑结构部分的承重材料，如水泥（图 0-12）、混凝土、混凝土外加剂、砂浆、墙体材料、钢材及公路中使用的沥青混凝土等，在建筑物中主要利用其力学性能。

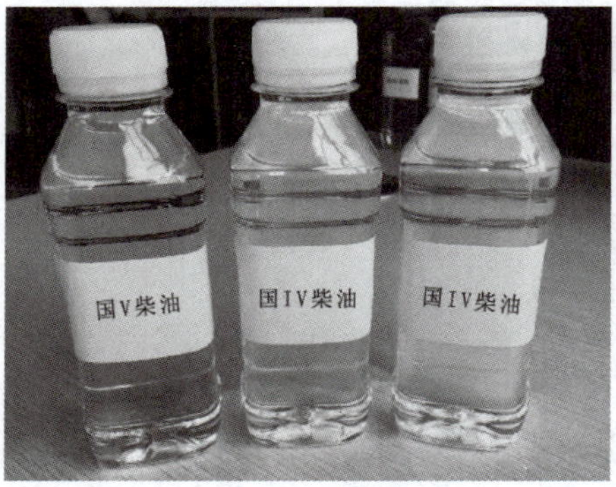

图 0-11　柴油

图 0-12　水泥

(2)功能材料，主要是在建筑物中发挥其力学性能以外特殊性能的材料，如防水材料、建筑涂料、绝热材料、防火材料（图 0-13）、建筑玻璃（图 0-14）、管材等。它们赋予建筑物以必要的防水、装饰效果、保温隔热、防火、维护、采光、防腐及给排水等功能。正是利用了这些材料的一项或多项功能，才使建筑物具有某种使用功能，产生了一定的装饰效果，也使人们生活在一个安全、耐久、舒适、美观环境中的愿望得以实现。当然，有些功能材料除了其自身特有的功能外，还有一定的力学性能，而且人们也正在不断创造更多更好的多功能材料，以及既具有结构性材料的强度，又具有其他功能的复合材料。

图 0-13　防火聚氨酯板

图 0-14　建筑玻璃

三、施工企业物资管理的含义及可能存在的问题

1. 施工企业物资管理的含义

施工企业的物资管理，就是对施工过程中所需的各种物资，围绕采购、储备和消费，所进行的一系列组织和管理工作。也就是借助计划、组织、指挥、监督和调节等管理职能，依据一定的原则、程序和方法，搞好物资平衡供应，高效、合理地组织物资的储存、消费和使用，以保证建筑安装生产的顺利进行。

建筑安装施工生产总是不间断地进行的。建筑物资在施工中逐渐被消耗掉,转化成工程实体。生产过程是原材料不断消耗和不断补充的过程。没有生产资料的供应,生产建设就无法进行。在建筑工程施工中,要注意节约使用物资,努力降低单耗,控制材料库存,加速流转,节约使用储备资金,这些都与企业经营成果直接相关。建筑物资的供应与管理是施工企业经营管理的重要组成部分,建筑物资是施工企业组织生产的物质基础。加强物资供应和管理是建筑业现代化生产的客观需要,也是企业完成和超额完成各项技术、经济指标,取得良好经济效果的重要环节。

施工企业在项目生命周期全过程都必须对物资进行有效的管理与控制。事实上,项目的策划与实施过程在很大程度上就是在一定的时间和资源等约束条件下,为实现特定的产品而进行的对施工物资的研究、设计、组合、选择、购置、施工直至生产出合格产品的过程。物资管理与控制贯穿于项目生命周期全过程。因此,要使最终的产品符合目标要求,必须对项目全过程的物资进行有效的管理与控制。施工物资管理是一项系统工程,是综合性的管理,从制度的健全到指标的分解,从物资的采购到现场的使用,从修旧利废到物资复用,从措施的落实到考核奖惩,从产品的设计到新技术的应用,只有加强各个环节和方方面面的管理,才能达到良好效果。

2. 施工企业物资管理可能存在的问题

(1)物资采购计划性不强,盲目采购现象严重,造成物资库存量加大。采购时采购人员不与工程部门沟通,不是材料质量达不到要求,就是数量有差异,采购的任意性会造成停工待料、窝工,加大了工程成本。

(2)物资管理人员素质不高,对物资的特性及验收指标了解不够,个别物资管理人员损公肥私、中饱私囊。

(3)物资使用方面管理不到位,导致材料使用无限制,现场布局不合理,二次倒运造成损失,计量手段不齐备,实验室力量薄弱,物资不合格造成质量返工。

(4)露天堆放,保管不当,造成物资损失损耗加大,不按先进先出法出库,造成物资过期浪费。

(5)物资保管设施不全,安全措施不得力,造成物资损坏或被盗,形成人为损耗。

(6)物资管理人员配备不齐全,机构设置不合理,岗位职责混乱,导致物资管理人员工作疲于奔命,无暇提高管理水平。

四、施工企业物资管理的特点

建筑业生产的技术经济特点,使得施工企业的物资管理工作具有一定的特殊性、艰巨性和复杂性,具体表现在以下几个方面:

1. 建筑材料品种规格繁多

由于建筑产品(工程对象)各不相同,技术要求各异,因此需用材料的品种、规格、数量及构成比例也随之不同,一般工程经常使用的建筑材料就有600多个品种、2 000多个规格,再加上特殊工程使用的材料则更多了。

2. 建筑材料耗用量多,重量大

建筑物不同于其他一般产品,它体积庞大,一个地区大宗材料的耗用常以“吨”来计量,而且体积松散,不易管理,需要很大的运输力量。

3. 建筑安装生产周期较长，占用的生产储备资金较多

一个建筑产品从投入施工到交付使用，往往要以月或年计算工期，且在施工期间不提供任何使用价值，每天要消耗大量的人力、物力。由于自然条件的限制，一部分建筑材料的生产和供应受到季节影响，需要建立季节储备。这就决定了材料储备数量较大、占用储备资金较多。

4. 建筑材料供应很不均衡

建筑施工生产是按分部和分项分别进行的，生产按不同的工艺程序展开，施工各阶段用料的品种、数量也不相同，材料消耗数量时高时低，这就决定了材料供应上的不均衡性。

5. 材料供应工作涉及面广

在常用的建筑材料中，既有大宗材料，又有零星或特殊材料，因此，供应单位点多面广、材料货源和供应渠道复杂。其中有很大一部分材料需自外省市运入，而施工企业自身的运输能力不能解决，需要借助大量的社会运输力量，导致材料供应受到运输方式和运输环节的钳制和影响，稍有疏忽，就会在某一环节上产生问题，影响施工生产的正常进行，因此，需要周密规划，认真考虑材料的供应问题。

6. 建筑材料的质量要求高

建筑产品的质量，在很大程度上取决于材料的质量。建筑材料供应工作的本身就要求高质量，要求在一定时间的生产进度内，把不同品种、规格、质量、数量的各种建筑材料按质、按量、及时、配套地供应到施工现场。

物资管理人员，只有充分认识到建筑物资供应与管理工作的重要性、特殊性，以及认真做好材料供应与管理工作，才能掌握工作的主动权。

五、施工企业物资管理的意义

施工企业物资是施工生产中最基本的劳动对象，是基本建设过程中不可缺少的物质要素，在工程成本中，材料费占 70% 左右，因此，控制施工企业物资费用是工程成本控制的重点，也是企业内部控制的重点。内部控制制度是现代施工企业加强经济管理、提高经营效率、保证资产安全与完整、实现经营方针和目标的有效工具和手段。可以说，施工企业盈利程度，在很大程度上取决于工程项目材料费降低程度。因此，针对施工企业物资特点进行有效的管理就显得尤为重要。

1. 施工企业物资管理是生产建筑产品的重要物质保证

建筑产品的生产过程也是建筑物资的消耗过程。物资缺货将影响施工生产的正常进行，甚至导致停工。建筑工程物资的材料数量多、品种杂，给物资供应工作增加了难度。只有加强物资管理，才能保证施工生产的需要。

2. 施工企业物资管理是提高工程质量的重要保障

建筑产品是由建筑物资组成的实体，物资的质量将直接影响建筑产品的质量。物资管理工作的内容之一就是要利用各种管理措施，为施工生产提供符合质量要求的建筑物资，从物资上保证工程的质量。

3. 施工企业物资管理是降低工程成本的重要手段

物资成本占工程成本的绝大部分，物资费的超支与节余将直接影响工程成本的高低，因此，要在物资采购、保管、运输、发放、使用等环节上加强管理，以努力减少损耗和浪费，降低物资成

本，进而降低工程成本。

假设某施工企业，其年度收入为100万元，在其成本构成中60%为物资费，20%是人工费，其毛利为10万元。企业如果下年度计划增加利润1万元，则必须增加收入10%或降低人工费用5%才能实现，而减少物资费用的1.67%即可达到此目标。

4. 施工企业物资管理是减少生产经营资金占用并加速资金周转的重要措施

建筑产品生产周期长、物资储备量大、资金占用多，建筑企业在物资上占用的资金占全部生产经营资金的一半以上。通过物资管理，可在保证施工生产需要的前提下降低物资储备量，减少储备资金占用，加速资金周转。

5. 施工企业物资管理是提高劳动生产率及企业效益的重要途径

加强物资管理并减少物资多次搬运、再次加工和工程返工等，可避免物质上的浪费，减少劳动投入，从而达到提高劳动生产率的目的。

作为企业物流的一个重要部分，物资占用资金的比重较大，其大小将直接影响企业的经济效益、以某建筑公司为例，2020年物资占用资金为6亿元/月，在采用一系列现代物资管理方法后，2021年减少存货2亿元/月，此项措施仅节约信贷资金利息项（按年利率4%计算）就达800万元。

综合以上分析，可以看到做好企业物资管理工作对企业提高经济效益、降低生产成本有着重要作用。

六、施工企业物资管理的方针及原则

1."从施工生产出发，为施工生产服务"的方针

"从施工生产出发，为施工生产服务"是"发展经济，保障供给"财经工作总方针的具体化，是材料供应与管理工作的基本出发点。

2. 加强计划管理的原则

建筑产品中，不论是生产性或非生产性建筑，也不论工程结构繁简、建设规模大小，都是根据使用目的预先设计，然后施工的。施工任务一般落实较迟，但一经落实就急于施工，加上施工过程中情况多变，若没有适当的材料储备，就没有应变能力。做好材料供应的关键在于摸清施工规模，提出备料计划，在计划指导下组织好各项业务活动的衔接，保证材料满足工程需要，使施工生产顺利进行。

3. 加强核算，坚持按质论价的原则

同一品种材料，往往因各地厂家或企业生产经营条件不同和市场供求关系等原因，价格上有明显差异，在采购订货业务活动中应遵守国家物价政策，按质论价、协商订购。

4. 厉行节约的原则

厉行节约原则是一切经济活动都必须遵守的根本原则，在材料供应管理活动中包含两方面意义：一方面是材料部门在经营管理中，精打细算，节省一切可能节约的开支，努力降低费用水平；另一方面是通过业务活动加强定额控制，促进材料耗用的节约，推动材料的合理使用。在设计过程中，合理选用材料是最大的节约。因此要进行图纸会审，选用最优的施工方案，合理使用材料。

5. 树立风险管理意识原则

施工企业在物资管理的过程中，可能会遇到各种各样的风险，诸如因自然灾害而造成的损失、突然失去重要的供应商、材料价格的大幅度波动、材料被盗或丢失等。应该重视风险管理，即识别风险、分析风险、衡量风险，并在此基础上有效控制风险，用经济合理的方法综合处置风险，实现最大的安全保障。采用的方法多种多样：市场调查，充分掌握材料供应商的基本情况，包括现有的供应商和可开展合作的潜在供应商；建立备用数据库，防止资料丢失或被破坏而造成的混乱；加强保管制度，选择安全可靠的存放地点以及其他风险防范措施，等等。

七、施工企业物资管理的要求

做好物资管理工作，除材料部门积极努力外，还需各有关方面的协作配合，以达到供好、管好、用好建筑材料，降低工程成本的目的。

1. 落实资源，保证供应

建筑施工任务落实后，材料供应是主要保障条件之一，没有材料，施工企业就失去了主动权，完成任务就成为一句空话。施工企业必须按施工图预算核实材料需用量，组织材料资源。材料部门要主动与建设单位联系，对于应由建设单位供应的物资，要全面核实其现货、订货、在途资源，以及工程需用量的余缺。双方协商、明确分工、落实责任，分别组织配套供应，及时、保质、保量地满足施工生产的需要。

2. 抓好实物采购运输，加速周转，节省费用

做好材料供应与管理，必须重视采购、运输和加工过程的数量、质量管理。根据施工生产进度要求，掌握轻重缓急，结合市场调节，尽最大努力减少在途、压缩库存物资，加强调剂，缩短材料的“在用”“在库”时间，加速周转。与材料供应管理工作有关的各部门都要明确经济责任，全面实行经济核算制度，降低材料成本。

3. 抓好商情信息管理

商情信息与企业的生存和发展有着密切联系。材料商情信息的范围较广，要认真收集、整理、分析和应用。材料部门要有专职人员，经常了解市场物资流通供求情况，掌握主要材料和新型建材动态（包括资源、质量、价格、运输条件等）。收集的信息应分类整理、建立档案，为领导提供决策依据。

例如，某安装公司收集市场信息的做法是：采取普遍函调、择优重点调查和实地走访三种方式，即印好调查表向各生产厂函调，根据信息反馈择优进行重点调查或走访实地调查。

通过信息整理、分析和研究，摸清材料的产量、质量和价格情况，组织定点挂钩，做到供需衔接，最后取得成效。

4. 降低材料单耗

材料单耗是指建筑产品单位工程量所耗用建筑材料的数量。由于建筑产品是固定的，施工地点分散，露天作业多，不免要受自然条件的限制，影响均衡施工，导致材料需用过程中品种、规

格和数量的变动大，使定额供料增加了困难。为降低材料单耗，要完善设计、改革工艺、使用新材料，认真贯彻落实节约材料技术措施。施工中要贯彻操作规程，合理使用材料，克服施工现场浪费，要在保证工程质量的基础上，严格执行材料定额管理。材料品种、规格繁多，应选定主要品种进行核算，认真按定额控制用料，降低材料单耗水平。

八、施工企业物资管理的内容

1. 编制物资供应计划

物资供应计划是企业年度生产经营计划的重要组成部分。在编制计划之前，必须要搜集、掌握各种有关的信息资料，包括企业的销售计划、企业的订货合同、企业年度生产计划，物资消耗定额、物资储备定额、上期物资计划执行情况和各种统计资料，以及经过调查研究整理的物资资源情况、市场供需情况等。对搜集得来的信息资料进行综合分析，并采取科学方法进行综合平衡核算，使编制的物资供应计划符合实际、切实可行。

2. 组织货源

根据物资供应计划的要求采取可行的方式、方法和策略，选择恰当的购销渠道，确定最佳供应商。当物资有多种供应来源而且企业可以自由选择时，尽量选择质量高、价格低、距离近、交通便利和其他供货条件优越的货源，合理规划物资运输，以降低库存成本，节约外部物流成本。

3. 物资消耗定额管理

企业的物资消耗费用占产品成本的比重很大，降低单位产品的物资消耗是降低产品成本的重要途径。物资管理部门应广泛地利用科学研究的最新成果，密切配合企业的生产技术部门开发新产品、改进老产品、提高产品质量、改革生产工艺等，提供新材料和代用料、新工具等工艺方面的情报资料，尽最大可能及时地制定或修订企业生产的各种产品的物资消耗定额，编制物资消耗定额文件，为编制物资供应计划及仓库发料提供依据。

4. 仓库管理

物资管理部门对物资的管理一定要管购、管收、管供、管用、管节约，依据企业的订货合同、生产计划和物资消耗定额，把好进货入库质量关，严格物资的发放、回收、保管制度，实行集中下料，限额供料，开展物资节约、代用和综合利用，消除和减少储存中的损耗及呆滞物料，提升企业材料利用率，监督和促进物资使用部门降低单位产品的物资消耗。

5. 库存量控制和储备资金管理

合理的库存量是保证生产正常进行的前提。物资管理部门应根据物资的供求情况、物资需求性质及企业的保存成本、订货成本和购货成本，采用科学的方法，制定先进合理的物资储备定额，加强物资储备定额的管理工作，合理控制物资储备量和储备资金，加速资金周转，降低库存成本，提高经济效益。

6. 物资供应统计与核算

通过物资供应统计，分析研究物资供应中收支与结余之间的关系，及时发现、解决可能存在的问题与不足，以保证物资的供应。通过物资供应核算，为产品成本核算和资金平衡提供依据。

7. 建立健全物资管理的规章制度

建立健全物资管理的规章制度是搞好物资管理工作的重要前提。物资管理规章制度一般包括物资计划管理制度、采购管理制度、物资入库检验制度、收发料制度、超计划领料审批制度、退料制度、边角余料缴仓制度、仓库管理制度、物资盘点制度、物资运输管理制度、物资管理人员奖惩制度等。

第二节　物资管理体制及流程

施工企业物资管理体制是施工企业组织、领导物资管理工作的根本制度。它明确了企业内部各级、各部门间在材料采购、运输、储备、消耗等方面的管理权限及管理形式，是企业生产经营管理体制的重要组成部分。正确确定企业物资管理体制，对于完成企业物资管理的基本任务，改善企业的经营管理，提高企业的承包能力、竞争能力都具有重要意义。

施工企业物资管理体制一般应包括和明确三个方面的内容：企业各层次在材料采购、加工、储备等方面的分工；企业所用材料的计划、采购、加工、储备、调拨及使用的主要管理办法；按照上述分工和管理要求而建立的各层次的物资管理机构。

一、影响企业物资管理体制确定的因素

1. 企业的施工任务和企业的施工组织形式

施工企业的施工任务状况主要包括规模、工期和分布三个方面。在一般情况下，企业承担的任务规模较大，工期较长，任务必然相对集中；规模较小，工期较短，任务必然相对分散。按照施工企业承担任务的分布状况，可分为现场型企业、城市型企业和区域型企业。

现场型企业，一般采取集中管理的体制，把供应权集中于企业，实行统一计划、统一订购、统一储备、统一供应、统一管理。这种形式有利于统一指挥、减少层次、减少储备、节约设施和人力，材料供应工作对生产的保证程度高。

城市型企业，其施工任务相对集中在一个城市内，常采用“集中领导，分级管理”的体制，施工用主要材料和机具的供应权、管理权集中在企业，施工用一般材料和机具的供应权、管理权集中在基层，这样，既能保证企业的统一指挥，又能调动各级的积极性，同样可以实现减少中转环节，减少资金占用，加速物资周转和保证供应的目的。

区域型企业，任务比较分散，甚至跨省跨市，这类企业的体制应因地制宜，或在“集中领导，分级管理”的体制下，扩大基层单位的供应和管理权限，或在企业的统一计划指导下，把材料供应和管理权完全放给基层，这样既可以保证企业在总体上的指挥和调节，又能发挥各基层单位的积极性、主动性，从而避免由于过于集中而带来不必要的层次、环节，避免人力、物力、财力的浪费。

2. 社会资源形势

一般情况下，当社会资源比较丰富，甚至是供大于求时，企业材料的采购权、管理权不宜过

于集中,否则会增加企业不必要的管理层次,造成人力、物力和财力的浪费,甚至影响施工生产;当社会资源比较短缺,甚至供不应求时,企业材料的采购权、管理权不宜过于分散,否则就会出现互相抢购、层层储备,造成人力、物力和财力的浪费,甚至影响施工生产。

3. 企业物资管理队伍的素质状况

在其他条件不变的情况下,队伍素质高可以适当减少层次和环节,既能集中指挥,又能独立作战,能供能管;反之,依赖性强,必然增加层次和环节。

综上所述,建筑企业的物资管理体制既是实现企业经营活动的重要条件,又是企业联系社会的桥梁和纽带,受企业内外各种条件和因素的制约。确定企业物资管理体制必须从实际出发,调查研究,综合考虑各种因素,力求科学、合理;要保证企业经营活动的开展,有利于企业取得较好的最终整体效益;要保证企业生产管理的完整性,有利于企业生产的指挥和调节;要体现上一层次为下一层次服务的原则,兼顾各级的利益;要有利于信息的收集、传递、反馈和处理,使物资管理机制有序的运行。

二、物资管理组织机构设置

企业所需物资数量大、品种多、规模大,不是一个人就可以完成的。要使物资管理工作顺利开展,保证生产正常进行,必须建立一个强有力的组织机构。

(一)物资管理组织机构设置原则

1. 精干、精简、高效原则

精干,是指人员素质高,一人多能。精简,机构简单而不复杂。高效,是指企业有一套高效运转的物资管理组织机构,有科学合理的管理制度,横向上做到各部门、各岗位加强沟通,各司其职、相互配合,纵向上做到信息上传下达迅速。只有机构精简、人员精干,组织才能高效运转。如果人员素质差而过分强调简化机构,应该开展的工作没有开展起来,应该完成的任务完成不了,组织机构无法正常运转,同样是不可取的。

2. 责、权、利相结合原则

若要充分发挥物资管理人员的工作积极性、主动性,增强他们的工作责任心,必须遵守责、权、利相结合的原则。如果有责无权,什么事都要请示上级才能决策,物资管理人员难以真正履行岗位责任,甚至会贻误时机、影响效率。没有相应的利益激励也是难以调动他们的工作积极性和能动性。只有责、权、利有机结合,发挥各自的职能,才能保证组织各自的有效性和效率。

3. 统一原则

统一原则包括两方面的内容:一是命令要统一,物资管理部门的决策、指令、命令要及时下达,要防止令出多门、下级无所适从,也要杜绝上有政策、下有对策的现象;二是规章制度要统一,不能出现各自为政的现象,应形成一个体系。

(二)影响物资管理组织机构设置的因素

任何组织系统都应有对内外环境条件的适应性,并且随着内外环境条件的变化而进行相应的调整。影响物资管理组织机构设置的因素有以下几个方面：

1. 企业规模

物资管理机构的大小与企业规模成正比。企业规模大、产量大，所消耗的原材料等物资数量就大，物资管理的工作量就多，为了保证企业生产的正常运转，需要与之相匹配的管理队伍。

2. 经营范围

企业经营范围对物资管理机构的要求也有差异。生产品种繁多的企业，其生产所需的物资品种越多，管理就越复杂性，管理的工作量就相应的多一些，管理机构就相应的大一些；生产品种较为单一的企业，业务简单，管理机构也相应小一些。

3. 厂址分布

厂址分布的分散与集中的程度也影响到物资管理机构设置。厂址分布比较分散，管理人员就需要多一些；如果厂址分布比较集中，则管理人员就可以少一些。

4. 市场供应状况

市场供应状况影响到企业物资采购工作。如果企业需要的物资市场上供不应求，采购较为困难，采购人员得四处求购，采购队伍就相应庞大些；如果市场上的物资供过于求，货源充足，购买方便，采购队伍就可以小一些。

5. 物资管理人员素质

企业物资管理人员素质高低不仅决定了物资管理工作的质量，而且也会影响到物资管理机构的大小。物资管理人员素质高，业务熟练，工作能力强，效率高，管理人员可少些；如果管理人员素质差，业务生疏，责任心差，效率低下，要完成相应的管理工作，只能使用更多的人员，管理机构较为庞大。

素养教育

海尔的启示

在海尔集团，所有电器的每个部件，就算一根门封条、一颗螺钉、一块玻璃都有人负责。有一天，冰箱车间组装完毕后，发现地上多了一颗螺钉，当时工人没有下班，将已经组装好的100多台冰箱重新拆开，一一检查，不放过每个细节，直到深夜才检查完毕，检查发现每台冰箱都没有少装螺钉，是库房保管员出库时多数了一颗螺钉造成的。工人们说：“没有人逼我们这么做，作为企业的主人，我们有责任！”强化责任意识，关键在提高能力。责任心是一种担当，只有具有较高政治思想素质和业务素质，树立正确的职业道德和社会责任感，责任心才能落到实处。

6. 信息管理系统

信息是企业进行管理的主要依据，如果企业建立了一整套完善的反应敏捷的信息管理系统，能够及时把握市场行情和企业内部生产的变化，信息传输速度快，决策及时正确，效率就高，人员就有可能减少；反之，如果企业没有反应敏捷的信息管理系统，企业内外信息整合差，共享度低，部门之间协调配合困难，工作效率就会大大下降，物资管理需要的人员就会较多。

三、物资管理组织机构类型

企业组织结构可以分为直线职能制组织机构和矩阵制组织机构。直线职能制组织机构的施工企业一般按照管理层次设置各级物资管理机构和人员，公司设物资部，分公司设物资科，项目经理部设物资组或专职物资管理人员，各班组设兼职领退料员，如图 0-15 所示。矩阵制组织机构的施工企业一般按项目设置物资管理机构和人员，公司物资部门只起协调和宏观整治作用，公司物资部门的业务人员深入各项目的物资管理机构，接受项目负责人的领导。各项目的物资管理机构一般实行集中管理方式，将供应权集中在项目机构，统一计划、统一采购、统一储备、统一加工、统一供应，如图 0-16 所示。

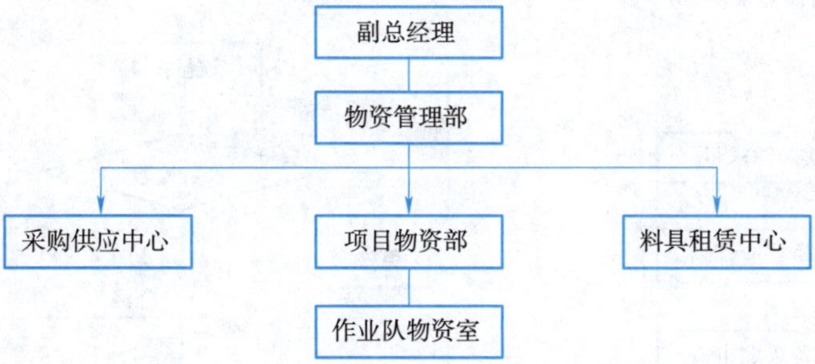

图 0-15 某施工企业集团子公司物资管理组织机构

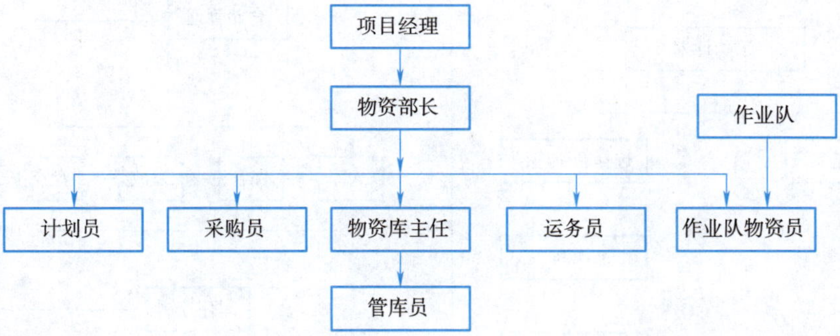

图 0-16 某施工项目部物资管理机构（按照物资管理职责）

四、物资管理的程序及方法

（一）施工企业物资管理程序

要做好物资管理工作，确保物资的正常供应，满足企业正常生产的需要，避免浪费，降低费用，提高企业的经济效益，除了要科学设置相应的组织机构外，还要做好物资管理整个过程各个环节的工作，遵守科学的程序。物资管理程序如图 0-17 所示。

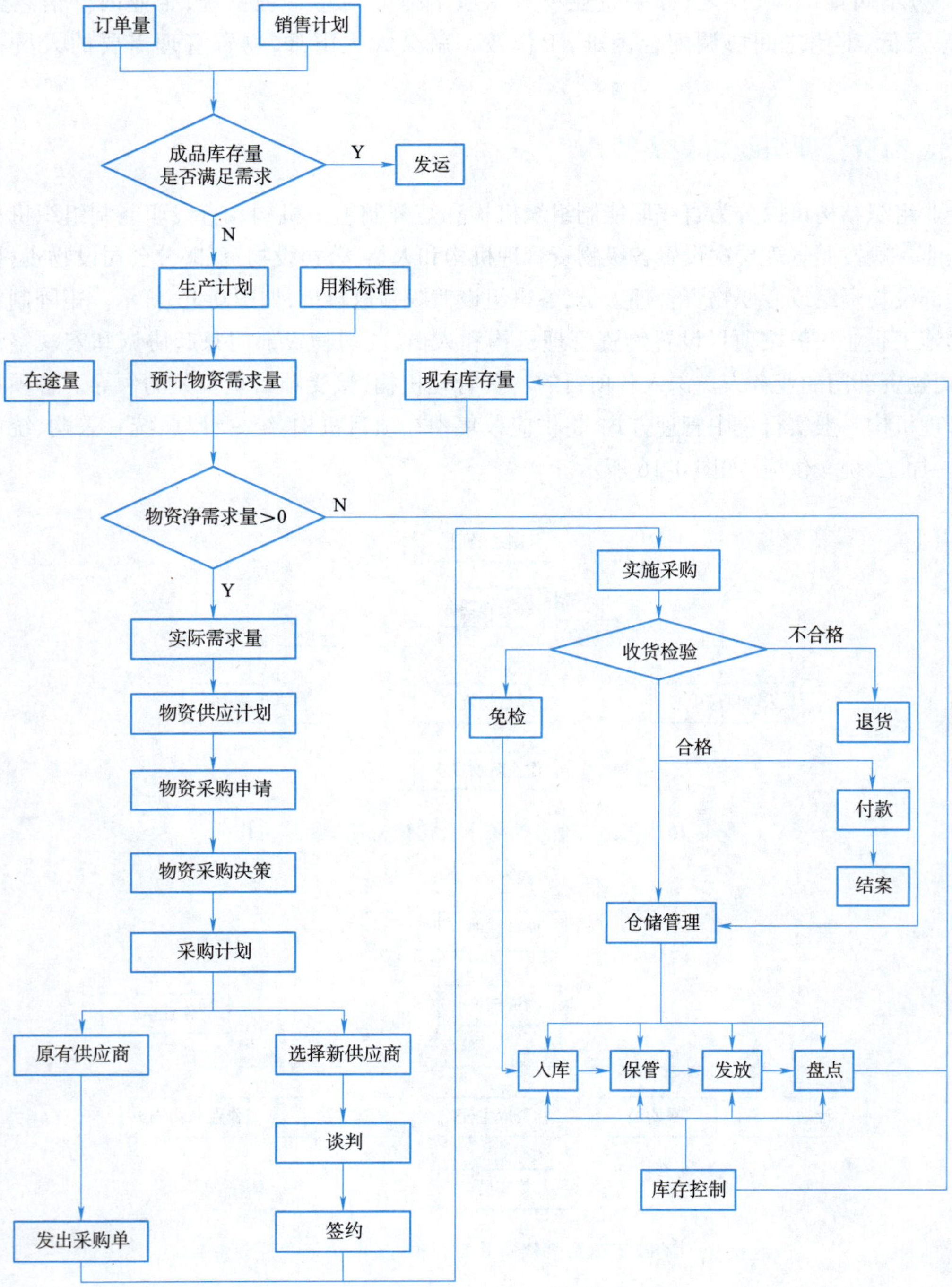

图 0-17　物资管理程序

(二)施工企业物资管理的方法

施工企业物资管理的各项制度、措施和办法必须根据施工生产特点组织实施。使用有效的管理方法可以提高管理效率,达到预期目标,并便于施工生产各环节接受。一般常用的管理方法有行政管理方法、经济管理方法、法律管理方法。

第一,行政管理方法,是依靠行政权威,通过下达指示、决议、命令、办法等行政手段来管理经济活动的方法。行政管理方法是社会经济、政治体制下的客观需要。在行使某些管理权利遇到各种阻力时，可以运用行政手段排除干扰，但这种方法应当限制在政策指导、计划调节、业务协调的范围以内。要避免直接干预，避免以行政管理代替业务经营活动。

第二，经济管理方法，就是依据经济组织，利用经济核算和经济杠杆（如价格、成本、利润、利息、税金、奖金、罚款等经济手段）来管理经济活动的方法。经济管理方法不依赖行政权威的强制，是以物质利益为驱动力来调动各方面的积极性。用经济管理方法管理经济活动是经济规律的客观要求，但它要求有行政管理方法的配合。

第三，法律管理方法，是以法律、法令、条例的形式，将经济管理中成熟的、稳定的、带有规律性的原则、制度和办法固定下来，作为调节经济关系的法律规范，并由相关部门的强制力来保证实施。

经济管理方法、行政管理方法、法律管理方法三者是互相联系、互为补充的。其中经济管理方法是基本的、主要的方法，但需要行政管理方法来辅助，并用法律管理方法来保护。在建筑施工企业的材料管理工作中，根据上述三种基本方法，结合材料的不同品种、所处的不同环节，一般采用较为具体的管理方法和手段实施管理，如限额控制法、目标承包法、竞赛评比法、检查奖惩法、招标投标法、重点管理法等。

1. 限额控制法

限额控制法适用于有一定的消耗标准、施工工艺较稳定的操作项目。通过消耗标准和将要完成的实际工作量，测算出消耗材料的基本数量，并在此基础上考虑技术节约措施和有关因素，确定限制使用数量，以此作为控制材料消耗的依据。这种方法既可对施工班组，也可对施工作业队，甚至可对单位工程实施限额控制。这种方法若与奖惩方法配套实行效果更佳。

2. 目标承包法

目标承包法是对预期完成的工作确定一定的实物量指标、费用指标或工作指标，限期完成，并将其具体指标落实到执行者。这种做法责任分明，赋予权力充分，利益恰当，可以充分调动执行者的积极性、主动性，在一定时期内有效地达到预定目标。这种方法通常也与奖惩方法合并使用。

3. 竞赛评比法

竞赛评比法是将管理内容列出可对比的衡量标准，限定一定时期内或某一时刻达到的水平，以具体内容完成情况作为比较依据，评出优劣。这种方法，适用于管理内容、衡量指标较多或技术性较强且可对比的材料管理项目，如材料采购费用水平、材料验收合格率、材料储备周转率等。

4. 检查奖惩法

检查奖惩法一般用于上级管理部门对下级执行部门的某项管理内容完成情况、执行效果或达到的程度进行检查，并对检查结果予以评价。这种方法对于推行某项管理措施效果较好，也有利于促进材料管理水平的提高，例如材料管理中的仓库管理、施工现场场容管理、内业资料管理等。

5. 招标投标法

招标投标法是对某项材料管理工作预先制订出所要达到的目标，并将该目标向企业内外部相关方公告，即招标。凡可以并自愿完成该目标的组织，均可提出实施目标的意愿，由招标部门组织评议，最终确定目标的具体实施部门。目前，在材料采购、施工队伍选择、技术服务支持机构的选用中广泛采用采购招标法来确定选择对象，从中选出质量好、价格低、服务优的供给者。

6. 重点管理法

重点管理法也叫 ABC 分类管理法，是根据材料在施工生产中的重要程度和消耗金额的大小，将材料划分为 A、B、C 三类，分别采取不同的管理方法。ABC 分类管理法的基本做法是，将企业消耗的各种材料，按一定时期内的品种项数和相应大小划分为几个档次，分别计算各品种项数占总品种项数的百分比和各品种金额占总金额的百分比；根据所分档次结合百分比，划分为 ABC 类别，按不同要求分类管理。其本质就是要处理好对施工生产起关键作用、占用资金多的少数品种和起一般作用、占用资金少的多数品种的关系，使工作抓住重点、兼顾一般、有的放矢。

五、施工企业物资管理人员工作职责

以某大型施工企业集团为例说明施工企业内不同部门物资人员的工作职责。

（一）集团物资管理部门工作职责

建立和健全集团工程项目物资管理制度，规范物资管理程序，检查项目部的物资管理各项基础工作；及时交流总结工程项目物资管理先进经验并组织推广；推行项目物资管理先进方法，逐步使全集团物资管理工作达到物资采购程序化、现场管理标准化、物资消耗定额化、管理手段现代化的目标要求；根据全集团需要组织全集团物资管理专业人员岗位培训，以提高全集团物资管理人员的素质和工作水平。

（二）子公司物资管理部门工作职责

保持健全的物资管理部门，完善项目物资管理机构和供应管理组织体系；根据需要招聘、培养、培训物资管理专业人员，使物资管理后继有人；建立健全本公司施工项目物资管理制度，规范项目物资管理程序，坚持企业法人和管理层对主要物资的采购监控；推行项目物资管理先进经验和方法，使物资管理向物资采购程序化、现场管理标准化、物资消耗定额化、管理手段现代化的目标迈进；对本公司所属项目经理部的物资管理工作进行全过程指导、监督和检查。

（三）项目经理物资管理工作职责

在项目管理过程中贯彻执行企业的物资管理制度、办法和标准；根据项目管理的需要和企业管理的要求，设立项目物资管理机构，聘任物资管理人员，应首先录用公司派出或认可的人员；按照公司物资管理控制程序采购施工所需各类物资；审批主要物资需用、采购计划，审查项目物资部门提供的市场物资报价。

（四）项目物资部门管理工作职责

严格执行上级有关规定，贯彻落实项目物资管理办法；合理编制物资需求计划，使之既满足工程需求，又不大量积压；认真执行工程物资采购控制程序，严格控制物资采购、计量验收和物资消耗，努力降低物资采购及消耗成本；组织废旧及剩余物资回收利用，避免造成不必要的浪费；采用物资管理先进经验和方法，使物资管理早日实现物资采购程序化、现场管理标准化、物资消耗定额化、管理手段现代化的目标。

(五)项目部工作人员工作职责

为了加强工程项目的管理,应根据业务流程所涉及的各项作业活动,落实管理人员责任制,力求岗位责任的制度化、标准化,以使工程项目达到质量、工期、经济和安全所设定的目标。在这个原则指导下,工程项目的物资管理工作也应将物资采购供应的每道工序都落到实处,使每一项工作明确有相应的责任人,将工程项目质量、工期、经济和安全指标分解到物资管理的每一个环节。每个物资管理人员都应有自己的一个或几个岗位并负有相应的责任。

在实际工作中,由于每个单位、每一个工程项目的管理模式不尽相同,物资采购权限、供应渠道及方式也不尽一致,人员的设置可根据工程量、物资供应量和具体情况适当增减。在较小的工程中或条件允许的情况下,物资管理人员可身兼数职,并负有相应的数项职责(采购员与管库验收人员之间相互不可兼职)。比如在较小的工程项目中,计划员与采购员的岗位仅设置一个管理人员,这就要求他在进行计划管理作业时,按照计划员岗位的要求进行作业,当执行采购任务时,他将转换角色,按照采购员岗位职责进行采购活动。物资管理岗位的设置及主要职责如下:

1. 物资部长工作职责

项目部的物资部设物资部长一名,受项目部经理领导并接受上级物资主管部门的业务指导,对项目部和上级物资主管部门负责。物资部长负责组织工程项目所需要使用安装的物资适量、适价、适时、适地供应到施工现场。

(1)负责组建物资部。

(2)负责制定本工程项目物资采购、供应和管理工作的实施办法。

(3)负责组织项目部物资管理人员的业务培训。

(4)参与施工调查和施工组织计划的编制,提出物资供应方案和物资管理方面的要求。

(5)了解并掌握本工程项目基本情况、施工合同情况,在施工进度和物资需用量的基础上,指导编制本工程的各类物资计划,并对物资计划的实施、物资采购活动、物资采购质量、物资供应质量、采购资金的使用以及物资管理的各项工作进行指导监督和检查。

(6)及时同工程部门、财务部门、项目经理及下属人员做好沟通工作。

(7)建立规范合理的料场、料库。

(8)选配素质较高的物资验收保管人员。

2. 计划员工作职责

(1)了解并掌握本工程合同和概(预)算情况、物资需用量及工程进度情况,根据工程的需求编制采购计划等各类物资计划。

(2)负责配合上级主管部门、物资部长和材料库主任做好本工程的物资进货组织、供应和调度工作,以及物资供应的签认、清算、债权债务的清理工作。

(3)负责物资供应资料、物资质量记录的整理、汇总、统计,报检和移交工作。

(4)做好材料成本分析并配合财务部控制流动资金的占用。

(5)配合计划验工部门、财务部门做好结算、概算调整、料差调整、验工等工作。

根据工程项目的性质、工作量的大小、专业特点等具体情况,计划员可由物资部长兼任,也可设一名或数名物资计划员。

3. 采购员工作职责

采购员应根据采购计划,按照规定的程序进行采购活动。

（1）在采购活动中应对物资供应厂商进行调查和评价，进行询价、比价，并将市场信息提供给计划员和相关领导。

（2）采购员应保证所采购物资的质量、数量以及供货时间。

（3）应收集、整理好所有与采购物资有关的质量证明文件，并移交给管库员或收料单位的负责人员。

（4）应将采购计划、采购合同完成情况及时向计划员或有关领导通报。

在采购活动中，采购员应严格遵守物资纪律。

根据工程项目的具体情况和采购权限，可将采购员设在物资部，也可安排在材料库。按照工程项目的特点、工作量的大小和专业不同等情况，可设一名或数名物资采购员，也可由计划员兼任。

4. 管库员工作职责

（1）负责物资的入库检验或配合相关部门进行检验和试验。

（2）负责物资的标识、保管保养、发放和发放后的签认。

（3）负责保持仓储设施和库存物资的完整和安全，做好防火、防盗等安全工作。

（4）负责物资技术资料、质量记录的收集和整理工作，以及物资动态统计工作。

（5）负责在用物资、工具的收发、退旧领新工作和工程剩余料、废旧物资的回收、保管工作。

5. 运务员工作职责

（1）组织使用或租用搬运、运输设备从物资供应厂商的货物集散地提取物资，并将其安全运送到物资库或现场使用安装地点。

（2）在提取和发送物资的过程中应对物资的质量和安全负责，并按规定办理手续。

6. 作业队物资管理人员

（1）应根据消耗定额和施工进度负责施工前的用料准备。

（2）受委托负责个别零星料、辅助物资的采购工作。

（3）执行物资分存、期末盘点、退旧领新制度。

（4）做好现场物资的收、发、保管工作。

（5）搞好专项物资的管理、限额领料、物资消耗控制与核算以及剩余物资的回收工作。

各岗位的物资管理人员在工作中应加强相互间的协作与配合，应充分运用现代化管理手段，利用计算机技术、网络技术建立物资信息管理系统，以加强物资计划采购供应、质量管理各个环节的控制力度，做到信息互通、信息共享，使各个工作岗位衔接成一个有机整体，达到提高工作效率、提高工程项目物资管理水平的目的。

7. 材料员岗位职责与工作程序

如果项目部规模较小或工程量较少，可仅设置材料员或物资员一名，材料员应廉洁自律、秉公办事，认真执行有关法规，遵纪守法，努力钻研业务，熟悉各种材料，及时准确、保质保量完成任务。具体岗位职责包括以下内容：

（1）在项目经理领导下，负责项目部物资管理工作。

（2）负责项目部材料计划、供方评价、材料供应、材料现场管理工作。

（3）负责上级主管部门授权的材料招（议）标采购，进行市场价格调查，掌握市场材料价格信息。

(4)负责项目部材料验收、搬运、储存、标识、发放及固定财产的管理。

(5)负责项目部季度验工材料成本管理,建立材料消耗台账,做好季度验工的材料成本分析工作。

(6)负责项目部能源、资源管理和可回收废弃物的回收、处置登记,易燃、易爆危险化学品的收、发、存工作。做好仓库的消防安全管理工作。

(7)负责劳动保护用品的计划、申请、登记、发放、回收工作。

(8)负责检查施工现场材料的码放、仓库封闭、粉料使用是否符合大气和水污染防治的要求。

(9)负责每月对两个以上供方的供货质量进行抽查和评价,每季度向材料设备管理部门反馈一次。

(10)负责项目部材料消耗统计报表,能源、资源季报,质量反馈季报,价格反馈季报的统计上报工作。

(11)负责项目部产生的各种记录的填写、标识、保管、整理和保存工作。

(12)完成领导交办的其他工作。

材料员应熟悉各种材料的型号、规格、特性、用途及各种材料的价格信息。在物资管理各阶段做好以下工作:

(1)熟悉建设工程项目的特点和施工合同的要点,参与施工组织设计的编制工作,规划材料存放场地和运输道路,做好材料预算汇总,编制材料分类需求计划,制订现场物资管理方案。

(2)根据材料使用计划的要求,做好材料采购的招标和采购合同的签订、管理工作。

(3)按施工进度计划的要求,组织材料分期分批有序地进场。一方面保证施工生产需要,另一方面要防止形成大批剩余材料。

(4)按照各类材料的品种、规格、质量、数量要求,严格对进场材料进行检查和办理入库验收手续。

(5)按照现场平面布置要求,做到合理存放材料,在方便施工、保证道路畅通、安全可靠的原则下,尽量减少材料二次搬运。

(6)按照各类材料的自然属性,依据材料保管技术要求和现场客观条件,采取各种有效措施进行维护、保养,保证不降低各类材料的使用价值。

(7)按照施工班组所承担的工作任务,依据定额及预算做好材料的发放工作。

(8)按照施工规范要求和用料要求,对施工班组领用的材料,在使用过程中进行检查,督促班组合理使用和节约材料。

(9)通过对材料消耗活动进行记录、计算、控制、分析、考核和比较,做好材料核算工作。

第三节　物资管理人员职业道德

一、职业道德与培养

道德是人类特有的,是调整人与人、人与社会以及人与自然之间关系的行为规范的总和。这种规范是靠社会舆论、传统习惯、教育和内心信念来维持的。它渗透于生活的各个方面,既是人们应当遵守的行为准则,也是对人们思想和行为进行评价的标准。

职业道德是指人们在职业生活中应遵循的基本道德,即一般社会道德在职业生活中的具体体现。职业道德是职业品德、职业纪律、专业胜任能力及职业责任等的总称,是人们在从事职业活动的过程中形成的一种内在的、非强制性的约束机制。职业道德是社会道德在职业活动中的具体化,是从业人员在职业活动中的行为标准和要求,而且是本行业对社会所承担的道德责任和义务。

职业道德具有重要的社会作用。它能调节职业交往中从业人员内部以及从业人员与服务对象间的关系;从业人员良好的职业道德有助于维护和提高本行业的信誉;员工的责任心、良好的知识和能力素养及优质的服务是促进本行业发展的主要动力,并且对提高整个社会的道德水平发挥重要作用。

(一)职业道德的特点

职业道德从属于社会的一般道德原则,但它作为道德生活的一个特殊领域,又有着自己的特点。

1. 职业性

职业道德的内容与职业实践活动紧密相连,鲜明地表达职业义务、职业责任及职业行为上的准则,反映特定职业活动对从业人员行为的道德要求。职业道德通常规范本行业从业人员的职业行为,在特定的职业范围内发挥作用。

2. 实践性

职业行为过程就是职业实践过程,只有在实践的过程中才能体现出职业道德的水平。职业道德的作用是调整职业关系,对从业人员职业活动的具体行为进行规范,解决现实生活中的具体道德冲突。

3. 规范性

规范性即根据职业活动的具体要求,对人们在职业活动中的行为用条例、章程、守则、制度、公约等形式做出规定。

4. 继承性

在不同的社会经济发展阶段,同一种职业会因服务对象、服务手段、职业利益、职业责任和义务相对稳定,职业行为道德要求的核心内容将被继承和发扬,从而形成被不同社会发展阶段普遍认同的职业道德规范。

(二)物流行业职业道德的基本规范

从一个行业看,职业道德是所有从业人员在职业活动中应该遵循的行为准则,涵盖了从业人员与服务对象、从业人员与企业及从业人员之间的关系。职业道德是各行业的劳动者在职业活动中必须共同遵守基本行为准则。它是判断人们职业行为优劣的具体标准,也是个人道德在职业生活中的反映。职业道德有五项基本规范,即忠诚信实、爱岗敬业、恪尽职守、公平正义、团结协作。

1. 忠诚信实

真心诚意,实事求是,忠实于事物的本来面目,不歪曲、篡改事实,光明磊落,言语真切,处事实在,信守承诺,讲信誉,重信用,履行自己应承担的义务。

动画

忠诚给这位年轻人带来了什么?

2. 爱岗敬业

爱岗就是热爱自己的工作岗位,热爱本职工作。爱岗是对人们工作态度的普遍要求。敬业就是用严肃的态度对待自己的工作,勤勤恳恳,兢兢业业,忠于职守,尽职尽责。

3. 恪尽职守

恪尽职守,就是尽自己的努力,严守自己的职业或岗位,谨慎认真地做好本职工作,承担好本职工作应负的责任。

动画

李强先生升迁的原因

4. 公平正义

公平是指按照一定的社会标准、正当的秩序合理地待人处事。公平包含机会公平、过程公平和结果公平。正义是具有公正性、合理性的观点,以及行为、活动、思想和制度等,彰显符合事实、规律、道理或某种公认标准的行为。

5. 团结协作

团结协作的要点是在工作中明确工作任务和共同目标,互相支持,互相配合,顾全大局,尊重他人,虚心诚恳,积极主动协同他人做好各项工作,为实现团队共同的利益和目标互相帮助,共同发展。

以上五项职业道德的基本规范,与各行业的特点结合,形成了五个具体的标准,即忠诚、敬业、责任、公正、合作。

二、建筑行业从业人员职业道德规范

一名合格的建筑行业从业人员应具备以下几个方面的职业道德。

(一)忠于职守,热爱本职

从业人员不能尽职尽责、忠于职守,就会影响整个企业或单位的工作进程,严重的还会给企业和国家带来损失,甚至还会在国际上造成不良影响。因此,应当培养高度的职业责任感,以主人翁的态度对待工作,从认识上、情感上、信念上、意志乃至习惯上养成“忠于职守”的自觉性。

素养教育

2021年的中国中铁人

2021年,寒来暑往,中国中铁人从暮春到寒冬,从南疆到北国,用自己的行动,给世人展示了在自己的工作岗位上不畏艰苦、勤勤恳恳的工作态度。职业精神,体现在虔诚的心与敬业的行动,体现在“干一行,爱一行”。中国中铁人的“心有所信方能行远”“不畏艰险冲锋在前”的工作态度,如图0-18和图0-19所示。

图 0-18　隧道施工

图 0-19　寒冬施工

1. 忠实履行岗位职责,认真做好本职工作

岗位责任一般包括岗位的职能范围与工作内容,在规定的时间内完成工作的数量和质量。忠实履行岗位职责是国家对每个从业人员的基本要求,也是职工对国家、对企业必须履行的义务。每个人选择职业时可以公平竞争,定岗后就要履行岗位职责。

2. 反对玩忽职守的渎职行为

玩忽职守、渎职失责的行为不仅影响企事业单位的正常活动,还会使公共财产、国家和人民的利益遭受损失,严重的将构成渎职罪、玩忽职守罪、重大责任事故罪而受到法律的制裁。作为一名建筑行业从业人员,就要从一砖一瓦做起,忠实履行自己的岗位职责,树立正确的价值观念,坚持自己的底线,不被利益、权力驱使。

动画

楼某在采购过程中的违法行为

(二)质量第一,信誉至上

"质量第一"就是在施工时要对建设单位(用户)负责,从每个人做起,严把质量关,做到所承建的工程不出次品,更不能出废品,争创全优工程。建筑工程的质量问题不仅是施工企业生产经营管理的核心问题,也是企业职业道德建设中的一个重大课题。

1. 建筑工程的质量是施工企业的生命

施工企业要向企业全体职工(包括技术人员和管理人员),特别是第一线职工反复地进行"百年大计,质量第一"的宣传教育,增强执行"质量第一"的自觉性,同时要"奖优罚劣",严格制度,检查考核。

素养教育

港珠澳大桥

港珠澳大桥(图 0-20)是中国境内一座连接香港、珠海、澳门的桥隧工程。港珠澳大桥于 2009 年 12 月 15 日动工建设,于 2018 年 2 月 6 日完成主体工作验收,10 月 24 日开通运营,总投资 1 000 多亿元,全长 55 km,被誉为"现代世界第七大奇迹"。其在材料应用上的突破,不仅打破了国内桥梁建造业的纪录,更是打破了世界纪录。普通桥梁的使用寿命是 100 年,而港珠澳大桥就打破了这个惯例,其使用寿命为 120 年,能抗 16 级台风、8 级地震。港珠澳大桥有庞大的建筑规模、建筑团队,顶尖的施工难度和建筑技术,获得了 2019 年度中国建设工程鲁班奖。

港珠澳大桥是国家工程、国之重器，是“中国名片”，是“世界桥梁建设史上的巅峰之作”“中国实力的集中展示”，更是贯通粤港澳大湾区的“脊梁”，是中国打造超级湾区计划的战略一环，体现了大国风范。

图0-20　港珠澳大桥

2. 诚实守信、实践合同

信誉，是信用和名誉两者在职业活动中的统一。“信誉至上”就是要信守诺言，实践合同，从而取得建设单位（用户）对本企业的信任，维护企业（或个人）的声誉。一旦签订合同，就要严格认真履行，不要“见利忘义”“取财无道”，不守信用。“信招天下客，誉从信中来”，企业生产经营要真诚待客，服务周到，产品上乘，质量良好，以获得社会肯定。

建筑行业职工应该从我做起，抓职业道德建设，抓诚信教育，使诚实守信成为每个施工企业的精神，成为每个建筑职工进行职业活动的灵魂。

（三）遵纪守法，安全生产

遵纪守法，是一种高尚的道德行为，作为一名建筑行业的从业人员，更应强调在日常施工生产中遵守劳动纪律。自觉遵守劳动纪律，维护生产秩序，不仅是企业规章制度的要求，也是建筑行业职业道德的要求。

严格遵守劳动纪律，要求做到：听从指挥，服从调配，按时、按质、按量完成上级交办的生产劳动任务；保证劳动时间，不迟到、不早退、不旷工，遵守考勤制度；认真执行岗位责任制和承包责任制，坚守工作岗位，不玩忽职守，施工劳动中要集中精力，不“磨洋工”，不干私活，不拉扯闲谈，不做与本职工作无关的事；要文明施工、安全生产，严格遵守操作规程，不违章指挥、违章作业；做遵纪守法、维护生产秩序的模范。

安全生产就是在建筑施工的全过程中，每一个环节、每一个方面都要注意安全，把安全摆在头等重要的位置，认真贯彻“安全第一、预防为主”的方针，加强安全管理，做到安全生产。

由于建筑行业的施工生产不安全因素多，建筑行业从业人员要清醒地认识到生产安全的重要性和必要性，懂得安全生产、文明生产的科学知识，牢固树立“安全第一”的思想，自觉地遵守各项安全生产的法律、法规和规章制度。

（四）文明施工，勤俭节约

文明施工就是坚持合理的施工程序，按照既定的施工组织设计，科学地组织施工，严格地执行现场管理制度，做到经常性地监督检查，保证现场整洁、工完场清、材料堆放整齐、施工秩序良好。施工现场应符合安全、卫生和防火要求，并做到安全生产、文明施工。

勤俭就是勤劳俭朴，节约就是把不必使用的节省下来。换句话说，一方面要多劳动、多学习、多开拓、多创造社会财富；另一方面又要俭朴办企业，合理使用人力、物力、财力，精打细算，节省开支，减少消耗，降低成本、提高劳动生产率，提高资金利用率，严格执行各项规章制度，避免浪费和无谓的损失。

（五）钻研业务，提高技能

当前，我国建立了社会主义市场经济体制，施工企业要在优胜劣汰的竞争中立于不败之地，并保持蓬勃的生机和活力，从内因来看，很大程度上取决于施工企业是否拥有现代化建设所需要的各种适用人才。企业要实现技术现代化、管理现代化、产品现代化，关键是要实现人才现代化。施工企业职工的素质优劣（包括文化、科学、技术、业务水平的高低，政治思想、职业道德品质的好坏）往往决定了企业的兴衰。在一个施工企业里，适应企业需要的各种人才的数量越多、素质越高，生产的成效也越大，所表现出来的生产力发展水平就越高。科学技术越进步，人才在生产力发展中的作用也就越大。作为建筑行业从业人员，就要努力学习先进技术和专门知识，了解现代建筑行业的发展方向，适应建筑行业现代化的要求。

素养教育

国家跳台滑雪中心“雪如意”

2022 年在首都北京成功举办了冬季奥运会，其中国家跳台滑雪中心“雪如意”与世界文化遗产长城一近一远、交相辉映，共同勾勒出一幅令人遐想的美丽画面，既点缀了参加本届冬奥会运动员们的美好记忆，也让世界感受到了中国的独特魅力。作为这一“画作”的重要创作者之一，中国中铁建设者以专业精湛的技能、精益求精的匠心、挑战极限的创新，高质量完成建设。国家跳台滑雪中心采用海林自控的一整套完善的建筑能源管理及楼宇自控系统方案，包括 ACS2016 海林·建筑能源监测系统软件、楼宇自控系统软件、热水预付费系统、电预付费系统、HD 系列 DDC 控制器、DDC 控制箱、数据采集箱以及各种能量表等设备，让这一建筑杰作完美呈现在世人眼前（图 0-21）。

（a）鸟瞰“雪如意”

（b）夜幕下的“雪如意”

图 0-21　国家跳台滑雪中心“雪如意”

巩固练习

1. 简述施工企业物资管理的业务内容有哪些。
2. 简述施工企业物资的分类。
3. 请谈一谈项目物资管理人员如何配备比较好。
4. 根据所学知识谈一谈项目部应如何设立物资管理部门的组织机构。
5. 根据所学知识谈一谈一名优秀的物资部长的岗位职责。
6. 根据所学知识谈一谈对物资管理人员职业道德的认识。

项目一 工程定额及物资消耗定额管理

项目描述

物资消耗定额在物资计划、采购、运输、供应、使用等工作中起着重要的作用。物资消耗定额是否先进合理，不仅反映了生产技术水平，也反映了生产组织管理水平。此项目中介绍物资消耗定额的含义、物资消耗定额的构成、物资消耗定额的分类以及物资消耗定额的管理。

学习目标

知识目标

(1)了解工程定额含义及内容。

(2)掌握物资消耗定额的概念；熟悉物资消耗与物资消耗定额的内容。

(3)熟悉物资消耗定额的作用、分类与构成。

(4)掌握物资消耗定额的应用；了解物资消耗定额的制定方法。

(5)熟悉常用物资消耗定额的编制；熟悉物资消耗定额的考核。

能力目标

(1)能够运用物资消耗定额计算公式计算出各类工程物资消耗量。

(2)能够进行物资消耗定额的编制。

(3)能够对物资消耗定额进行合理考核。

素养目标

(1)培养学生具有精益求精的工匠精神。

(2)提高学生节约物资的意识，提升全社会资源利用效率，助力实现碳达峰碳中和目标。

(3)培养学生合理利用物资消耗定额、人工定额，提高工作效率，助力企业未来发展。

学习导航

- 工程定额及物资消耗定额管理
  - 认识工程定额
    - 建设工程定额的概念
    - 建设工程定额的特点
      - 科学性
      - 系统性
      - 统一性
      - 权威性和强制性
      - 稳定性和时效性
      - 群众性
      - 针对性
    - 建设工程定额的作用
      - 在工程建设方面的作用
      - 在工程计价中的作用
      - 在企业管理方面的作用
      - 在建筑市场方面的作用
    - 建设工程定额的分类
      - 按生产要素分类
      - 按编制程序和用途分类
      - 按投资的费用性质分类
      - 按主编单位和适用范围分类
      - 按工程专业和性质分类
    - 人工定额
      - 人工定额表现形式
      - 人工定额的编制
    - 材料消耗定额
    - 机械台班定额
      - 机械台班定额表现形式
      - 机械台班定额的编制
  - 计算物资消耗定额
    - 物资消耗定额的含义和作用
      - 物资消耗定额的含义
      - 物资消耗定额的作用
    - 物资消耗定额的分类
      - 按物资消耗定额的用途分类
      - 按物资类别分类
      - 按适用范围分类
      - 按综合程度分类
    - 物资消耗定额的构成
      - 净用量
      - 工艺操作损耗定额
      - 非工艺操作损耗定额
      - 物资消耗施工定额的构成
      - 物资消耗预(概)算定额的构成
  - 制定和管理物资消耗定额
    - 物资消耗定额的制定原则
      - 合理控制消耗水平的原则
      - 遵循综合经济效益的原则
    - 物资消耗定额的制定要求
      - 定质
      - 定量
    - 物资消耗定额的制定方法
      - 技术分析法
      - 标准试验法
      - 统计分析法
      - 现场测定法
      - 经验估计法
    - 常用物资消耗定额的编制
      - 非周转性物资定额编制
      - 周转性物资消耗定额编制
      - 常用周转性物资消耗定额计算
    - 物资消耗定额管理
      - 物资消耗定额管理的含义
      - 物资消耗定额的管理内容
      - 物资消耗定额的应用
      - 物资消耗定额的审批
      - 物资消耗定额的执行
      - 物资消耗定额的修订
      - 降低物资消耗的途径

学习重点
学习难点
慕课资源
动画资源
课程思政

任务一　认识工程定额

任务引入

人工挖基槽土(二类土)测试资料表明,挖 1 m^3 土需消耗的基本工作时间为 210 min,辅助工作时间占基本工序作业时间的 2%,准备与结束工作时间、不可避免的中断时间、休息时间占工作日的 3%、2%、18%,试确定其时间定额。

任务描述

时间定额是人工定额(即劳动台班定额)的一种表现形式。人工定额的另一种表现形式是产量定额。人工消耗定额,也称劳动定额或工时定额,是指在合理的劳动组织条件下,工人以社会平均熟练程度和劳动强度在单位时间内生产合格产品的数量。

相关知识

动画

认识建设工程定额

一、建设工程定额的概念

定额中,定就是规定,额就是额度或限度。从广义上讲,定额是指从总体的生产工作过程来考查,规定出社会平均必需的消耗数量标准,这种标准就称为定额。在社会生产中,为了生产某一合格产品或完成某一工作成果,都要消耗一定数量的人力、物力和资金。从个别的生产过程来考查,这种消耗数量因受各种生产条件的限制,是各不相同的。

建设工程定额是一个综合概念,是建设工程中各类定额的总称,包括许多种类定额。在建筑安装工程施工生产过程中,为完成某项工程或某项结构构件,必然消耗一定数量的劳动力、材料和机具。在社会平均的生产条件下,通过把科学方法和实践经验相结合,生产质量合格的单位工程产品所必需的人工、材料、机具的数量标准,就称为建设工程定额。

建设工程定额除了规定有数量标准外,也要规定出它的工作内容、质量标准、生产方法、安全要求和适用的范围等。

定额中规定资源消耗的多少反映了定额水平,定额水平是一定时期社会生产力的综合反映。在制定建设工程定额。确定定额水平时,要正确、及时地反映先进的建筑技术和施工管理水平,以促进新技术的不断推广和提高,以及施工管理的不断完善,达到合理使用建设资金的目的。

二、建设工程定额的特点

1. 科学性

工程定额的科学性表现为定额的编制是在认真研究客观规律的基础上,自觉遵循客观规律的要求,用科学方法确定各项消耗量标准。所确定的定额水平,是大多数企业和职工经过努力能够达到的平均先进水平。适应现代化科学技术和信息社会发展的需要。

2. 系统性

工程定额的系统性是由工程建设的特点决定的。工程的建设有严格的项目划分,如建设项目、单项工程、单位工程、分部分项工程;在计划和实施过程中有严密的逻辑阶段,如规划、可行性研究、设计、施工、竣工交付使用,以及投入使用后的维修。与此相适应,必然形成工程定额的多种类、多层次。

3. 统一性

工程定额的统一性按照其影响力和执行范围来看,有全国统一定额、地区统一定额和行业统一定额等;按照定额的制定、颁布和贯彻使用来看,有统一的程序、统一的原则、统一的要求和统一的用途。

4. 权威性和强制性

权威性在一些情况下具有经济法规性质。对相对稳定的定额,如工程量计算规则、工料机定额消耗量,赋予一定的强制性,不论使用和执行者主观上愿不愿意都必须按规则和定额执行。

强制性有相对的一面,在竞争机制引入工程建设的情况下,建筑工程定额水平必然会受到市场供求状况的影响,从而会产生一定的浮动。准确地说,这种强制性不过是一种限制,一种对生产消费水平的合理限制,而不是对降低生产消费的限制,不是限制生产的发展。

5. 稳定性和时效性

建设工程定额中的任何一种形式都是一定时期技术发展和管理水平的反映,因而在一段时间内都表现出稳定的状态。如果某种定额处于经常修改变动之中,必然造成执行中的困难和混乱,很容易导致定额权威性的丧失。工程建设定额的不稳定也会给定额的编制工作带来极大的困难。工程建设定额在具有稳定性特点的同时,也具有显著的时效性。从一段时期看,定额是稳定的;从长期看,定额是变动的。

6. 群众性

定额的拟定和执行,都要有广泛的群众基础。定额的拟定,通常采取工人、技术人员和专职定额人员三结合的方式。在拟定定额时能够从实际出发,反映建筑安装工人的实际水平,并保持一定的先进性,使定额容易为广大职工所掌握。

7. 针对性

一种产品一项定额,具有较强的针对性,一般不能互相套用。定额不仅规定量和价,而且还规定了其工作内容和质量标准。

素养教育

闵明辉援藏打造“暖心工程”

闵明辉,以精益求精的工匠精神,攻坚克难突破重重技术难关,在雪域高原上打造“暖心工程”,他认为援藏经历,既是一项使命、一份责任、一次历练,也是一笔财富。为了项目按期保质保量完成,他全身心地投入到工作中,针对藏族同胞的房屋建设特点和建成后村民出行的安全考虑,他和当地的干部曾多次上门就房屋改造问题进行探讨。他参与建设了西藏山南市隆子县加玉乡小康示范村和准巴乡小康示范村项目(图 1-1)。项目建成后,当地 1 000 多村民将一栋栋土房子变成了藏族传统民居(图 1-2)。

图 1-1　西藏山南市隆子县小康示范村项目

图 1-2　抗震八级藏族传统民居

三、建设工程定额的作用

不同的生产经营领域有不同的定额。建设工程定额是专门为建筑产品生产而制定的一种定额,指在正常的施工条件下,完成一定计量单位的合格产品所必须消耗的劳动力、材料、机械台班的数量标准。

在建设工程中实行定额管理的目的,是为了在施工中力求用少的人力、物力和资金消耗量,生产出更多、更好的建筑产品,取得比较好的经济效益。

1. 在工程建设方面的作用

(1)建设工程定额是编制投资计划的基础,是编制可行性报告的依据。

(2)建设工程定额是确定工程投资、确定工程造价、选择优化设计方案的依据。

(3)建设工程定额是竣工结(决)算的依据。

(4)建设工程定额是提高企业科学管理、进行经济核算的依据。

(5)建设工程定额是提高劳动生产率的手段,是开展劳动竞赛的尺度。

2. 在工程计价中的作用

(1)建设工程定额是进行设计方案技术经济比较分析的依据。

(2)建设工程定额是编制工程概(预)算的依据。

(3)建设工程定额是确定招标标底、投标报价的依据。

(4)建设工程定额是工程贷款、结算的依据。

(5)建设工程定额是施工企业降低成本、节约费用、提高效益、进行经济核算和经济活动分析的依据。

3. 在企业管理方面的作用

(1)建设工程定额是节约社会劳动、提高劳动生产率的重要手段。

(2)建设工程定额是实行经济责任制的依据。

(3)建设工程定额是降低工程成本进行经济分析的依据。

4. 在建筑市场方面的作用

(1)建设工程定额有利于建筑市场公平竞争。

(2)建设工程定额有利于市场行为的规范。

(3)建设工程定额有利于完善市场的信息系统。

四、建设工程定额的分类

建设工程定额的种类很多,可以按照不同的原则和方法来进行科学的分类。

1. 按生产要素分类

建设工程定额按生产要素分为人工消耗定额、材料消耗定额和机械台班定额。

2. 按编制程序和用途分类

建设工程定额按编制程序和用途分为施工定额、预算定额、概算定额、概算指标和投资估算指标。

3. 按投资的费用性质分类

按投资的费用性质分类,可将建设工程定额分为建筑工程定额、设备安装工程定额、建筑安装工程费用定额、工器具定额及工程建设其他费用定额等。

4. 按主编单位和适用范围分类

按主编单位和适用范围,可将建设工程定额分为全国统一定额、行业统一定额、地区统一定额、企业定额、补充定额。

5. 按工程专业和性质分类

按工程专业和性质,建设工程定额可以分为建筑工程定额、装饰装修工程定额、安装工程定额、市政工程定额、园林绿化工程定额、矿山工程定额。

五、人工定额

(一)人工定额表现形式

人工定额即劳动台班定额,有两种表现形式:时间定额和产量定额。

1. 时间定额

时间定额是指在一定的生产技术和生产组织条件下,某工种、某种技术等级的工人小组或个人,完成单位合格产品所必须消耗的工作时间。定额工作时间包括工人的有效工作时间(准备与结束时间、基本工作时间、辅助工作时间)、必要的休息与生理需要时间和不可避免的中断时间。定额工作时间以工日为单位。其计算公式如下:

$$\text{单位产品时间定额} = 1/\text{每工日产量}$$

或

$$\text{单位产品时间定额(工日)} = \text{成员工日数总和}/\text{台班产量} \tag{1-1}$$

2. 产量定额

产量定额是指在一定的生产技术和生产组织条件下,某工种、某种技术等级的工人小组或个人,在单位时间(工日)内应完成合格产品的数量。其计算公式如下:

$$\text{每工日产量} = 1/\text{单位产品时间定额(工日)}$$

或

$$\text{小组台班产量} = \text{小组成员工日数总和}/\text{单位产品时间定额} \tag{1-2}$$

3. 时间定额与产量定额的倒数关系

劳动定额采用工作时间消耗量来计算，其表现形式可以是时间定额，也可以是产量定额。时间定额和产量定额是人工定额的两种表现形式，两者互为倒数关系，即

$$时间定额 \times 产量定额 = 1 \tag{1-3}$$

《全国建筑安装工程统一劳动定额　第四分册　砖石工程》中有关砖基础砌体劳动定额的部分规定见表1-1。

表1-1　砖基础砌体劳动定额　　计量单位：工日/m^3

项目	厚度			序号
	1砖	1.5砖	2砖及以上	
综合	0.937	0.905	0.876	一
砌砖	0.390	0.354	0.325	二
运输	0.449	0.449	0.449	三
调制砂浆	0.098	0.102	0.102	四
编号	1	2	3	

表注：清理地槽、砌垛、角、抹防潮层砂浆等。

例如，砌1 m^3 的1砖厚基础综合需0.937工日，每工日综合可砌1/0.937 = 1.067(m^3)的1砖厚基础。

4. 劳动定额的复式表达

时间定额和产量定额都表示同一人工定额项目，它们是同一人工定额项目的两种不同的表现形式。人工定额复式表示：时间定额(分子)/产量定额(分母)，见表1-2。

表1-2　每1 m^3 砌体的劳动定额　　计量单位：工日/m^3

项目	厚度			序号
	1砖	1.5砖	2砖及以上	
综合	0.89/1.12	0.86/1.16	0.833/1.20	一
砌砖	0.37/2.70	0.336/2.98	0.309/3.24	二
运输	0.427/2.32	0.427/2.34	0.427/2.34	三
调制砂浆	0.093/10.80	0.097/10.30	0.097/10.30	四
编号	1	2	3	

表注：清理地槽、砌垛、角、抹防潮层砂浆等，本定额考虑5%的圆形、弧形砖基础，其用工按劳动定额。

5. 综合定额

按定额的标定对象不同，人工定额又分为单项工序定额和综合定额。综合定额就是为完成同一产品各单项(工)额的综合，定额表内以“综合”或“合计”来表示。

6. 时间定额和产量定额用途

时间定额和产量定额虽然是同一劳动定额的不同表现形式，但其用途却不同。前者是以产品的单位和工日来表示，便于计算完成某一分部(项)工程所需的总工日数核算工资，编制施工进度计划和计算工期；后者是以单位时间内完成产品的数量表示的，便于小组分配施工任务，考核工人的劳动效率和签发施工任务单。

(二)人工定额的编制

1. 人工定额的编制程序

首先拟定施工的正常条件。就是要规定执行定额时应该具备的条件,包括拟定施工作业的内容、方法、地点的组织、人员的组织等。

其次拟定施工作业的定额时间。在拟定基本工作时间、辅助工作时间、准备与结束时间、不可避免的中断时间,以及休息时间的基础上编制施工作业的定额时间。

利用工时规范计算时间定额:

$$\text{工序作业时间} = \text{基本工作时间} + \text{辅助时间} \tag{1-4}$$

因为工时规范给出的系数均指占工序作业时间的百分比,所以:

工序作业时间 = 基本工作时间 + 工序作业时间 × 辅助时间等各项占作业时间的比重(%)

即

$$\text{工序作业时间} = \text{基本工作时间}/(1 - \text{占工序作业时间百分比}) \tag{1-5}$$

2. 人工定额的制定方法

人工定额的制定方法主要有统计分析法、比较类推法、经验估计法、技术测定法。统计分析法适用于施工条件正常、产品稳定、工序、重复量大和统计工作制度健全的施工工程。比较类推法适用于产品规格多、工序重复、工作量小的施工过程。经验估计法通常作为一次性定额使用。技术测定法是根据生产技术和施工组织条件,对施工过程中各工序采用测时法、写实记录法、工作日写实法测出各工序的工时消耗等资料,再对所获得的资料进行科学的分工,制定出人工定额的方法。

六、材料消耗定额

建筑工程材料消耗定额是企业推行经济承包、编制材料计划、进行单位工程核算不可缺少的基础,是促进企业合理使用材料,实行限额领料和材料核算,正确核定材料需要量和储备量,考核、分析材料消耗,反映建筑安装生产技术管理水平的重要依据。

根据施工生产材料消耗工艺要求,建筑安装材料分为非周转性材料和周转性材料两大类。

非周转性材料亦称直接性材料,它是指在建筑工程施工中,一次性消耗并直接构成工程实体的材料,如砖、砂、石、钢筋、水泥等。

直接性材料分为三类:

(1)主要材料,是指直接构成工程实体的材料。

(2)辅助材料,也是直接构成工程实体,但比重较小的材料。

(3)零星材料,是指用量小,价值不大,不便计算的次要材料,可用估算法计算。

周转性材料是指在施工过程中能多次使用、周转的工具型材料,如各种模板、活动支架、脚手架、支撑等。

七、机械台班定额

1. 机械台班定额表现形式

机械台班定额有两种表现形式:机械台班产量定额和机械时间定额。

机械台班产量定额是指在合理的劳动组织和一定的技术条件下,工人操作机械在一个工作台班内应完成合格产品的标准数量。

$$机械台班产量定额=1/机械时间定额 \tag{1-6}$$

机械时间定额是指在合理的劳动组织和一定的技术条件下，生产某一单位合格产品所必须消耗的机械台班数量。

$$机械时间定额=1/机械台班产量定额 \tag{1-7}$$

机械时间定额和机械台班产量定额互为倒数关系，即

$$机械时间定额\times机械台班产量定额=1 \tag{1-8}$$

2. 机械台班定额的编制

(1)拟定机械工作正常条件，主要是拟定工作地点的合理组织和合理的工人编制。工作地点的合理组织，就是对施工地点机械和材料的放置位置、工人从事操作的场所做出科学合理的平面布置和空间安排。拟定合理的工人编制，就是根据施工机械的性能和设计能力、工人的专业分工和劳动工效，合理确定操纵机械的工人和直接参加机械化施工过程的工人的编制人数。

(2)确定机械一小时纯工作正常生产率。确定机械正常生产率时，必须首先确定出机械纯工作一小时的正常生产效率。

(3)确定施工机械的正常利用系数。施工机械的正常利用系数，是指机械在工作班内对工作时间的利用率。

$$机械正常利用系数=工作班内机械纯工作时间/机械工作班延续时间 \tag{1-9}$$

(4)计算施工机械台班定额。

$$施工机械台班定额=机械纯工作正常生产率\times工作班纯工作时间 \tag{1-10}$$

$$\begin{matrix}施工机械\\台班定额\end{matrix}=\begin{matrix}机械纯工作\\正常生产率\end{matrix}\times\begin{matrix}工作班\\延续时间\end{matrix}\times\begin{matrix}机械正常\\利用系数\end{matrix} \tag{1-11}$$

(5)拟定工人小组的时间定额。

$$人工时间定额=配合机械作业的人数\times机械时间定额 \tag{1-12}$$

任务实施

按照任务引入中要求，时间定额计算过程如下：

(1)基本工作时间 $=210/60=3.5(h)$

(2)工序作业时间 $=\dfrac{基本工作时间}{1-占工序作业时间百分比}=\dfrac{3.5}{1-2\%}=3.571(h)$

(3)定额时间 $=\dfrac{工序作业时间}{1-占工序作业时间百分比}=\dfrac{3.571}{1-(3\%+2\%+18\%)}=4.638(h)$

(4)时间定额 $=\dfrac{定额时间}{工作班延续时间}=\dfrac{4.638}{8}=0.580(工日)$

(5)产量定额 $=\dfrac{1}{时间定额}=\dfrac{1}{0.580}=1.724(m^3)$

任务评价

任务评价表见表1-3。

表 1-3　任务评价表

序号	评价内容	评价标准	分数	评分记录		
				学生自评	组间互评	教师评分
1	公式使用	使用正确 60 分,使用错误 0 分	60			
2	代数	代数正确 30 分,代数错误 0 分	30			
3	计算	得数正确 10 分,得数错误 0 分	10			
		总分	100			

任务二　计算物资消耗定额

任务引入

现有一装饰工程需要粘贴 1 000 m^2 地砖,经查装饰工程施工定额知粘贴 10 m^2 地砖的人工消耗量为 3.2 工日、地砖 29 块、1 ∶ 2 水泥砂浆 0.051 m^3,1 ∶ 3 水泥砂浆 0.202 m^3,素水泥浆 0.01 m^3,灰浆拌和机 0.017 台班,石料切割机 0.1 台班,计算该工程的人工需用量、材料需用量和机械需用量。

任务描述

物资需用量是构成物资需求总量的基本单元和基础,它是施工企业为完成某项工程所需要的物资数量。物资需用量的核算依据包括:工程项目计划、物资消耗定额、历年物资消耗统计、工程图纸、物资市场供应情况等。一般情况在已知工程项目计划和物资消耗定额的情况下就可以确定物资需用量。

动画

物资消耗定额的含义

相关知识

一、物资消耗定额的含义和作用

(一)物资消耗定额的含义

物资消耗定额是指在一定生产条件下,为完成单位合格产品(或单位工程量)而合理消耗物资的数量指标。

“一定的生产条件”一是指一定的工程对象和结构性质,工程对象和结构性质不同,物资的消耗也不同;二是指一定的施工工艺方法,由于采用的施工方法不同,物资消耗也必然不同;三是指一定的工人技术熟练程度,工人的技术熟练程度不同,也会导致物资的消耗不同;四是指一定的组织和管理水平,企业组织管理水平不同,也会导致物资消耗不同。

“一定的生产条件”对物资消耗定额的影响主要表现在两方面:一是客观生产条件对物资消耗水平的影响,包括生产的技术装备、工艺水平和产品的设计结构,以及企业经营管理水平、自然条件、设备的运用条件;二是人的主观能动作用对物资消耗水平的影响。

“单位产品”指以实物单位表示的某种产品,如 1 m^3 砖墙、1 m^2 地面。

“单位工程量”指以劳动量指标表示的某项工作量。

“消耗”指使用到产品上的那种物资的净重及其合理的损耗部分。

“数量标准”指在最低工艺损耗的情况下,生产单位产品或完成单位工作量所需要的、足够的物资数量。

例如,某省建筑工程预算定额规定:用 M5 水泥砂浆砌筑 10 m^3 砖基础,所需 M5 水泥砂浆 2.36 m^3、标准砖 5 236 块、水 1.05 m^3。

(二)物资消耗定额的作用

1. 物资消耗定额是编制各项物资计划的基础

施工企业的生产经营活动都是有计划进行的、按照定额正确编制的各项物资计划,是做好物资分配和供应的前提。施工生产合理的物资需用量,是以建筑安装实物工程量乘以该项工程量的某种物资消耗定额而得到的。物资需用量的计算公式为

$$物资需用量 = 建筑安装实物工程量 \times 物资消耗定额 \tag{1-13}$$

2. 物资消耗定额是确定工程造价的主要依据

对同一个工程项目投资多少,是依据概算定额对不同设计方案进行技术经济比较后确定的。而工程预算中的物资费用,是根据设计规定的工程量和工程标准,并根据物资消耗定额计算各种物资数量,再按地区物资预算价格计算得出。

3. 物资消耗定额是推行经济责任制的重要手段

全面推行经济责任制,是企业进行经济改革的重要内容之一,是建筑企业管理的有效手段。物资消耗定额是科学组织物资供应并对物资消耗进行有效控制的依据。有了先进合理的物资消耗定额,可以制定出科学的责任标准和消耗指标,便于生产部门制定明确的经济责任制。如物资实行按预算包干或签订投资包干协议,以投标工程物资报价及企业内部实行的各种经济责任制。不管采用哪一种形式的经济责任制,都必须以物资消耗定额作为核算物资需用量的主要依据。

4. 物资消耗定额是做好物资供应及企业实行经济核算和降低成本的基础

物资消耗定额从制度上明确规定了耗用物资的数量标准。先进合理的物资消耗定额,便于物资部门掌握施工生产的实际物资需用量,并根据施工生产的进度,及时、均衡地按物资消耗定额确定的需用量组织物资供应,促进施工班组加强经济核算,杜绝浪费,降低工程成本,以低消耗获得高效益。

5. 物资消耗定额是推动企业提高生产技术和科学管理水平的重要手段

先进合理的物资消耗定额,必须以先进的实用技术和科学管理为前提,随着生产技术的进步和管理水平的提高,必须定期修订物资消耗定额,使它保持在先进合理的水平上。企业只有通过不断改进工艺技术、改善劳动组织、全面提高施工生产技术和管理水平,才能够达到新的物资消耗定额标准。

二、物资消耗定额的分类

(一)按物资消耗定额的用途分类

按物资消耗定额的用途,物资消耗定额可分为物资消耗预算定额、物资消耗施工定额、物资消耗概算定额。

1. 物资消耗预算定额

物资消耗预算定额,是由各地方政府主管部门统一制定,用于计算建筑商品价格的定额,是

建筑工程预算定额的组成部分，反映各地区物资消耗的社会平均水平，具有“统一标准”的作用，是甲乙双方结算物资价款的依据。各单位在使用中，不得更改(有规定的除外)。预算定额确定某一地区社会平均消耗水平，制定时必须依据现行的设计标准、设计规范、标准图纸、施工验收规范、质量检验评定标准、操作规程、合理的施工组织设计、施工条件、当地消耗水平等，经反复测算后确定。预算定额测定颁发后，只能由颁发单位统一组织修订。物资消耗预算定额一般以分部分项工程为单位确定物资的消耗量。物资消耗预算定额是编制工程安装施工图预算的法定依据，是进行工程物资结算、计算工程造价的依据，是计取各项费用的基本标准。如果企业用于编制物资计划，供内部施工生产使用，则可根据实际需要调整。

2. 物资消耗施工定额

物资消耗施工定额是由施工企业自行编制的物资消耗定额，是结合本企业在目前条件下可能达到的水平而确定的物资消耗标准，反映了企业管理水平、工艺水平和技术水平。物资消耗施工定额是物资消耗定额中最细的定额，具体反映了每个部位、每个分项工程中每一操作项目所需物资的品种、规格、数量。物资消耗施工定额的水平高于物资消耗预算定额，即同一操作项目中、同一种物资消耗量，在施工定额中的消耗数量低于概预算定额中的数量标准。

3. 物资消耗概算定额

物资消耗概算定额是在物资消耗预算定额基础上以扩大的结构项目形式表示的一种定额，一般以整幢、整批建筑物为对象，用 m^2、m^3、万元为单位，以某建筑物每平方米建筑面积某种物资消耗量或每完成 1 万元建筑安装工作量某种物资消耗量来表示。一般是根据企业历年统计资料和某类型工程结构预算物资需用量，在考虑企业现有管理水平条件下，经过整理、分析而制定的一种经验定额。概算定额常采用下列三种形式。

(1)万元定额。万元定额指每万元或十万元建筑安装工作量从经验资料得来的估计物资消耗数量标准。在基本建设仅有投资指标的情况下，可据以编制申请物资指标。但万元定额不能表现出物资的规格、型号，标准性差，所以一般不宜用于进一步编制年度物资申请计划。

$$\text{每万元施工产值某种物资消耗定额} = \frac{\text{统计期该物资的消耗定额}}{\text{统计期完成的施工产值(万元)}} \tag{1-14}$$

(2)平方米定额。平方米定额指每单位建筑面积(m^2)从经验资料得来的估计物资消耗数量标准。因是按不同用途和结构的单位工程分类，虽不表现物资规格型号，但比万元定额要准确一些。当只具备单位工程的用途、结构类型和每平方米造价的条件时，可用以比照计算出物资需用量。如再以经验资料比照计算出规格，可用于编制年度物资申请计划备料，还可按此预先规划布置物资堆放场地。

$$\text{每平方米施工产工某种物资消耗定额} = \frac{\text{统计期竣工工程该种物资的总消耗量}}{\text{统计期竣工面积}(m^2)} \tag{1-15}$$

(3)分项工程定额。分项工程定额是分项工程单位工程量消耗物资的标准，用于施工准备期编制施工组织总设计时制订物资需要量计划。

$$\begin{matrix}\text{某分部(分项)工程}\\ \text{某种物资的消耗定额}\end{matrix} = \frac{\text{统计期该分部分项工程该种物资的总消耗量}}{\text{统计期该分部分项工程的实物工程量}} \tag{1-16}$$

(二)按物资类别分类

按物资类别、物资消耗定额可分为主要物资(结构件)消耗定额、周转物资(低值易耗品)消耗定额、辅助物资消耗定额。

1. 主要物资(结构件)消耗定额

主要物资(结构件)是指直接用于建筑上构成工程实体的各项物资,如钢材、木材、水泥、砂、石等物资。这些物资通常是一次性消耗,其费用占物资费用较大的比重。主要物资消耗定额按品种确定,它由构成工程实体的净用量和合理损耗量组成。

$$\text{主要物资消耗定额} = \text{净用量} + \text{合理损耗量} \tag{1-17}$$

2. 周转物资(低值易耗品)消耗定额

周转物资(低值易耗品)是指在施工过程中可以多次周转使用,而又基本上保持原有形态的工具性物资。周转物资经多次使用,每次使用都会产生一定的损耗,直至失去使用价值。周转物资消耗定额与周转物资需用数量及该周转物资周转次数有关。在定额中,周转物资只列出每周转一次的报销量。

3. 辅助物资消耗定额

辅助物资不直接构成工程实体,虽然使用量较少,但品种多而复杂,一般通过主要物资间接确定,在预算定额中常不列出品种,只列出其他物资费。辅助物资中的不同物资有不同特点,所以辅助物资消耗定额可按分部分项工程的单位工程量计算出辅助物资货币量消耗定额,也可按完成建筑安装工作量或建筑面积计算出辅助物资货币量消耗定额,还可按操作工人每日消耗辅助物资数量计算出辅助物资货币量消耗定额。

(三)按适用范围分类

按定额适用范围,物资消耗定额可分为附属生产物资消耗定额、建筑工程物资消耗定额和维修用物资消耗定额三种。

(四)按综合程度分类

1. 单项定额

单项定额是指在一定条件下,按照具体规格的产品和具体规格的物资逐项制定的物资消耗定额。

2. 综合定额

综合定额是针对在一定条件下,在物资消耗单项定额的基础上,按照扩大规格的产品和扩大规格的物资,汇总制定的物资消耗定额。

三、物资消耗定额的构成

为了清楚物资消耗定额的构成,应先分析物资消耗的构成。物资消耗一般包括有效消耗、工艺损耗、管理损耗。

物资消耗定额是对物资在消耗过程中进行科学分析和提炼的结果,其构成包括净用量、工艺操作损耗定额、非工艺操作损耗定额等。

1. 净用量

净用量指不包括施工现场运输和操作损耗,完成每一定额计量单位产品所需某种材料主体的用量。

2. 工艺操作损耗定额

工艺操作损耗定额由两个因素构成:一是在材料加工准备过程中产生的损耗,如端头短料、边角余料等；二是在加工过程中产生的损耗，如车床加工时的屑末、砌墙抹灰时的掉灰等。工艺损耗是不可避免的，但随着技术的进步和工艺的改善，能够将其减少到最低限度。

3. 非工艺操作损耗定额

非工艺性损耗定额包括废品、次品、不合格品产生的消耗，以及运输保管带来的损耗、供应条件不符合要求造成的损耗（如以大代小、优材劣用等）和其他原因造成的损耗。非工艺损耗是很难完全避免的，有的还不是企业本身的原因造成的，因此不能不予考虑。

物资消耗与物资消耗定额之间是既有联系又有区别的两个不同概念。二者共同包括了构成工程实体的净用量和工艺操作及非工艺操作中的合理损耗，但物资消耗定额中不包括在物资消耗过程中的不合理损耗。

物资消耗构成如图 1-3 所示。

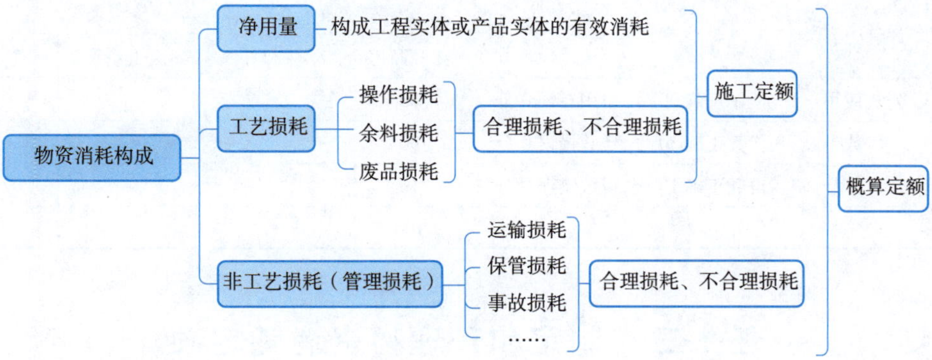

图 1-3　物资消耗构成图

4. 物资消耗施工定额的构成

物资消耗施工定额主要用于企业内部施工现场的物资耗用管理，因而一般不包括管理损耗。然而随着物资使用单位（工程承包单位）承包范围的扩大，物资消耗施工定额则应包含相应的管理损耗。

$$\text{物资消耗施工定额} = \text{有效消耗} + \text{合理的工艺损耗} \tag{1-18}$$

5. 物资消耗预（概）算定额的构成

物资消耗预（概）算定额是地区的平均消耗标准，反映建筑企业完成建筑产品生产全过程的物资消耗平均水平。建筑产品生产的全过程涉及各项管理活动，物资消耗预（概）算定额不仅应包括有效消耗与工艺损耗，还应包括管理损耗。

$$\text{物资消耗预（概）算定额} = \text{有效消耗} + \text{合理的工艺损耗} + \text{合理的管理损耗} \tag{1-19}$$

任务实施

按照任务引入中要求，计算过程如下：

（1）计算人工需用量。

$$\text{人工需用量} = 100 \times 3.2 = 320\text{（工日）}$$

（2）计算材料需用量。

$$\text{地砖} = 100 \times 29 = 2\,900\text{（块）}$$

$$1:2\text{水泥砂浆}=100\times0.051=5.1(m^3)$$

$$1:3\text{水泥沙浆}=100\times0.202=20.2(m^3)$$

$$\text{素水泥浆}=100\times0.01=1(m^3)$$

(3)计算机械需用量。

$$\text{灰浆拌和机}=100\times0.017=1.7(\text{台班})$$

$$\text{台班石料切割机}=100\times0.1=10(\text{台班})$$

任务评价

任务评价表见表1-4。

表1-4 任务评价表

序号	评价内容	评价标准	分数	评分记录		
				学生自评	组间互评	教师评分
1	公式使用	使用正确60分,使用错误0分	60			
2	代数	代数正确30分,代数错误0分	30			
3	计算	得数正确10分,得数错误0分	10			
		总分	100			

任务三 制定和管理物资消耗定额

任务引入

在某砖墙内抹灰工程中,先用1∶3石灰砂浆机喷粉底,厚18 mm,再用纸筋灰手工粉面,厚2 mm。其中,1∶3石灰砂浆配合比为中砂630 kg,石屑630 kg(石屑为中砂的代用品,其价格约为中砂的40%,可降低成本),石灰膏405 kg。各种物资损耗率为中砂4.5%,石屑(粒径0～3 mm)1.5%,石灰膏1%,纸筋灰3%(表观密度为1 350 kg/m^3),砂浆6%。计算砖墙内抹灰的物资消耗定额(即1 m^2 墙面的物资用量)。

任务描述

制定物资消耗定额时经常使用的方法有技术分析法、标准试验法、统计分析法、现场测定法、经验估计法。在确定物资种类以及物资净用量和合理施工损耗的前提下,需要使用适当的方法确定消耗定额的数值,从而发挥物资消耗定额作用,有效地节约物资成本。

相关知识

一、物资消耗定额的制定原则

1. 合理控制消耗水平的原则

(1)物资消耗预算定额应反映社会平均消耗水平。

(2)物资消耗施工定额应反映企业个别的先进合理的消耗水平。

制订物资消耗施工定额是为了在保证工程质量的前提下节约使用物资，获得好的经济效果，因此，要求定额具有先进性和合理性，应是平均先进水平。所谓平均先进水平，即是在当前的技术水平、装备条件及管理水平的状况下，大多数职工经过努力可以达到的水平。如果定额水平过高，可望而不可即，会影响职工的积极性；反之，若定额水平过低，无约束力则起不到定额应有的作用。

2. 遵循综合经济效益的原则

要从加强企业管理、全面完成各项技术经济指标出发，而不能单纯地强调节约物资。降低物资消耗，应在保证工程质量、提高劳动生产率、改善劳动条件的前提下进行。所谓综合经济效益，就是优质、高产与低耗统一的原则。

二、物资消耗定额的制定要求

1. 定质

定质是对建筑工程或产品所需物资的品种、规格、质量做出正确的选择，务必达到技术上可靠、经济上合理和采购供应上的可能。具体考虑的因素和要求是品种规格和质量均符合工程（产品）的技术设计要求，有良好的工艺性能、便于操作，有利于提高工效；采用通用、标准产品，尽量避免采用稀缺昂贵物资。

2. 定量

定量的关键在于损耗。消耗定额中的净用量，一般是不变的量。定额的先进性主要反映在对损耗量的合理判断，即如何科学、正确、合理地判断损耗量的大小，这是制定消耗定额的关键。

在消耗物资过程中，总会产生损耗和废品。其中一部分属于现有条件下可以避免的，应作为浪费而不计入定额；另一部分属于因当前生产管理水平所限而公认为不可避免的，应作为合理损耗计入定额。究竟哪些属于合理、哪些属于不合理，要采取群专结合、以专为主的方式，正确加以判断和划分。

三、物资消耗定额的制定方法

制定物资消耗定额常用的方法有技术分析法、标准试验法、统计分析法、现场测定法、经验估计法。

1. 技术分析法

技术分析法是根据施工图纸、有关技术资料和施工工艺确定选用物资的品种性能、规格并计算出物资净用量和合理施工损耗的方法。这是一种先进、科学的制定方法，因其制定依据是很充裕的技术资料而得到普遍采用。

2. 标准试验法

标准试验法通常是在试验室内利用专门仪器设备进行，通过试验求得完成单位工程量或生产单位产品的物资消耗数量，再按试验条件修正后，制定出物资消耗定额，如混凝土、砂浆的配合比，沥青胶和冷底子油等的配合比，都可通过试验求得物资消耗定额。

3. 统计分析法

统计分析法是在统计期内由某分项工程实际物资消耗量和相应完成的实物工程量求出平均消耗量，再根据计划期的原统计期的不同因素做适当调整，确定物资消耗定额。

采用统计分析法时，为确保定额的先进性，通常将以往实际消耗的平均先进数作为消耗定额。计算平均先进数的方法，是从同类型结构工程的 10 个单位工程消耗量中各扣除 2 个最低值和最高值后，计算中间 6 个消耗量的平均值；或将一定时期内统计总平均数先进的各个消耗量，再以这些消耗量计算一个平均值，这个新的平均值即为平均先进数。

表 1-5 为某产品 7～12 月的物资消耗情况。

表 1-5　某产品 7～12 月的物资消耗

月份	7	8	9	10	11	12	合计	平均
产量	80	80	80	90	110	100	540	90
物资消耗量	960	880	800	891	1 045	824	5 400	900
单耗 （kg/单位工程量）	12	11	10	9.9	9.5	8.24	—	10

从表 1-5 中可以看出，7～12 月每月用料的平均单耗约为 10 kg。其中 7、8 两个月单耗大于平均单耗，9 月与平均单耗相等，10、11、12 三个月低于平均单耗，这三个月的单耗即为先进数。再将这三个月的物资消耗量计算出平均单耗，即为平均先进数。

计算式如下：

$$\frac{891+1\ 045+824}{90+110+100}=\frac{2\ 760}{300}=9.2$$

各月产量较平衡时，可用简单算术平均法，即

$$\frac{9.9+9.5+8.24}{3}=\frac{27.64}{3}\approx 9.213$$

这种统计分析方法比较符合先进、合理的要求，常被企业采用。但它的计算基础是经过分析后的统计资料，而不是确切的技术资料，其准确性随统计资料的准确程度而定。

4. 现场测定法

现场测定法是根据现场的实际生产条件和物资消耗情况，对单位工程量或单位产品所消耗的物资进行写实记录，从而确定定额的方法。这种方法反映了一定的实际情况，比较可靠，而且参与制定定额的有关人员可以看到实际操作情况，容易发现问题，及时找出对策，便于消除物资消耗中的不合理因素，从而取得较为可靠的数据和资料。但组织现场测定的工作量大，需要较多的人力和较长的时间，同时还会受到施工生产技术条件、施工环境因素、操作人员的技术水平及参测人员的思想、技术素质等的限制。

5. 经验估计法

经验估计法是指由参加制定物资消耗定额的有关人员，根据自己的经验和已有的资料，通过估算来制定物资消耗定额的方法。这种方法实践性强、简单易行、工作量小、制定速度快，但其只有估算结果，受制定者主观影响，其结果因人而异、准确程度差。

经验估计法只在急需物资消耗定额但又无技术资料和统计资料，虽有消耗量但不易计算的情况下采用。如新产品试制时的消耗定额以及某些辅助物资、工具、低值易耗品等的消耗定额可采用此法。

上述几种制定物资消耗定额的方法，各有优点和不足之处。在制定物资消耗定额时，应根据不同时间、不同物资选用一种方法为主，其他方法为辅，使其互相结合、补充，制定出具有先进性和可行性的物资消耗定额。

四、常用物资消耗定额的编制

根据物资使用次数的不同，建筑物资分为非周转性物资和周转性物资。

非周转性物资也称为直接性物资、实体性物资，它是指施工中一次性消耗并直接构成工程实体的物资，如砖、瓦、灰、砂、石、钢筋、水泥、工程用木材等。

周转性物资是指在施工过程中能多次使用、反复周转但并不构成工程实体的工具性物资，如模板、活动支架、脚手架、支撑、挡土板等。

1. 非周转性物资定额编制

（1）确定净用量。物资消耗的净用量，一般可用技术分析法计算，即按设计图纸要求，计算出工程的实物工程量，再乘以单位工程量的物资用量，即

$$\text{某分项工程物资净用量}=\text{某项工程实物工程量}\times\text{单位工程量的物资用量} \tag{1-20}$$

分项工程只有一种主要材料，如铝合金门窗制作、玻璃窗安装等，可以直接根据施工图纸计算净用量；当分项工程由多种材料构成时，如砌砖工程、混凝土工程等，应先确定各种主要材料的比例，然后根据施工图纸和主要材料比例计算其净用量。

（2）确定损耗率。物资消耗定额中的净用量是不变的，物资消耗定额是否合理主要取决于损耗率的大小，因此正确确定物资损耗率是制定物资消耗定额的关键。

施工生产中，物资在操作、运输、中转、堆放保管、场内搬运等环节都会产生一定的损耗。按性质不同，这种损耗可分为两类：一类是目前的生产技术条件下所不可避免的，因此需要作为合理的损耗计算到定额中去；另一类是在现有条件下可以避免的，这类由于操作不当和管理不当造成的损耗，属于不合理损耗，不应计算到定额中去。物资损耗的计算可采用下列几个公式：

$$\text{损耗率}=\frac{\text{损耗量}}{\text{定额消耗量}}\times100\%$$

$$\text{损耗量}=\text{定额消耗量}-\text{净用量}$$

$$\text{定额消耗量}=\frac{\text{净用量}}{1-\text{损耗率}}=\text{净用量}+\text{损耗量} \tag{1-21}$$

$$\text{施工定额量}=\frac{\text{定额消耗量}}{1-\text{损耗率}}$$

（3）计算物资消耗定额。当确定物资净用量和损耗率后，可按上列公式计算出该物资的消耗定额。

【例 1-1】 现场浇筑 C30 钢筋混凝土柱子，用标号 52.5 水泥，细骨料为中砂，粗骨料为 5～40 mm 的碎石。其他已知条件是：C30 混凝土配合比为标号 52.5 水泥 352 kg，中砂 587 kg（表观密度为 1 330 kg/m^3），碎石 1 256 kg（表观密度为 1 360 kg/m^3）。

各种物资的损耗率为：水泥 1.3%，中砂 1.5%，碎石 3%，现场浇筑混凝土 1.2%。

计算浇筑 1 m^3 混凝土各种物资定额消耗量。

解：（1）计算现场混凝土的定额消耗量。

$$\text{现场浇筑混凝土定额消耗量}=\frac{\text{净用量}}{1-\text{损耗率}}=\frac{1}{1-1.2\%}\approx1.012\ 1(m^2)$$

（2）计算水泥定额消耗量。

$$\text{水泥定额消耗量}=\frac{\text{净用量}}{1-\text{损耗率}}=\frac{352\times1.012\ 1}{1-1.3\%}\approx360.95(kg)$$

(3)计算中砂定额消耗量。

$$中砂定额消耗量=\frac{净用量}{1-损耗率}=\frac{587\times1.0121}{1-1.5\%}\approx603.15(\mathrm{kg})$$

(4)计算碎石定额消耗量。

$$碎石定额消耗量=\frac{净用量}{1-损耗率}=\frac{1256\times1.0121}{1-3\%}\approx1310.51(\mathrm{kg})$$

所以浇筑 1 m^3 混凝土各种物资定额消耗量为水泥 360.95 kg、中砂 603.15 kg、碎石 1 310.51 kg。

【例 1-2】 现场浇筑钢筋混凝土梁,采用标号 42.5 普通硅酸盐水泥、5～40 mm 碎石、中砂浇筑,要求混凝土强度等级为 C30,试确定其材料消耗定额(现浇混凝土梁的工艺损耗率为 1.2%,水泥管理损耗率为 1.3%,中砂管理损耗率为 1.5%,碎石管理损耗率为 3%)。

解:(1)计算净用量。浇注 1 m^3 梁的混凝土净用量为 1 m^3。根据技术要求知 C30 混凝土材料配合比为标号 42.5 水泥 320 kg、中砂 1.01 m^3、碎石 0.88 m^3。

(2)确定损耗率。根据已知条件所得,现浇混凝土梁的工艺损耗率为 1.2%,水泥管理损耗率为 1.3%,中砂管理损耗率为 1.5%,碎石管理损耗率为 3%。

(3)计算混凝土梁的材料消耗预算定额。

$$混凝土定额消耗量=\frac{1}{1-1.2\%}\approx1.0121(\mathrm{m}^3)$$

$$标号 42.5 水泥定额消耗量=\frac{320\times1.0121}{1-1.3\%}\approx328.14(\mathrm{kg})$$

$$中砂定额消耗量=\frac{1.01\times1.0121}{1-1.5\%}\approx1.04(\mathrm{m}^3)$$

$$碎石定额消耗量=\frac{0.88\times1.0121}{1-3\%}\approx0.92(\mathrm{m}^3)$$

(4)计算混凝土梁的材料消耗施工定额。

$$标号 42.5 水泥定额量=\frac{328.14}{1-1.3\%}\approx332.46(\mathrm{kg})$$

$$中砂定额量=\frac{1.04}{(1-1.5\%)}\approx1.06(\mathrm{m}^3)$$

$$碎石定额量=\frac{0.92}{(1-3\%)}\approx0.95(\mathrm{m}^3)$$

【例 1-3】 砌筑标准砖混水墙(1 砖墙),采用 M5 混合砂浆砌筑,水平及垂直灰缝 10 mm。其他已知条件是:M5 混合砂浆的配合比为标号 42.5 水泥 204 kg,中砂 1 378 kg,石灰膏 146 kg。各种物资的损耗率为标号 42.5 水泥 1.3%,中砂 4.5%,石灰膏 1%,砂浆 1.5%。标准砖 1.3%(标准砖规格为 240 mm×115 mm×53 mm)。计算砌筑 1 m^3 砖混水墙的各种物资定额消耗量。

解:(1)计算 1 m^3 砖混水墙的用砖量。

先计算 1 m^3 砖混水墙净用砖量。

$$砖的净用量=\frac{表示墙厚的砖数\times2}{(砖长+灰缝)\times(砖厚+灰缝)\times墙厚}$$

将数值代入公式

$$砖的净用量 = \frac{1 \times 2}{(0.24+0.01)\times(0.053+0.01)\times 0.24} \approx 529(块)$$

$$砖定额用量 = \frac{净用量}{1-损耗率} = \frac{529}{1-1.3\%} \approx 536(块)$$

(2)计算 1 m^3 砖混水墙中砂浆用量。

计算 1 m^3 砖混水墙中砂浆净用量。

$$砂浆的净用量 = 1 - 砖数 \times 砖块体积$$

将数值代入公式

$$砂浆的净用量 = 1 - 529 \times 0.24 \times 0.115 \times 0.053 \approx 0.226\,2(m^3)$$

$$砂浆定额用量 = \frac{净用量}{1-损耗率} = \frac{0.226\,2}{1-1.5\%} \approx 0.229\,6(m^3)$$

(3)计算水泥、中砂、石灰膏定额用量。

$$水泥定额用量 = \frac{净用量}{1-损耗率} = \frac{204 \times 0.229\,6}{1-1.3\%} \approx 47.46(kg)$$

$$中砂定额用量 = \frac{净用量}{1-损耗率} = \frac{1\,378 \times 0.229\,6}{1-4.5\%} \approx 331.30(kg)$$

$$石灰膏定额用量 = \frac{净用量}{1-损耗率} = \frac{146 \times 0.229\,6}{1-1\%} \approx 33.86(kg)$$

最后计算结果为用 M5 混合砂浆和标准砖砌筑 1 m^3 砖混水墙，物资消耗定额分别为：标号 42.5 水泥 47.46 kg，中砂 331.30 kg，石灰膏 33.86 kg，标准砖 536 块。

2. 周转性物资消耗定额编制

周转性物资在物资消耗定额中以摊销量表示。

摊销量是指周转性物资使用一次在单位产品上的消耗量，即应分摊到每一单位分项工程或结构构件上的周转物资消耗量。

周转性物资消耗定额与以下四个因素有关：

(1)一次使用量，指一次投入使用的物资基本数量。

(2)损耗率，指在第二次和以后各次周转中，每周转一次因损坏不能复用，必须另作补充的数量占一次使用量的百分比。

(3)周转次数，指周转性物资从第一次使用起可以重复使用的次数。

(4)回收量，指平均每周转一次可以回收物资的数量，这部分数量应从摊销量中扣除。

3. 常用周转性物资消耗定额计算

(1)现浇混凝土构件模板摊销量计算公式如下。

①一次使用量。

$$一次使用量 = 1\ m^3\ 混凝土构件的模板接触面积 \times 1\ m^2\ 接触面积需模量 \times (1+制作损耗率) \tag{1-22}$$

②一次补损量。

$$一次补损量 = 一次使用量 \times 损耗率 \tag{1-23}$$

③全部使用量。

$$\begin{aligned} 全部使用量 &= 一次使用量 + (周转次数-1) \times 一次补损量 \\ &= 一次使用量 \times [1+(周转次数-1)\times 损耗率] \end{aligned} \tag{1-24}$$

④周转使用量。

$$周转使用量=\frac{一次使用量}{周转次数}\times[1+(周转次数-1)\times损耗率] \quad (1\text{-}25)$$

(2)预制构件模板摊销量计算。

预制构件模板每次安装、拆卸损耗很小,在计算模板摊销量时,不考虑补损和回收,可按多次使用、平均分摊的方法计算。计算公式为

$$摊销量=\frac{一次使用量}{周转次数} \quad (1\text{-}26)$$

五、物资消耗定额管理

(一)物资消耗定额管理的含义

物资消耗定额管理是对物资消耗定额的制定、审查、批准、执行、考核、修订等技术经济活动进行计划、组织、指挥、监督等一系列工作的总称。

物资消耗定额管理是一项重要的技术经济工作,它是做好物资计划管理的基础,也是加强企业经济核算、促进物资的节约使用、降低工程成本、增加利润、实现良好经济效益的有效途径。物资消耗定额的制定、执行和修改,是一项技术性很强、工作量很大、涉及面很广的工作。为了充分发挥物资消耗定额的作用,必须加强其管理工作。

(二)物资消耗定额的管理内容

1. 建立健全物资消耗定额的管理组织体制

(1)建立各级物资定额管理机构。该机构的任务是拟订有关物资消耗定额的政策和规定,组织编制或审批物资消耗定额并监督其执行,定期修订定额并负责物资定额的解释。

(2)配备专职或兼职定额人员。各级管理机构的专职或兼职人员,负责物资消耗定额的执行并进行具体指导,收集有关定额资料,做好物资消耗定额的考核工作,整理分析物资节超原因,拟定补充定额和定期组织修改定额。

(3)明确业务分工,建立岗位责任制。在建筑施工企业内部各部门之间,要有明确的业务分工,建立岗位责任制,把物资消耗定额的执行和技术节约措施、物资消耗定额的考核与物资消耗统计分析及企业的技术经济业务密切结合起来,以利于企业经营管理水平的提高。

2. 正确使用物资消耗定额

使用物资消耗定额时应特别注意以下几点,以防误用。

(1)工程项目设计的要求。在定额标准中,如对混凝土和砌筑砂浆的强度等级、抹面砂浆的配合比、墙面抹灰的厚度和细石混凝土地坪的厚度等都有明确的规定。因此,在定额执行过程中,如果设计要求与定额规定出现差异时,应对物资的需用量作相应调整。

例如,在制订墙面抹灰工程中,物资定额消耗量是以抹灰厚度为 18 mm 作为标准情况下制定的,当设计要求抹灰厚度为 20 mm 时,应对物资的需用量进行调整。

(2)使用物资的质量规格。当使用物资的品名相同而质量规格不同时,物资的定额用量也不相同。如同一品种的水泥有标号 42.5、标号 52.5、标号 62.5 等不同的标号。如实际使用的物资质量规格与定额规定的不同时,应对物资的需用量做相应的调整。一般是由较高标号水泥改用较低标号水泥时,混凝土中的水泥用量要相应增加,而由较低标号水泥改用较高标号水泥

时,混凝土中水泥用量要相应减少。当施工中有特殊要求时,也可按规定对物资定额量作相应调整。

(3)工程内容及工艺要求。混凝土有现浇和预制之分,抹灰中有手工抹灰和机喷粉刷的不同,所以物资消耗水平也不同;在抹灰工程中墙面按净面积计算,其凸出墙面的砖墩两侧面和门窗洞口天盘及两侧面要按实际面积增加。对物资消耗定额的调整是正确执行定额的重要方面,也是经常发生的。凡是工程设计的要求与定额规定大的条件不符时,应根据工程设计的要求,对比定额规定条件,做出相应调整。例如,某工程楼地面面层的设计为 45 mm 厚的细石混凝土,但某单位的物资消耗定额规定厚度为 35 mm,物资消耗定额规定可以做相应调整。

3. 物资消耗定额的修订

(1)积累原始资料。在日常工作中,注意积累原始消耗物资的资料,以便有定额子目需要修改时有据可依。

(2)跟踪检查。跟踪检查定额的使用情况,如施工条件是否达到定额中的规定标准、定额制定是否脱离实际、定额用量是否过于宽松等。如果不符,根据调查情况研究解决办法,使定额的修订符合工程实际。

(3)按程序修订定额。对不符合实际情况的定额子目,通过技术、施工、物资生产等部门有关人员共同研究后,进行技术和经济上的综合修订,然后报上级主管部门批准后执行,使修订后的定额更加符合实际,推动施工生产发展。如果不经过一定的审批程序,随意修改,定额就失去了应有的严肃性。

4. 做好物资消耗定额的考核工作

加强物资消耗定额的考核工作,有利于促进企业管理水平和操作技术水平的提高,达到优质、高产、低消耗的目的。定额考核应以单位工程为对象,以分部工程为主、分项工程为辅,将已完实物工程量、相应的物资实际耗用量与计划实物工程量、相应的物资定额耗用量进行统计,并计算出实际单耗与定额比较。

最后,应按物资名称、规格和物资消耗量,按分部工程项目分别汇总,即为该单位工程的各种物资消耗总量。表 1-6 为物资消耗执行情况表格。

表 1-6　物资消耗执行情况

<table>
<tr><td colspan="3">建设单位</td><td colspan="2"></td><td colspan="3">施工单位</td><td colspan="2"></td><td colspan="2">开、竣工日期</td><td></td></tr>
<tr><td colspan="3">工程名称</td><td colspan="2"></td><td colspan="3">结构</td><td colspan="2"></td><td colspan="2">总面(体)积</td><td></td></tr>
<tr><td colspan="3">地址</td><td colspan="2"></td><td colspan="3">计划造价</td><td colspan="2"></td><td colspan="2">实际总价</td><td></td></tr>
<tr><td rowspan="3">分部工程名称</td><td rowspan="3">物资名称</td><td>规格型号</td><td>单位</td><td colspan="2">分部工程量</td><td colspan="2">单耗</td><td colspan="2">消耗量</td><td colspan="3">其中</td></tr>
<tr><td rowspan="2"></td><td rowspan="2"></td><td rowspan="2">计划</td><td rowspan="2">实际</td><td rowspan="2">定额</td><td rowspan="2">实际</td><td rowspan="2">定额</td><td rowspan="2">实际</td><td colspan="2">分项工程</td><td rowspan="2"></td></tr>
<tr><td>定额</td><td>实际</td></tr>
<tr><td>甲</td><td>乙</td><td>丙</td><td>丁</td><td>①</td><td>②</td><td>③</td><td>④=⑥/②</td><td>⑤=①×③</td><td>⑥</td><td></td><td colspan="2"></td></tr>
<tr><td></td><td></td><td></td><td></td><td></td><td></td><td></td><td></td><td></td><td></td><td></td><td colspan="2"></td></tr>
</table>

(1)物资的节约量(或超耗量):

$$\begin{matrix}\text{某种物资的节约量}\\\text{(或超耗量)}\end{matrix}=\text{实际消耗总量}-\begin{matrix}\text{定额消耗总量}\\\text{(正为超耗、负为节约)}\end{matrix}$$

或 $$\text{某种物资的节约额(或超耗额)}=\text{实际消耗总额}-\text{定额消耗总额(正为超耗、负为节约)} \quad (1\text{-}27)$$

(2)物资的节约率(或超耗率):

$$\text{某种物资的节约率(或超耗率)}=\frac{\text{某项物资节约总量(或超耗量)}}{\text{某种物资定额消耗总量}}\times 100\% \quad (1\text{-}28)$$

(3)单位工程物资节约率(或超耗率):

$$\text{单位工程物资节约率(或超耗率)}=\frac{\text{单位工程物资节约(或超耗)总额}}{\text{某项物资定额消耗总量}}\times 100\% \quad (1\text{-}29)$$

素养教育

零碳产业园助力碳达峰

某公司 2×135 MW 发电项目施工现场如图 1-4 所示。全面打造风光氢储荷多能互补的百万吨级二氧化碳捕集高效利用零碳产业园,实现绿电、绿氢、绿氧的低碳绿能化工。10 年完成企业 50% 碳减排,20 年完成碳中和目标。

图 1-4 项目现场

(三)物资消耗定额的应用

1. 物资消耗预算定额

物资消耗预算定额是编制建筑安装施工图预算的依据,是确定工程造价、编制招标控制价、确定标底、进行投标报价的基础。在物资采购时,其可作为编制物资采购计划、控制物资消耗的依据。

2. 物资消耗施工定额

物资消耗施工定额是建筑施工中最细的定额,能反映各种物资的品种、规格、材质和消耗数量,作为企业内部编制物资需要计划、组织现场供料的依据。

定额在使用时,先根据施工内容查找定额中的相应章节,再根据章节查找定额子目,然后根据定额子目内容计算相应物资的单方用量,再乘以根据图纸计算的工程量,得出各种物资的需用量。

【例 1-4】 现浇 C30 混凝土 60 m^3，采用标号 42.5 普通硅酸盐水泥、5～40 mm 碎石和中砂，物资配合比为水泥：中砂：碎石 =366 ：635 ：1 178（kg/m^3），混凝土梁的工艺损耗率为 1.5%，水泥管理损耗率为 1.2%，中砂管理损耗率为 1.3%，碎石管理损耗率为 2.5%。

求：（1）水泥、中砂、碎石三种原物资的预算用量。

（2）水泥、中砂、碎石三种原物资的限额领料量。

解：（1）计算混凝土物资消耗预算用量。

$$混凝土净用量 = \frac{1}{1-1.5\%} = 1.015(m^3)$$

$$标号\ 42.5\ 水泥预算用量 = \frac{60 \times 366 \times 1.015}{1-1.2\%} = 22\ 560(kg)$$

$$中砂预算用量 = \frac{60 \times 635 \times 1.015}{1-1.3\%} = 39\ 181(kg)$$

$$碎石预算用量 = \frac{60 \times 1\ 178 \times 1.015}{1-2.5\%} = 73\ 580(kg)$$

（2）计算混凝土物资限额领料量。

$$标号\ 42.5\ 水泥预算用量 = 60 \times 366 \times 1.015 = 22\ 289.4(kg)$$

$$中砂预算用量 = 60 \times 635 \times 1.015 = 38\ 671.5(kg)$$

$$碎石预算用量 = 60 \times 1\ 178 \times 1.015 = 71\ 740.2(kg)$$

3. 物资消耗概算定额

物资消耗概算定额是在物资消耗预算定额的基础上以扩大的结构项目形式表示的一种定额，是根据历年统计资料和不同工程结构类型的建筑物物资消耗用量，结合企业现有管理水平，经过整理分析而制定的一种经验定额。一般以整栋建筑物为对象，以每平方米建筑面积或每万元施工产值某种物资消耗量为表现形式。

物资消耗概算定额内容较粗，只能用于估算主要物资用量，编制年度备料计划，或在设计资料不齐全的情况下使用。

（四）物资消耗定额的审批

物资消耗定额草案制定出来后，必须经过讨论和审查批准后，方能贯彻执行。讨论和审查的目的，在于进一步提高物资消耗定额的质量。

物资消耗定额的审查，一般要求逐项、逐级进行审查。在审查过程中，要有领导、物资供应人员、成本人员和有实践经验的工人参加。审查的内容通常为审查制定物资消耗定额工作报告的说明，以便了解制定工作概况；审查是否符合当前党和国家的有关方针政策；审查是否完成主管部门下达的控制指标；审查物资消耗定额的项目；审查重点项目变化的情况、增减的原因；与历年消耗统计资料相比，分析是否符合物资消耗的规律性；审查有关计算方法是否先进合理，有关技术资料是否齐备完整；审查大类综合定额中各类产品的产量与生产计划所列的口径是否一致；审查是否积极采用了新工艺、新技术和新材料；审查是否已采纳了群众讨论及各级审批过程中的正确意见，审查制定过程中拟订实现物资消耗定额措施的情况等。

定额经过审查后，报请有关领导审批。审批定额的标准是：第一，定额必须完整、先进、合理；第二，定额必须达到了本企业的历史最好水平或低于上一年度的实际消耗水平；第三，定额管理制度及岗位责任制必须建立健全并切实可行；第四，必须实行定额供料和按实际消耗严格考核;第五,计量工具必须准确和齐备。

(五)物资消耗定额的执行

物资消耗定额的贯彻执行是发挥定额作用的阶段,是定额管理的关键。它的内容包括生产车间、工段、班组按物资消耗定额领用物资和进行经济技术分析;物资、财务部门按物资消耗定额发送物资和按定额科目结算物资支出费用,以及物资消耗定额技术人员的日常管理等。其中的定额供料制度是物资消耗定额贯彻执行的中心环节。物资消耗定额技术人员的日常管理包括:经常深入生产第一线了解掌握物资消耗动态及各种影响因素和影响结果,记录、分析发生物资消耗突变的生产情况和原因及结果,建立必要的物资消耗资料台账,并定期汇总出结果,分析、整理出物资消耗定额执行结果资料并揭示出定额贯彻执行过程中出现的问题,拟订改进建议,推广节约物资的先进经验等。

(六)物资消耗定额的修订

物资消耗定额制定后,经过一段时间的执行,必须在不断分析执行情况的基础上进行必要的修订。这是因为物资消耗定额是在一定条件下,近似正确地反映了物资消耗规律,但是影响物资消耗的诸多因素是在不断变化的,作为执行过程中相对稳定的物资消耗定额也必须随着客观条件的变化而变化。同时,由于原物资消耗定额的制定,受到制定物资消耗定额的条件限制,对物资消耗规律的认识也存在一定的局限性。由这种局限性所造成的矛盾,随着物资消耗定额执行过程中对物资消耗规律认识的不断深入,就会越来越突显。为了解决这些矛盾,要求我们在物资消耗定额管理过程中对原物资消耗定额进行修订。物资消耗定额修订的关键是时间间隔的确定。间隔过短,不一定能把问题充分暴露出来,更主要的是定额要保持相对的稳定性,频繁变动会影响执行定额的积极性;时间长了,也不利于生产、供应和节约工作。一般来说,在正常情况下,每半年或一年修订一次为宜,但遇到下述情况,应及时修订:

(1)在物资消耗定额制定过程中,制定的定额不准或计算所依据的资料不准。

(2)产品的结构发生了改变。

(3)物资的品种、质量、规格等发生了变动。

(4)提高了生产、施工技术或改进了工艺操作。

(5)由于技术革新、技术革命的实现,必须改变原有物资的质量、品种或规格等。

物资消耗定额的修订,必须按有关规定,经过群众讨论、物资供应部门会签、物资消耗定额主管部门通过,报请上级审查批准后才能正式生效。

(七)降低物资消耗的途径

1. 改革产品设计,减少构成产品或零件净重的物资消耗

产品的结构、式样、大小、长短、光洁度、精密度、所用材料的规格、质量及对各种材料的技术要求,都是由产品设计决定的。产品设计上的合理节约对物资消耗的节约影响大且深远。因此,在保证和提高产品质量的前提下,改革产品设计,减少单位产品的物资消耗,是实现节约物资的重要措施。

2. 采用先进工艺,减少工艺性损耗

工艺性损耗是物资消耗的一个重要构成部分,采用先进工艺,尽可能减少工艺性损耗,就可以更好地降低物资消耗。如在机械制造厂,采用粉末冶金、精密铸造、精密锻造等新工艺代替费

料、费工的旧工艺,不仅能节约大量金属材料,节约加工工具和机床设备,而且还能提高产品质量和劳动生产率。

3. 采用新材料和代用料

在保证产品质量前提下,研究采用新材料和代用料,是减少物资消耗、降低产品成本的重要措施。因此,企业要千方百计地研究和采用新材料,一般尽量用资源丰富的材料代替资源稀缺的材料,用一般金属材料代替贵金属材料,塑料制品代替金属制品,边角余料代替整料等。

4. 实行集中下料,推广套裁下料方法

如果采用分散下料,由于各部门生产的局限性,往往只从本部门需要出发,很少考虑材料利用率。实行集中下料,能从全厂需要着眼,开展"巧裁缝"活动,先下大、再下小,就可以最大限度地减少边角余料,提高材料的利用率。

5. 加强物资的运输保管工作,尽量减少物资在流通过程中的损耗

物资在储运过程中会发生一定的损耗,特别是那些容易散失、锈蚀变质的物资更是如此。对于这类物资,要特别注意加强运输保管工作,建立和健全管理制度。

6. 回收利用废旧物资

在企业的生产过程中,不可避免地产生一部分废料。如下料过程中产生的锯屑、料头、边角余料;设备装置、仪表、工具及其他低值易耗品等,由于使用磨损也会丧失原有使用价值,或者虽然有一定的使用价值,但已不适应原有生产技术要求而被报废。旧物资及时进行回收、修理利用,以充分发挥物资的作用,也是节约物资和解决企业生产所需物资缺口的有效办法。

任务实施

按照任务引入中要求,计算过程如下:

(1)计算砂浆用量。

$$\text{砂浆定额用量}=\frac{\text{净用量}}{1-\text{损耗率}}=\frac{0.018}{1-6\%}\approx 0.019\,1(\text{m}^3)$$

(2)计算中砂、石屑、石灰膏、纸筋灰定额用量。

$$\text{中砂定额用量}=\frac{\text{净用量}}{1-\text{损耗率}}=\frac{630\times 0.019\,1}{1-4.5\%}\approx 12.60(\text{kg})$$

$$\text{石屑定额用量}=\frac{\text{净用量}}{1-\text{损耗率}}=\frac{630\times 0.019\,1}{1-1.5\%}\approx 12.22(\text{kg})$$

$$\text{石灰膏定额用量}=\frac{\text{净用量}}{1-\text{损耗率}}=\frac{405\times 0.019\,1}{1-1\%}\approx 7.81(\text{kg})$$

$$\text{纸筋灰定额用量}=\frac{\text{净用量}}{1-\text{损耗率}}=\frac{1\,350\times 0.002}{1-3\%}\approx 2.78(\text{kg})$$

任务评价

任务评价表见表1-7。

表 1-7　任务评价表

序号	评价内容	评价标准	分数	评分记录		
				学生自评	组间互评	教师评分
1	公式使用	使用正确 60 分,使用错误 0 分	60			
2	代数	代数正确 30 分,代数错误 0 分	30			
3	计算	得数正确 10 分,得数错误 0 分	10			
		总分	100			

巩固练习

1. 简述物资消耗定额的基本概念及分类。
2. 简述物资消耗定额有哪些作用。
3. 简述物资消耗及物资消耗定额的构成。
4. 简述物资消耗定额的制定方法。
5. 简述物资消耗定额管理的主要工作内容。
6. 物资消耗定额的制定原则有哪些?
7. 遇到什么情况下,应及时修订物资消耗定额?
8. 降低物资消耗的途径有哪些?

项目二 物资储备定额

项目描述

物资储备定额对编制企业物资供应计划、衡量企业物资库存动态、核定流动资金等诸多方面具有重要作用。物资储备定额可以按定额指标的计量单位、物资在生产中的作用等多方面进行分类。确定物资储备定额就是分别确定经常储备定额、保险储备定额和季节性储备定额。在确定了经常储备定额、保险储备定额和季节性储备定额后，即可制定类别物资储备定额。

学习目标

知识目标

(1)了解物资储备的概念和物资储备的必要性，理解物资储备定额的概念和物资储备定额作用。

(2)了解物资储备定额的分类，理解物资储备定额的构成，掌握经常储备定额、保险储备定额、季节性储备定额和类别(综合)物资储备定额的制定方法。

(3)了解物资储备理的主要工作内容，理解进行物资储备考核常用的指标。

能力目标

(1)能够根据物资储备定额的制定方法计算经常储备定额、保险储备定额、季节性储备定额。

(2)能够根据物资储备定额制定实施和考核方法。

素养目标

(1)结合物资储备定额，培养成本节约意识。

(2)立足企业经济需要，增强效益至上的意识。

(3)强化施工企业物资管理人员职业认同感，培育学生“勤俭节约、钻研业务”价值观。

学习导航

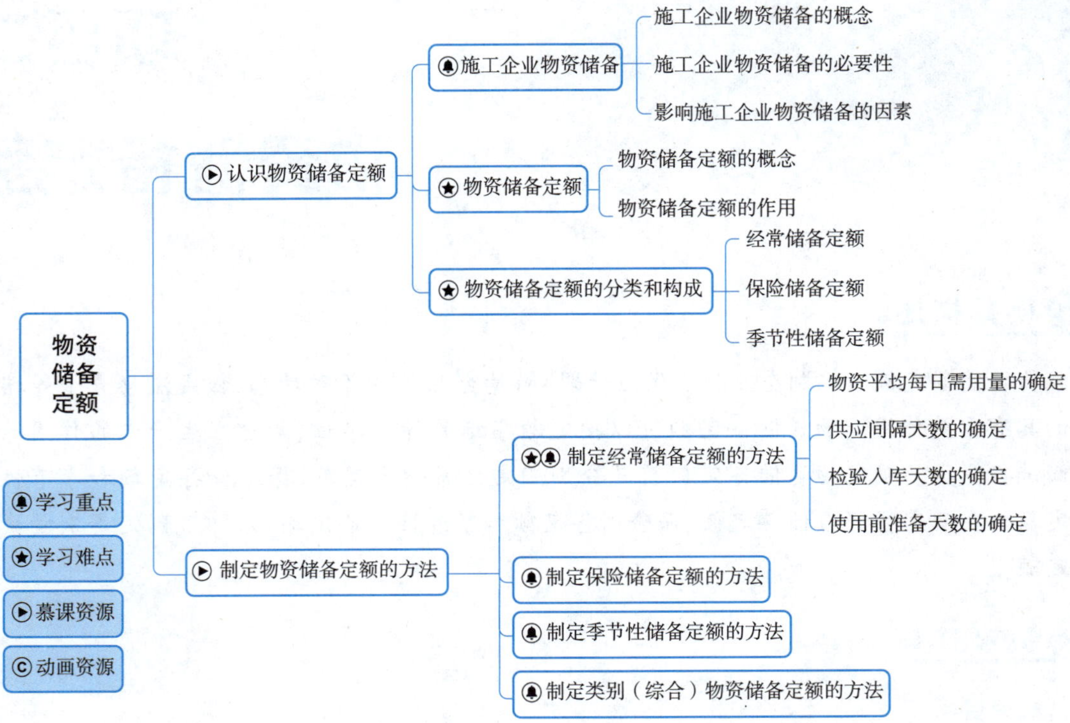

任务一　认识物资储备定额

任务引入

请仔细观察图 2-1 中物资，并分析其在物资储备过程是否要考虑物资储备天数。

（a）钢筋加工　（b）木材加工

图 2-1　物资使用前进行加工

任务描述

物资储备是为确保企业生产正常进行而建立的，用来协调解决生产与供应之间矛盾。受施工工程各作业段单位时间内物资需用量、物资供应商企业经营水平、供货距离及运输条件、仓储能力及资金情况等因素的影响，物资储备是保证施工生产顺利进行所必需的、经济合理的物资储备数量标准。本次任务根据施工企业生产的特点和要求，观察图 2-1 所示物资，图中物资需要在投入使用前整理加工等准备工作。因此，需要相应的数量储备，需要考虑部分物资储备天数，以保证投产前准备工作的顺利进行，缓解因品种规格不全带来的使用困难。

相关知识

一、施工企业物资储备

（一）施工企业物资储备的概念

物资储备是指社会生产过程中储存备用的生产资料。它是生产资料产品脱离一个生产过程但尚未进入另一个生产消费过程时，以储备形式暂时停留在生产领域和流通领域某个环节。

在生产过程中，每一个生产企业既生产社会需要的产品，同时又消耗着其他许多企业的商品。一个企业生产需要消耗的生产资料，要通过交换、运输、储存等环节，才能进入本企业的生产过程。因此，社会产品必然有一部分处于生产领域内，一部分处于流通领域内，形成物资储备。

物资储备一般有三种形态：一是生产储备，是指处于生产领域内的物资储备；二是流通储备，是指准备进入和已经进入流通领域的物资储备；三是国家储备，是指由国家物资储备机构或国家物资管理部门掌握的物资储备。

施工企业物资储备是指在施工过程中为保证施工进度正常进行而做的物资储备。物资离开生产过程进入再生产消耗过程前，以在途、在库、待检、再加工等形态停留在流通领域和生产领域，这就形成了材料储备。

（二）施工企业物资储备的必要性

1. 解决物资采购的时间及其数量与投入生产的时间及其数量不一致的矛盾

施工物资的生产是连续不断进行的，生产过程中所需要的各种物资也是连续不断地投入的。有的是每日每时投入，有的是按一定周期投入，也有的是随时需要随时投入。而物资的采购，通常是预先按一定的间隔时间分期、分批地进行的。由于采购与投入在时间上和数量上存在差异，必然需要有一定量的物资作为周转储备，以确保生产的连续进行。

2. 解决由于物资使用方与供应商在空间不一致的矛盾

施工企业所需的大量物资需要从外地乃至从国外采购。由于供需双方不在一个地方，物资从供应商的产地运到需求地的生产企业，实现物资的空间转移，就需要有一定的在途物资和待运物资。

3. 缓解因物资品种规格不全带来的使用困难

根据生产的特点和要求，有的物资在投入使用前，必须先经过整理加工等准备工作阶段，如木材的干燥、矿石的筛选、煤炭的混配、金属材料的裁切等。由于投产前需要经过一定的准备加工时间，必然需要相应的储备数量，以保证投产前准备工作的顺利进行，如图 2-2 和图 2-3 所示。

图 2-2　筛选矿石

图 2-3　切割钢筋

4. 为了预防、应付采购供应中可能遇到的意外事故

由于供货过程中受供应商和交通运输等多方面不确定复杂因素的影响，如供应商不能按时交货、供应质量不符合使用要求、运输能力紧张不能如期运输，导致延误等。企业为了防止这些事故发生而停工待料，就必须建立适当的安全储备。

总之，生产储备是为了确保企业生产正常进行而建立的，是用来协调解决生产与供应之间矛盾所必需的。

（三）影响施工企业物资储备的因素

1. 施工工程各作业段单位时间内物资需要量

由于在物资管理上要求企业的物资储备量与其所能保证的生产、建设的消费规模基本上成正比，因此，在其他条件不变的情况下，单位时间内物资需要量越大，需要的储备物资数量就越大。

2. 物资供应商企业经营水平

物资供应商企业经营水平具体包括生产能力和设备的完好程度、生产计划与管理水平等。物资供应商生产能力充足、设备的完好程度高、生产材料供应及时、售后服务质量好，就可以降低物资储备水平，否则就要加大物资储备量。物资供应商的管理水平直接影响着其生产计划的准确性，进而影响物资的储备量。如果生产计划准确、管理水平高、供应方式合理，物资储备就可以相对降低，否则，物资储备就要增大。

3. 供货距离及运输条件

物资供应商与施工企业施工现场距离越长，各中转站到各施工现场之间的距离越远，交通条件越差，运输过程中经过编组站越多，生产企业、中转仓库、施工现场需要的成品储备就越大。

4. 仓储能力及资金情况

企业资金充裕、仓储能力强，就可能支持较大的物资储备；反之，则只能保持较少的物资储备。当然，这只是一个制约条件，而不是决定条件。在资金及仓储条件允许的前提下，还应以经济合理为前提确定物资的储备量。

二、物资储备定额

（一）物资储备定额的概念

物资储备定额是指在一定的生产技术组织条件下，为保证生产活动正常进行，使企业生产经营管理取得最佳经济效益而制定的必需的、经济合理的物资储备品种结构和数量标准。

其中，“使企业生产经营管理取得最佳经济效益而制定的必需的、经济合理的物资储备品种结构和数量标准”,指的是只要能取得最佳经济效益,物资储备能降多少就降多少;“一定的生产技术组织条件”,是指影响物资储备定额的各种因素,主要有以下两个方面。

1. 企业的内部因素

(1)企业生产的方式与规模。一般来说,品种少批量大、生产稳定、消耗均衡、生产专业化程度较高的企业,其物资储备定额相对就小;反之,多品种小批量、生产和消耗不均衡稳定,生产专业化程度较低的企业,物资储备定额就要大些。

(2)企业的管理水平。如果企业管理水平高,生产计划性强,物资计划准确,供需协调,中间环节流畅,物资储备定额就可相应降低些;如果管理水平低,生产计划多变,内部层层设库,物资储备定额就要加大。

(3)物资采购供应间隔期。企业物资的采购供应间隔期越长,订购量越大,物资的储备量就越大;反之,则越小。

(4)管理人员的素质。如果物资管理人员业务精、有强烈的主人翁意识,就能充分发挥积极性和主观能动性,全面衡量企业的外部和内部的条件,采用科学的方法,争取供应商和运输部门的密切配合,加速物资周转,把物资储备降低到最低限度。

2. 企业的外部因素

(1)生产力分布概况与生产发展水平。如果生产力分布合理,生产水平发展较高,各地区的物资自给能力强,大部分物资可以就近就地供应、直达供应,企业的物资储备定额就可以小些;反之,就要增加。

(2)供货距离和运输条件。生产企业与供应商之间的空间距离越短,交通运输条件越好,物资补充就有可能越迅速,企业物资储备定额就相对越少;反之,储备量越多。

(3)物资供货条件和供货单位的服务质量。一般来讲,物资供应充裕,供货单位服务质量好,企业无后顾之忧,可以使物资储备降低到最低限度;反之,物资供应紧俏,供货单位服务质量差,企业为确保生产所需,就会加大物资储备量。

(4)物资的自然属性。物资本身的物理属性和化学属性决定物资的使用时效,储存超过这个时限,物资的使用价值就会受到影响。为此,物资的储备量和储存期的控制,以不损坏物资的使用价值为限度,如某些化工产品、药品等,超过使用有效期就只能报废,再如基建用的水泥,储存时间一般不能超过三个月,否则就会降低使用价值,影响施工质量。

(5)物资在生产中的作用。一般来说,那些对生产起主要保证作用的物资,其储备数量应能保证生产不间断地需要,储备定额一般要比起次要作用的物资多一些。价值昂贵的物资储备量要严格控制,以节约流动资金占用;价值比较低的物资,储备定额可适当加大一些,以减少采购次数,节省采购成本。

影响物资储备的因素很多,各种因素之间往往又是相互联系、相互制约的。企业应根据本企业的具体情况,既要全面分析,又要抓住重点,在不断提高企业管理水平的基础上,确定既能保证生产正常需要,又是最低的必需的物资储备定额。

(二)物资储备定额的作用

物资储备定额,是企业物资管理工作的一项重要内容。其主要作用有以下几个方面。

1. 物资储备定额是编制企业年度物资供应计划的主要依据之一

物资供应计划中的储备量指标主要是根据储备定额核算的。只有当物资需要量和储备量确定之后,才能确定物资采购量。

2. 物资储备定额是衡量企业物资库存动态的标准

有了储备定额,物资管理部门就能据此协调采购与库存关系,经常掌握和监督库存动态,使库存保持合理的水平,既保证正常供应,又不致形成超储积压,影响物资效用的充分发挥。

3. 物资储备定额是核定流动资金的重要依据之一

在企业占用的流动资金中,物资储备占用的资金比重很大。因此,物资储备定额是否准确合理,对于流动资金定额的准确性及流动资金周转的快慢往往具有决定性意义。

4. 物资储备定额是企业确定仓库面积和其他有关保管设施的依据

为确保企业购进的物资在储存保管期间不发生丢失变质,需要有一个适当的储存仓库。无论是新建、扩建还是改建仓库,以及物资在仓库内的摆放等,都必须准确地确定仓库规模的大小。要做到这一点,必须按所储存的物资数量来决定,而物资储存数量则主要是根据物资储备定额来决定。

总之,物资储备定额是加强物资计划管理、正确组织物资供应、合理控制物资储备量和资金周转的基础,它直接影响物资管理的经济效果。

三、物资储备定额的分类和构成

企业的物资储备定额,一般包括经常储备定额和保险储备定额。由于某些物资的生产、运输具有季节性,需要这类物资的企业,还要增加季节性储备定额。

1. 经常储备定额

经常储备定额是指企业在前后两批物资进厂的供应间隔期内,为保证企业日常生产正常进行所需的储备数量。这种储备是动态的,当第一批物资进厂时,达到最高储备量。随着生产的不断耗用、物资储备量逐渐减少,直到第二批物资进厂前的瞬间,物资储备降到最低点。当第二批物资进厂后,企业的物资储备又达到最高储备量。这样不断补充、不断耗用、由高到低、由低到高、周而复始,使企业物资储备始终在最大值和最小值之间变动,形成物资的经常储备。每个企业在生产经营活动中,对各种所需物资都必须建立这种储备,才能确保企业生产活动的正常进行。

2. 保险储备定额

保险储备定额是一种后备性质的储备,是为了预防物资因运输误期、延期,质量、品种、规格不符合标准及计划超产等不正常情况下,能保证生产连续进行所必须储备的物资数量。保险储备在正常情况下不予动用,只有在经常储备中断而必须动用才能保持生产不受影响的情况下才动用,并一经动用后,在下次进货恢复经常储备时,需立即将动用的保险储备部分及时补足。

企业的保险储备,并不是在任何时候都是必需的。对于供应稳定和就近易采购的物资,一般可以不建立保险储备。同时,企业应不断改进运输工作和其他供应组织工作,改善与供应商之间的关系,与供应商建立相互信任的合作伙伴关系,尽可能地消除供应中存在的不确定性因素,从而尽可能地减少保险储备。

3. 季节性储备定额

季节性储备定额是指企业为了克服某些物资生产、运输、消费的季节性因素影响,保证生产正常进行而建立的物资储备数量。例如:烟叶、棉花等农产品必须在收获期集中采购储备;必须经水路运输的物资,必须在河道冰封前完成采购和运输任务;因季节的气候条件或其他因素,生产厂不能常年生产的某些物资，必须在此生产期间集中采购储备。这种因收获期、封冰期、雨季等的影响，企业必须临时提前增加储备以保证物资不致中断的措施，就形成了季节性储备。这种储备，由于它的特殊性，形成了周转慢、周期长的特点。

综上所述，为保证企业生产的正常进行，针对不同情况，必须建立的不同形式的储备。而各项储备所需要的具体数量，不仅直接关系到企业保证生产的程度，而且也关系到流动资金周转快慢和企业最终的经济效益。因此，必须确定一个先进合理的物资储备定额。

任务实施

按照任务引入中要求，分析如下。

作为施工企业的主要原材料，钢筋在使用前需要根据需求型号提前进行切割再加工，在采购钢筋入场后进行整理加工工作；原木需加工成板材，加工板材后还需干燥处理。因此，为保证工期顺利进行需考虑合理的物资储备天数如下：

物资储备天数 = 供应间隔天数 + 验收入库天数 + 使用前准备天数

任务评价

任务评价表见表 2-1。

表 2-1　任务评价表

序号	评价内容	评价标准	分数	评分记录		
				学生自评	组间互评	教师评分
1	分析物资储备	分析物资储备的分类，正确 50 分；错误 0 分	50			
2	分析物资储备天数	分析物资的储备天数，正确 50 分；错误 0 分	50			
总分			100			

任务二　制定物资储备定额的方法

任务引入

某施工企业 2020 年某物资实际进货记录见表 2-2。2021 年该物资计划需用量3 600 t，设定验收入库、使用前准备时间近似为 0 天，每月按 30 天计算，进货单位为吨(t)，根据表 2-2 进货统计资料计算 2021 年该物资的物资储备定额、误期时间、保险储备定额。

表 2-2　进货统计资料　　单位：t

进货日期	1 月 10 日	2 月 18 日	3 月 15 日	4 月 25 日	5 月 28 日	6 月 15 日	7 月 8 日	8 月 12 日	9 月 20 日	10 月 22 日	11 月 20 日	12 月 31 日
进货量	290	350	380	320	310	360	400	380	320	340	380	—

任务描述

某项目施工地在江苏南通港，项目施工期间在常州采购钢筋，但因天气原因，运输车辆滞留在运输途中。对于施工企业产生了误期影响工期的风险。本次任务就是通过物资储备定额的种类及物资储备定额的计算方法来确定施工企业物资储备的合理定额。

相关知识

物资储备定额主要取决于周转天数（或周转次数）和周转量两个因素。如果物资周转一次所需天数越短，或者在一定时期周转次数越多，则物资储备量就越少；反之，物资储备量就越大。如果物资周转量越多，物资储备量就越大；反之，就越小。根据这个原理，物资储备定额可用储备天数来表示，也可用储备天数乘以平均每日需用量来表示。计算公式为

$$\text{物资储备定额} = \text{物资合理储备天数} \times \text{平均每日需用量} \tag{2-1}$$

由于各种物资储备的作用不同，其储备天数和每日需用量的确定相当复杂，以下就不同情况分别加以阐述。

一、制定经常储备定额的方法

经常储备的数量在前后两批物资进厂间隔期中，是由最高数量逐步降低到最低数量的。经常储备定额的制定是按经常储备的最高数量计算的。其计算公式为

$$\text{经常储备定额} = \text{平均每日需用量} \times \text{经常储备合理天数} \tag{2-2}$$

$$\text{经常储备合理天数} = \text{供应间隔天数} + \text{检验入库天数} + \text{使用前准备天数} \tag{2-3}$$

（一）物资平均每日需用量的确定

物资平均每日需用量的确定有两种方法。

1. 定额计算法

定额计算法就是先用年度（或计划期）生产任务直接乘以物资消耗定额求出年度（或计划期）某种物资需用量，再根据某种物资年度（或计划期）需用量除以 360 d 来确定。当计划年度内物资需用量的波动较大时，也可以季度或更短的计划时间为单位确定平均每日需用量。凡是有消耗定额的物资，应尽量采用这种方法。计算公式为

$$\text{平均每日需用量} = \frac{\text{计划年度（或计划期）产量} \times \text{物资消耗定额}}{360\text{（或计划期）}} \tag{2-4}$$

2. 统计分析法

统计分析法一般在消耗定额不完备的情况下，利用前一年或前几年的统计资料，扣除不合理消耗部分求得。计算公式为

$$\text{平均每日需用量} = \frac{\text{统计期实际消耗量}}{\text{统计期天数}} \tag{2-5}$$

如果是近几年消耗量比较稳定，用平均值即可；如果是逐年递增的，可参考去年消耗量；如果是逐年递减的，参考当年消耗量。

(二)供应间隔天数的确定

供应间隔天数是指某一物资前后两批到货之间的相隔天数。它由提供物资单位的生产方式、供应批量、运载限额及物资采购单位的需用进度、批次、数量等各个因素综合所形成。一般来说,供应间隔天数的长短在很大程度上决定经常储备量的多少,是决定经常储备量的主要因素。由于供应间隔天数形成的特点不同,与其对应的计算方法也各有所区别。其确定的主要方法有以下三种。

1. 供货限额法

根据供货供应商的供货规定,物资购入受到包装、容量、运载限额等规定限制,而不能与企业物资计划需用量、时间衔接时,其供应定额可按供货规定的限额进行确定,计算公式为

$$供应间隔天数=\frac{供货限额数量}{平均每日需用量} \tag{2-6}$$

这一方法适用于供货供应商有发货限额、供货来源单一、供需关系比较稳定和需用量小于限额供货数量的物资。

2. 加权平均法

根据报告年度每次进货统计资料,加权平均计算供应间隔天数,然后结合计划年度情况适当加以修正,其计算公式为

$$平均供应间隔天数=\frac{\sum(每次到货数量\times 每次供应间隔天数)}{\sum 每次到货数量} \tag{2-7}$$

【例 2-1】 某施工企业拟制定下年度甲种物资计划。现有报告期前三季度该种物资入库的原始统计资料,见表 2-3。试根据此表确定甲种物资的平均供应间隔天数。

表 2-3 甲种物资进货记录表

供货单位	入库时间	入库数量/t
某工贸公司	1 月 3 日	84.67
某工贸公司	2 月 5 日	90.12
某工贸公司	3 月 20 日	88.43
某工贸公司	4 月 30 日	86.75
某工贸公司	5 月 28 日	89.22
某工贸公司	7 月 15 日	85.86
某工贸公司	8 月 20 日	84.62
某工贸公司	9 月 21 日	87.00
合计		696.67

解:按式(2-6)计算供应间隔天数,见表 2-4。

表 2-4 供应间隔天数计算表

物资入库日期	物资入库数量/t	供应间隔天数/d	按供应间隔天数计算的加权入库量/(t·d)
①	②	③	④=②×③
1 月 3 日	84.67	33	2 794.11
2 月 5 日	90.12	43	3 875.16
3 月 20 日	88.43	41	3 621.63

续表

物资入库日期	物资入库数量/t	供应间隔天数/d	按供应间隔天数计算的加权入库量/(t·d)
4月30日	86.75	28	2 429.00
5月28日	89.22	48	4 282.56
7月15日	85.86	36	3 090.96
8月20日	84.62	32	2 707.84
9月21日	87.00	38(预计)	3 306.00
合计	696.67	—	26 107.26

$$\text{平均供应间隔天数}=\frac{\sum(\text{每次到货数量}\times\text{每次供应间隔天数})}{\sum\text{每次到货数量}}=\frac{26\ 107.26}{696.67}=37.4\approx 38(\text{d})$$

在供货比较正常的情况下，加权平均法适用于大多数物资，因此一般企业在确定供应间隔天数时，多采用这一方法。

3. 供货间隔期法

此方法是根据报告年度订货合同所列交货期和该订货发运至本企业仓库(收货记录)期间的统计资料，运用加权平均计算出实际供应间隔天数，在此基础上，结合计划年度内新的供货、运输条件，进行综合分析对比后研究确定。其计算公式为

$$\text{供应间隔天数}=\frac{\text{订货间隔期加权合计}}{\text{订货量合计}}+\frac{\text{运输期加权合计}}{\text{入库量合计}} \tag{2-8}$$

这一方法，对于因供货单位轮番生产或集中生产及其他特殊原因的影响，无法按照规定时间正常供货；对于供需之间相距较远、交通不便的个别物资，可参照采用这一方法来计算供应间隔天数。

(三)检验入库天数的确定

检验入库天数是指物资到达企业后，根据企业的管理规定，在入库前进行卸货、拆包、开箱、整理、清点、检尺、过磅、质量检验、搬运入库等过程所需用的时间。可根据实际测算或根据报告年度有关记录资料(验收记录、检查化验记录等)，采用加权平均计算出各过程的实际需用天数，在此基础上，结合计划年度管理的情况和收货能力，进行综合分析对比后研究确定。其计算公式为

$$\text{检验入库天数}=\frac{\text{检验入库天数加权合计}}{\text{到货量合计}} \tag{2-9}$$

(四)使用前准备天数的确定

使用前准备天数是指物资在投入生产前，需要经过一定的加工或技术处理，例如测尺、搭配、下料及为改善物资外观或性能的调直、清洗、粉碎、干燥等处理所需的天数。但它不是每种物资都必须具有的。由于企业管理水平和物资技术要求的不同，所需时间是不同的。因此，可根据报告年度的有关记录，采用加权平均计算出实际需用天数，并在此基础上，结合计划年度的具体情况进行综合分析对比后研究确定。其计算公式为

$$\text{使用前准备天数}=\frac{\text{使用前准备天数加权合计}}{\text{使用准备各工序发生量合计}} \tag{2-10}$$

有的物资可以边处理边使用，则按其交叉程度核定。如第一天准备部分数量，即可供第二天使用，并准备供第三天使用的，则可按一天使用。

二、制定保险储备定额的方法

保险储备定额是由平均每日需用量与保险储备天数这两个因素决定的，即

$$\text{保险储备定额}=\text{保险储备天数}\times\text{平均每日需用量}\tag{2-11}$$

保险储备天数，是指由于个别原因，如交货延期、运输延误、质量不符等原因使经常储备不能按计划正常形成，为避免影响生产计划需用而所采取的临时机动措施，以弥补生产用量所需要的时间。

保险储备天数的确定，是根据上期的平均误期天数来确定。它是从进货记录中，找出其中进货间隔天数超过平均进货间隔天数的次数，然后将误期天数和每批入库量，加权平均求得平均误期天数，其计算公式为

$$\begin{array}{c}\text{平均误期天数}\\\text{（保险储备天数）}\end{array}=\frac{\sum\text{（误期进货间隔天数 − 平均进货间隔天数）}\times\text{误期入库数量}}{\text{误期入库数量总和}}\tag{2-12}$$

【例 2-2】 以【例 2-1】某施工企业为例，试确定甲种物资的保险储备天数。

解：由【例 2-1】已知，平均供应间隔天数约为 38 d，所以误期天数的计算见表 2-5。

表 2-5　误期天数计算表

物资入库期	物资入库数量/t	供应间隔天数/d	误期天数/d	按误期天数计算是加权入库量/(t×d)
①	②	③	④	⑤=②×④
1 月 3 日	84. 67	33	0	—
2 月 5 日	90. 12	43	5	450. 60
3 月 20 日	88. 43	41	3	265. 29
4 月 30 日	86. 75	28	0	—
5 月 28 日	89. 22	48	10	892. 20
7 月 15 日	85. 86	36	0	—
8 月 20 日	84. 62	32	0	—
9 月 21 日	87. 00	38（预计）	0	—
合计	696. 67	—	—	1 608. 09

$$\text{平均误期天数（保险储备天数）}=\frac{90.12\times5+88.43\times3+89.22\times10}{90.12+88.43+89.2}\approx6(\text{d})$$

在确定保险储备定额时，还要充分研究各种不同的供应条件。如与供应商建立了合作伙伴关系，且供应商交通便利能直达供应，则保险储备应减少到最低限度；与此相反的供应条件，则应适当加大保险储备天数。

三、制定季节性储备定额的方法

季节性储备定额是指供应中断的季节初所应当达到的最高数量。季节性储备是由供应季节性和用料季节性所形成的。确定季节性储备定额，主要在于正确确定季节性储备天数。计算公式为

$$\text{季节性储备定额}=\text{季节性储备天数}\times\text{平均每日需用量}\tag{2-13}$$

季节性储备天数一般根据运输或供应中断天数决定。例如某条河道每年 12 月进入枯水期,到来年 3 月后方能通行,则由这条河道运输的某些物资的季节性储备天数为 4 个月。

有了经常储备天数、保险储备天数和季节性储备天数后,物资的储备定额的计算公式为

$$\begin{matrix}\text{某种物资}\\\text{储备定额}\end{matrix}=\begin{matrix}\text{平均每日}\\\text{需用量}\end{matrix}\times\left(\begin{matrix}\text{供应间}\\\text{隔天数}\end{matrix}+\begin{matrix}\text{检验入}\\\text{库天数}\end{matrix}+\begin{matrix}\text{使用前}\\\text{准备天数}\end{matrix}+\begin{matrix}\text{保险}\\\text{天数}\end{matrix}+\begin{matrix}\text{季节性}\\\text{储备天数}\end{matrix}\right)\tag{2-14}$$

企业的物资储备定额,一般就是由经常储备定额、保险储备定额和季节性储备定额构成的。由于经常储备定额是经常变化的,所以物资储备定额有它的上限和下限。上限为经常储备定额、保险储备定额和季节性储备定额之和,即物资的最高储备定额;下限为保险储备定额,即物资的最低储备定额。

【例 2-3】 以【例 2-2】某施工企业为例,该物资供应常年有保证,已知该物资日均需要量为 2. 44 t,验收需 3 d,使用前准备需 2 d。试确定施工企业甲种物资的经常储备定额、保险储备天数和物资储备定额。

解:

$$\begin{aligned}\begin{matrix}\text{甲种物资经}\\\text{常储备定额}\end{matrix}&=\left(\begin{matrix}\text{平均供应}\\\text{间隔天数}\end{matrix}+\begin{matrix}\text{验收}\\\text{天数}\end{matrix}+\begin{matrix}\text{使用前}\\\text{准备天数}\end{matrix}\right)\times\begin{matrix}\text{计划期}\\\text{日需用量}\end{matrix}\\&=(38+3+2)\times 2.44=104.92(\text{t})\end{aligned}$$

甲种物资的保险储备量 = 保险储备天数 × 计划期日需用量 = 6 × 2. 44 = 14. 64(t)

由于该物资供应有保证,不必考虑设立季节性储备定额。所以,甲种物资储备定额为

$$\begin{aligned}\text{甲种物资最高储备定额}&=\text{甲种物资经常储备定额}+\text{甲种物资保险储备定额}\\&=104.92+14.64=119.56(\text{t})\end{aligned}$$

甲种物资最低储备定额 = 甲种物资保险储备定额 = 14. 64(t)

企业确定了物资储备定额,则库存控制就有了标准。当某种物资库存超过最高储备时,就作为超储,应当停止进货;当某种物资库存降到最低库存时,就应立即组织进货,补充库存,以防止供应脱节停工待料而影响生产任务如期完成。

四、制定类别(综合)物资储备定额的方法

在确定了经常储备定额、保险储备定额和季节性储备定额后,即可制定类别(综合)物资储备定额。在制定类别物资储备定额时,计算方法与上述有些不同。具体地说,类别(综合)物资储备定额的最高储备量,就是本类中各种物资最高储备量之和,最低储备量也就是本类各种物资最低储备量之和。但由于本类各种物资的供应间隔期与入库、出库时间参差不齐,因此,某一类物资的储备,经常是处在最高与最低储备量之间。这说明类别物资的储备,不论从实物储备量,还是从资金占用的角度,都不需要按最高储备量来计算,通常只保持平均储备定额即可。

这种平均储备定额的计算,主要是采取对供应间隔天数折减,即乘以供应间隔系数的办法。一般情况下,供应间隔系数约为 50% ~ 80% 。若该类物资品种规格较多,各种物资的进厂时间交错比较均匀,则供应间隔系数取低值;反之,若物资的品种规格较少,进厂的交错时间并不均匀,则供应间隔系数取高值。确定了供应间隔系数后,类别物资储备定额的计算公式为

$$\begin{matrix}\text{类别(综合)}\\\text{物资储备定额}\end{matrix}=\left(\begin{matrix}\text{供应间}\\\text{隔天数}\end{matrix}\times\begin{matrix}\text{供应间}\\\text{隔系数}\end{matrix}+\begin{matrix}\text{检验入}\\\text{库天数}\end{matrix}+\begin{matrix}\text{使用前}\\\text{准备天数}\end{matrix}+\begin{matrix}\text{保险}\\\text{天数}\end{matrix}+\begin{matrix}\text{季节性}\\\text{储备天数}\end{matrix}\right)\times\begin{matrix}\text{平均每日}\\\text{需用量}\end{matrix}\tag{2-15}$$

式中，平均每日需用量是本类各种物资日需用量的总和；供应间隔天数、检验入库天数、使用前准备天数、保险天数和季节性储备天数，均按个别物资有关天数及个别物资占本类物资总数的比重加权平均进行计算。

任务实施

按照任务引入中要求，计算物资储备定额过程如下：

(1)计算加权平均供应间隔期，以进货量为权数。

$$平均供应间隔期 = (290 \times 39 + 350 \times 28 + 380 \times 41 + 320 \times 34 + 310 \times 18 + 360 \times 24 + 400 \times 35 + 380 \times 39 + 320 \times 33 + 340 \times 29 + 380 \times 42) \div (290 + 350 + 380 + 320 + 310 + 360 + 400 + 380 + 320 + 340 + 380) = 34(d)$$

(2)计算计划年度内平均日耗量。

$$平均日耗量 = 3\ 600/360 = 10(t/d)$$

(3)计算经常储备定额。

$$经常储备定额 = 34 \times 10 = 340(t)$$

(4)计算加权平均误期时间。

$$平均误期时间 = 9\ 450 \div (290 + 380 + 400 + 380 + 380) = 5.16(d)$$

(5)计算保险储备定额。

$$保险储备定额 = 10 \times 5.16 = 51.6(t)$$

(6)计算物资储备定额。

$$物资储备定额 = 340 + 51.6 = 391.6(t)$$

任务评价

任务评价表见表2-6。

表2-6　任务评价表

序号	评价内容	评价标准	分数	评分记录		
				学生自评	组间互评	教师评分
1	确定加权平均供应间隔期，以进货量为权数	计算加权平均供应间隔期，正确20分；错误0分	20			
2	确定计划年度内平均日耗量	计算计划年度内平均日耗量，正确10分；错误0分	10			
3	确定经常储备定额	计算经常储备定额，正确20分；错误0分	20			
4	确定加权平均误期时间	计算加权平均误期时间，正确20分；错误0分	20			
5	确定保险储备定额	计算保险储备定额，正确15分；错误0分	15			
6	确定物资储备定额	计算物资储备定额，正确15分；错误0分	15			
总分			100			

巩固练习

1. 什么是物资储备？物资储备有哪几种形态？
2. 物资储备定额有什么作用？如何对物资储备定额进行分类？
3. 物资储备定额由哪几部分构成？
4. 影响物资储备定额的因素有哪些？
5. 如何计算物资最高储备定额？如何确定物资最低储备定额？
6. 检验入库天数是如何确定的？
7. 物资储备有何必要？

项目三 物资计划管理

项目描述

物资计划管理就是运用计划手段组织、指导、监督、调节物资的采购、供应、储备、使用等一系列工作的总称。

物资计划按照物资计划的用途可分为需用计划、申请计划、供应计划、加工订货计划和采购计划。按照物资计划的期限可分为年度计划、季度计划、月度计划及临时追加计划。这几种计划之间是相互联系而又相互制约的。

物资计划的编制必须本着“综合平衡，实事求是，留有余地，严肃性和灵活性统一，坚持勤俭节约和先利库、后订货、采购，以及保证重点、照顾一般”的原则做好编制准备，按程序编制物资计划。

学习目标

知识目标

(1)掌握物资计划管理的概念，了解物资计划管理的任务。

(2)熟悉物资计划的分类，了解物资计划的编制原则。

(3)熟悉物资计划的编制方法，掌握计划的编制程序。

能力目标

(1)能够根据物资计划内容填制物资计划表。

(2)能够计算物资需用量并编制物资计划。

(3)能够协调计划中出现的问题。

素养目标

(1)引导学生本着“综合平衡、实事求是”的原则编制物资计划。

(2)弘扬以勤俭节约的原则做好物资计划编制工作的职业精神。

(3)强化施工企业物资管理人员职业认同感，培育学生“攻坚克难，挑战极限”价值观。

学习导航

- 物资计划管理
  - 认识物资计划管理
    - 物资计划管理的概念
    - 物资计划管理的任务
      - 为实现企业经济目标做好物质准备
      - 做好平衡协调工作
      - 贯彻增产节约原则，采取措施，促进物资的合理使用
      - 建立健全物资计划管理制度
      - 总结经验教训，不断提高物资计划管理水平
    - 物资计划的分类
      - 按照物资的使用方向划分
      - 按照物资计划的用途划分
      - 接照计划的期限划分
  - 制定物资计划
    - 编制物资计划的原则
      - 综合平衡的原则
      - 实事求是的原则
      - 留有余地的原则
      - 严肃性和灵活性统一的原则
      - 坚持勤俭节约和先利库，后订货、采购的原则
      - 保证重点，照顾一般的原则
    - 编制物资计划的准备
      - 要有正确的指导思想
      - 收集资料
    - 编制物资计划的步骤
    - 编制物资需用量计划
      - 物资需用量计划的目标
      - 确定物资需用量计划的依据
      - 确定物资需用量计划的程序
    - 编制物资申请计划
      - 物资申请计划编制步骤及实例
      - 物资申请计划编制注意事项
    - 编制物资供应计划
    - 编制物资采购计划，加工订货计划
  - 实施物资计划
    - 组织物资计划的实施
    - 协调物资计划实施中出现的问题
    - 建立物资计划分析和检查制度
    - 计划的变更和修订
    - 考评执行物资计划的经济效果

学习重点 学习难点 慕课资源 动画资源 课程思政 物资软件

任务一 认识物资计划管理

任务引入

某施工单位2022年3月采购零星物资:9 kg规格防冻液5桶,除锈剂5瓶。填制图3-1所示的零星物资申请计划单并分析物资计划有哪些分类。图3-1零星物资申请计划单属于哪种物资计划?

20　年　月零星物资申请(采购)计划

工程项目名称:　　　　　　　　线　　　　段(站)　　　　　　第　页共　页

顺号	物资名称	规格型号	单位	数量	单价	金额	产品技术		备注
							标准	证件	

单位领导:　　　　　　　　　　申请人:

图3-1　零星物资申请计划单

任务描述

物资计划作为物资采购工作的基础,是保证安全生产、基本建设有序进行,防止物资超储、积压、浪费和加快资金周转、提高经济效益和预决算管理的重要手段。根据物资计划的分类对零星物资申请计划单进行分析,判断零星物资申请计划单属于哪一类物资计划,并对计划进行填制。

相关知识

一、物资计划管理的概念

物资计划管理就是运用计划手段组织、指导、监督、调节物资的采购、供应、储备、使用等一系列工作的总称。

物资管理应确定一定时期内所能达到的目标,物资计划就是为实现物资管理目标所做的具体部署和安排。物资计划是企业物资部门的行动纲领,对组织物资资源、满足施工生产需要、提高企业经济效益具有十分重要的作用。

二、物资计划管理的任务

1. 为实现企业经济目标做好物质准备

建筑企业的经营发展,需要物资部门提供物质保证。物资部门必须适应企业发展的规模、速度和要求,才能保证企业经营顺利进行。为此,物资部门应做到经济采购、合理运输、降低消耗、加速周转，以最少的资金获得最优的经济效果。

2. 做好平衡协调工作

物资计划的平衡是施工生产各部门协调工作的基础。物资部门一方面应掌握施工任务，核实需用情况，另一方面要查清内外资源，了解供需状况，掌握市场信息，确定周转储备，物资品种、规格，根据施工生产和经营对物资的需求，核定物资需用量，在掌握内外资源情况下，做好物资的综合平衡，正确编制各项物资计划，保证物资按期、按质、按量、配套地组织供应，以利于施工生产的顺利进行。

3. 贯彻增产节约原则，采取措施，促进物资的合理使用

建筑施工露天作业，操作条件差，浪费物资的问题长期存在。必须加强物资的计划管理，通过计划指标、消耗定额，控制物资使用，并采取一定的手段，如检查、考核、奖励等，提高物资的使用效益，从而提高供应水平。

4. 建立健全物资计划管理制度

物资计划的有效作用是建立在高质量的物资计划基础上的。建立科学、连续、稳定和严肃的计划指标体系，是保证计划制度良好运行的基础。健全计划流转程序和制度，可以保证施工有秩序、高效率地运行。

5. 总结经验教训，不断提高物资计划管理水平

经常检查物资计划的执行情况，随着情况的变化及时调整计划，采取积极措施，组织新的平衡，充分发挥计划的组织、指导和调节作用。了解核实实际供应和消耗情况，积累定额资料，总结经验教训，不断提高物资计划管理水平。

三、物资计划的分类

物资计划是编制各种计划的总称。由于物资计划的性质、范围和作用等不同，物资计划有不同的分类。

(一)按照物资的使用方向划分

按照物资的使用方向，物资计划可分为生产用料计划和基建用料计划。

1. 生产用料计划

企业为完成计划期的生产任务而提出的产品需用的各类物资计划，称为生产用料计划。施工企业下属各类工业企业，如机械制造、制品加工、周转物资生产和维修、建材产品生产等，其所需物资数量一般是按计划生产产品的数量和该产品消耗定额进行计算而确定的。

2. 基建用料计划

建筑施工企业为完成计划期基本建设任务所需的各类物资计划，称为基建用料计划，包括自身基建项目和对外承包基建项目的物资计划。其计划的编制，通常根据承包协议和分工范围及供应方式编制。

(二)按照物资计划的用途划分

物资计划按照用途可分为需用计划、申请计划、供应计划、加工订货计划和采购计划。

1. 物资需用计划

物资需用计划是物资计划中最基本的计划，是编制其他计划的依据。物资需用计划应根据施工生产、维修、制造及技术措施等不同的使用方向，按设计图或施工图和技术资料，结合物资

消耗定额逐项计算，列出需用物资的品种、规格、质量、数量，最后汇总成物资需用计划。

2. 物资申请计划

物资申请计划是根据物资需用计划，经过项目或部门内部平衡后，分别向有关供应部门提出物资申请的计划。

3. 物资供应计划

物资供应计划是企业的物资供应部门为完成供应任务组织供需衔接的实施计划。物资供应计划应包括物资品种、规格、数量、质量、使用项目及供应时间。物资供应计划是组织、指导物资供应业务活动的具体行动计划。

4. 物资加工订货计划

物资加工订货计划是项目或物资供应部门为获得某种物资或产品面向生产厂家订货或委托厂家代为加工产品而编制的一种计划。计划中应包括供应物资的品种、规格、质量、数量、型号、技术要求及交货时间等，其中若属非定型产品，应附有加工图纸、技术资料或提供样品。

5. 物资采购计划

物资采购计划是企业为了向物资市场采购物资而编制的计划。计划中应包括物资品种、规格、数量、质量、预计采购厂商名称及需用资金。

（三）按照计划的期限划分

动画

什么是年度物资计划

按照计划的期限，物资计划可分为年度物资计划、季度物资计划、月度物资计划、一次性物资计划、临时追加物资计划。

1. 年度物资计划

年度物资计划是建筑施工企业为完成全年施工任务而确定的年度需用的主要物资计划。它是保证年度施工生产任务如期完成的基础，是核算年度各项物资的全面计划，是指导全年物资供应与计划管理活动的重要依据，也是企业向有关部门、经营单位提出申请、组织订货、安排采购和储备的依据。因此，年度物资计划必须与年度施工生产任务密切结合。年度物质计划质量是指反映施工、生产任务落实的准确程度，与全年施工、生产的各项指标能否实现有着密切的关系。

年度物资计划编制范围应包括全部工程物资以及施工设备、施工机械制造和维修、技术革新等物资中的主要物资。

2. 季度物资计划

季度物资计划是年度物资计划的具体化，是为了均衡地组织物资供应、保证季度施工生产任务完成的重要环节，也是为适应情况变化，作为订货采购与平衡及修正年度供应计划的依据。根据企业施工任务落实和安排的实际情况编制季度物资计划，随着施工任务和财务计划的进一步明确，对年度物资计划中预测不确切的部分做出必要调整，或者由于施工任务中工程结构、施工进度和物资供应的变化，对物资需用量、供应进度和物资储备量做出相应调整。

3. 月度物资计划

月度物资计划是基层单位根据当月施工、生产进度安排编制的需用物资计划。它比年度物资计划和季度物资计划更细致、更全面、更及时、更准确。它是以单位工程为对象，按对象进度实物工程量逐项分析计算汇总，内容包括使用项目和物资名称、规格、型号、质量、数量等，是供应部门组织配套供料、安排运输，基层安排收料的具体行动计划。凡列入月度物资计划的需用物资，都要逐项落实，当个别品种、规格有缺口时，要采取紧急措施，如以借、调、改、代、加工及利用库存等办法进行平衡，确保按计划供应。

4. 一次性物资计划

一次性物资计划也叫单位工程物资计划。它是根据经济承包合同或协议书，按规定时间要求完成的单位工程施工生产任务而编制的需用物资计划。它的用料时间，与季度、月度物资计划不一定吻合，但在月度物资计划内要列为重点，专项平衡安排。因此，这部分物资需用计划要提前编制，交给供应部门，并对需用物资的品种、规格、型号、颜色、时间等详细说明。供应部门应保证供应。内包工程也可采取签订供需合同的办法。

5. 临时追加物资计划

临时追加物资计划，指由于设计修改或任务调整，原物资计划中出现品种、规格、数量的错漏，施工中采取临时技术措施，机械设备发生故障需及时修复等原因，需要采取临时措施而制订的物资计划。列入临时计划的一般都是急用物资，要作为重点供应。如费用超支和物资超用，应查明原因，分清责任，办理签证，由责任方承担经济损失。

任务实施

任务引入中图 3-1 所示的零星物资申请计划单，按照物资计划的用途划分，属于物资采购计划。根据任务资料填制零星物资申请计划单，如图 3-2 所示。

2022年3月零星物资申请（采购）计划

工程项目名称：×××× ××线 ××段（站） 第×页共×页

顺号	物资名称	规格型号	单位	数量	单价	金额	产品技术		备注
							标准	证件	
1	防冻液	9 kg	桶	5					
2	除锈剂		瓶	5					

单位领导：××× 申请人：×××

图 3-2 零星物资申请(采购)计划单

任务评价

任务评价表见表 3-1。

表 3-1 任务评价表

序号	评价内容	评价标准	分数	评分记录		
				学生自评	组间互评	教师评分
1	物资计划分类的判断	判断零星物资申请计划属于哪一类，正确 50 分；错误 0 分	50			
2	填制物资计划	填写物资计划，正确 50 分；错误 0 分	50			
总分			100			

任务二　制订物资计划

任务引入

请结合物资供应量分析编制某施工项目施工队两个项目的某月物资供应计划。某月物资库存情况见表3-2,物资申请计划见表3-3。

表3-2　某月库存报表

物资名称	水泥	砂子	石灰	砖	碎石
单位	t	t	kg	块	t
期初库存	11.3	78.5	84	37 510	36.8
期末库存	22.6	65.25	86	24 200	47.7

表3-3　某队某月物资申请计划

序号	单位工程名称	施工部位	水泥	砂子	石灰	砖	碎石
			kg	kg	kg	块	kg
1	××宿舍	基础	36 638	161 625	3	102 400	137 360
2	×教学楼	结构	50 244	213 285	24	22 016	342 026
	合计		86 882	374 910	27	124 416	479 386

任务描述

瞬息万变的市场对企业物资计划的编制提出了更高的要求,综合企业内部各部门的信息进行物资计划编制,可以使计划更精准、更科学、更具可操作性。利用定量分析法确定物资供应量并对所分析数据填制物资供应量计划表,是物资管理人员具备的能力之一。

相关知识

一、编制物资计划的原则

1. 综合平衡的原则

综合平衡是计划管理工作的一个重要内容,包括产需平衡、供求平衡、各供应渠道间平衡、各施工单位间的平衡等。坚持综合平衡原则,按计划做好控制协调工作,促使物资合理使用。

2. 实事求是的原则

物资计划的科学性就在于实事求是,应积极深入调查研究,掌握正确数据,使物资计划可靠合理,切实可行,在保证生产建设需要的前提下,防止积压浪费。同时又要考虑客观因素,组织合理储备,防止停工待料。所谓积极,就是说指标要先进,要在充分发挥主观能动性的基础上,经过认真的努力能够完成的;所谓可靠,就是说必须经过认真的核算,有科学依据。

素养教育

坚持实事求是编制物资计划

中铁二十四局集团有限公司重庆铁路枢纽东环线项目经理部(简称项目部)地处重庆市渝北区境内,从地理环境上,属于重庆市玉峰山山脉,工程所在地山高、路陡、弯急、车险、路滑,交通极为不便,对于长大物资设备基本是二次倒运进场。项目部物资部每月根据施工生产计划及工程部提供的工料分析和技术要求,按甲控(甲方控制)、甲供(甲方提供)材料编制物资申请计划和采购计划,由项目部领导和总工审核签字盖章后生效,物资部收到计划严格按计划执行。物资管理人员秉承实事求是的原则编制物资计划,避免造成施工企业经济损失。

3. 留有余地的原则

留有余地,就是说在分配指标的安排上,要保留一定数量的储备。这样就可以随时应付执行过程中临时增加的需要量。编制物资计划要瞻前顾后,留有余地,不能只求保证供应,扩大储备,形成物资积压;同样物资计划不能留有缺口,避免供应脱节,影响生产。只有供需平衡,留有余地,才能确保供应。

4. 严肃性和灵活性统一的原则

物资计划对供、需两方面都有严格的约束作用,同时建筑施工受多种主客观因素的制约,出现变化情况,也是在所难免的,在执行物资计划中,既要讲严肃性,又要适当重视灵活性,只有两者统一,才能保证物资计划的实现。

5. 坚持勤俭节约和先利库,后订货、采购的原则

充分挖掘和利用内部物资潜力,发挥修旧利废、改制代用的作用,贯彻就地取材原则,以降低供料成本。

6. 保证重点,照顾一般的原则

一般来说,重点部门、重点企业、重点建设项目是对全局有巨大而深远影响的,必须在物资上给予切实保证。但一般部门、一般企业和一般建设项目也应适当予以安排,在物资分配与供应计划中,区别重点与一般,正确妥善地安排,是一项极为细致、复杂的工作。

二、编制物资计划的准备

编制物资计划前,首先要做好准备工作,主要是准备可靠的数据资料,具体有以下几项工作。

1. 要有正确的指导思想

建筑企业的施工生产活动与国家各个时期国民经济的发展有着密切的联系,为了很好地组织施工,必须学习党和国家有关方针政策,掌握相关政府管理部门制定的有关物资管理经济政策,使企业物资管理工作沿着正确方向发展。

2. 收集资料

编制物资计划要建立在可靠的基础上,因此要收集各项有关资料数据。

(1)收集信息。收集并核实施工生产任务、施工设备制造、施工机械制造、技术革新等情况。虽然施工生产用料是建筑安装企业用料的主要部分，但为配合施工顺利进行而确定的施工设备、施工机械制造及维修等方面的用料也不能忽视。

(2)弄清物资家底，核实库存。编制物资计划需要一段时间，尤其是编制年度物资计划，需要的时间较长。编制计划时，不仅要核实当时的物资库存，分析库存升降原因，而且要预测本期末的库存。

(3)收集和整理分析有关物资消耗的原始统计资料。除物资消耗外，还应收集整理包括工具及周转物资消耗情况资料、门窗五金物资消耗资料等，并调查各种消耗定额的执行情况，确定计划期内各类物资的消耗定额水平。有些新物资、新项目还要修改补充定额。

(4)检查上期施工生产计划和物资计划的执行情况。分析研究计划期内有利因素和不利因素，总结经验教训，采取有效措施，改进物资供应与管理工作。

(5)了解市场信息资料。市场资源是目前建筑企业解决需用物资的主要渠道。编制物资计划时，必须了解市场资源情况、市场供需平衡状况。

三、编制物资计划的步骤

施工企业常用的物资计划，是按照计划的用途和执行时间编制年、季、月的材料需用计划、申请计划、供应计划、加工订货计划和采购计划。在编制材料计划时，应遵循以下步骤。

首先，各建设项目及生产部门按照材料使用方向分单位工程做工程用料分析，根据计划期内完成的生产任务量及下一步生产中需提前加工准备的材料数量，编制材料需用计划。

其次，根据项目或生产部门现有材料库存情况，结合材料需用计划，适当考虑计划期末周转储备量，按照采购供应分工，编制项目材料申请计划，分报各供应部门。

再次，负责某项材料供应的部门，汇总各项目及生产部门提报的申请计划，结合供应部门现有资源，全面考虑企业周转储备，进行综合平衡，确定对各项目及生产部门的供应品种规格、数量及时间，并具体落实供应措施，编制供应计划。

最后，按照供应计划所确定的措施，如采购、加工订货等，分别编制措施落实计划，即采购计划和加工订货计划，确保供应计划的实现。

四、编制物资需用量计划

动画

物资需用量编制

(一)物资需用量计划的目标

物资需用量计划的目标是确定完成计划任务所必须消耗的(或投入使用的)既是最低的又是足够的物资数量。物资需用量计划是否正确，是能否保证及时、齐备、经济、合理地进行供应和顺利完成生产计划的前提。如果计划确定的物资需用量偏低，则不能保证生产任务的需要，影响生产过程的正常进行；如果计划确定的物资需用量偏高，则会造成物资的积压和浪费，影响资金周转，增加供应费用，提高基建工程和产品的生产成本。

物资需用量计划是整个物资计划的开端和基础，因为其他物资计划(如物资采购计划、物资申请计划、物资供需平衡计划、物资分配计划、供应计划等)，都是直接或间接地以物资需用量计划所确定的物资需用量为基础来制定的。因此，这一计划的质量如何，将在很大程度上影响其他各种物资计划的正确性，进而影响到整个物资供应工作。

由于各项生产任务的性质不同，各种物资在各项生产任务中的地位和作用不同，因而各种物资的需用量的确定方法也不相同。即使同一类型的生产任务使用同一种物资，由于生产水平与使用条件不同，所需要的物资数量也不尽相同。因此，物资需用量计划的确定是一项比较复杂的工作。在确定需用量时，应根据不同生产与用料条件，采用不同的核算方法，对影响需用量的各种因素进行全面考虑。

（二）确定物资需用量计划的依据

确定物资需用量的主要依据是任务量、物资消耗定额、物资消耗历史资料与实际调查资料。

1. 任务量

建筑企业的任务包括施工生产任务、构配件生产任务、设备维修任务以及技术组织措施任务等。在社会主义市场经济条件下，建筑企业的任务有的是主管部门下达的指令性计划，有的是自己确定的，有的则是通过市场竞争获得的。如果在计算物资需用量时，有些任务还不明确，可以运用预测方法根据计划期内影响有关任务的各种因素分析研究来测算。

2. 物资消耗定额

物资消耗定额种类比较多，在计算物资需用量时，要根据各种具体任务的情况，选用与之相匹配的消耗定额进行计算。

3. 物资消耗的历史资料

当有些基建工程或工业生产项目还没有制定物资消耗定额时，可以将物资消耗的历史资料作为确定物资需用量的重要依据。同时，物资消耗定额应有相对稳定性，是在计划期以前某一时期制定的，有些影响需用量增减变化的因素在制订定额时尚未发现，不可能全部反映在定额之内。根据某一段时期的消耗资料制定的消耗定额，不一定与计划期的需求相吻合，还需要参考计划期前一定时期的实耗情况所反映的消耗趋势，对原定定额加以调整后再应用。各级物资机构要善于积累和利用物资消耗的历史资料，从中掌握消耗规律，提高物资计划水平。

4. 实际调查资料

实际调查资料包括施工、生产写实资料和实地查勘资料等。通过深入实际调查研究，掌握某些施工或生产项目的实际消耗或应该消耗的第一手资料，更有利于正确确定物资需用量。

（三）确定物资需用量计划的程序

1. 计算需用量

计划期内工程材料需用量，一般由基层施工用料单位提出，但是由于年度计划下达较迟，基层单位任务尚不明确，因此往往由建筑企业材料部门负责计算，具体计算方法有下列三种。

第一，单位工程物资分析，又称单位工程物资预算，属于施工组织设计的一部分，根据预算工程量及概算定额，全面计算一个单位工程的全部物资，它是物资计划中一项最基本的计划，是编制各类物资计划的原始依据，也是单位工程核算以及竣工决算对比的标准数量。由于单位工程物资分析要求在开工前已编好，但是施工过程中经常发生变更，尚须随时按规定进行调整，务必使物资分析符合实际。

第二，施工作业计划物资分析，常用于月度和季度物资计划，根据施工作业计划的计划工程量，套用概算定额，计算物资需用量。在进行施工作业计划物资分析时，要注意和上期作业的衔接，即确定上期计划工程量是超额完成，还是没有按计划完成。要防止列入上月计划的项目没有完成，而在编制本月计划时，又没有列入计划，从而造成计划缺项，影响物资供应，同样也要防止计划工程项目重复而二次供料。总之,上下期的计划衔接是十分复杂的,有的上期计划项目施工没有供料,而另一些计划项目虽然没有施工,却已供过料,所以深入调查、摸清情况就显得十分重要。

第三,概算定额计算物资需用量,一般运用于年度计划,根据已确定的施工任务,套用平方米概算定额和万元工作量概算定额,计算物资需用量,如果没有适当的概算定额,也可根据本单位的历史统计资料,测定物资概算定额。

(1)计划期内工程物资需用量计算。工程物资需用量一般由基层施工用料单位提出,年度计划由企业物资部门提出。由于各项物资的特点不同,其确定需用量的方法也不同。通常用以下几种方法确定。

①直接计算法。就是用直接资料计算物资需用量,依据计划任务量和物资消耗定额来确定物资需用量。当施工图纸已到达时,做工料分析应根据施工图纸计算分部分项工程实物工程量,并结合施工方案及措施,套用相应定额,编制物资分析表。在进行各分项工程物资分析后进行汇总,就可以得到单位工程物资需用量。当编制月、季度物资需用计划时,再按施工部位要求及形象进度分别切割编制。

$$\begin{matrix}\text{某种物资}\\\text{计划需用量}\end{matrix}=\begin{matrix}\text{建筑安装}\\\text{实物工程量}\end{matrix}\times\begin{matrix}\text{某种物资消耗定额}\\\text{(预算定额和施工定额)}\end{matrix}\tag{3-1}$$

式中建筑安装实物工程量是通过图纸计算得到的;物资消耗定额,根据所编制的物资分析用途不同,分为物资消耗施工定额和概算定额。

②间接计算法。当工程任务已基本落实但设计图纸尚未出来、技术资料还不全的情况下,需要编制物资需用计划时,可根据工程投资、工程造价和建筑面积匡算主要物资需用量,做好备料工作。这种间接使用经验估算指标预计物资需用量的方法,叫间接计算法。以此编制的物资需用计划可作为备料依据。但待图纸齐备、施工方案及技术措施落实后,应用直接计算法核对,对用间接计算法得到的物资需用量进行调整。

间接计算法根据不同的已知条件有以下两种计算方法。

第一,已知工程类型、结构特征及建筑面积的项目,选用同类型按建筑面积平方米消耗定额计算,其计算公式如下:

$$\begin{matrix}\text{某种物资}\\\text{计划需用量}\end{matrix}=\begin{matrix}\text{某类工程}\\\text{建筑面积}\end{matrix}\times\begin{matrix}\text{该类工程每平方米建筑}\\\text{面积某种物资消耗定额}\end{matrix}\times\begin{matrix}\text{调整}\\\text{系数}\end{matrix}\tag{3-2}$$

这种计算方法因为考虑了不同结构类型工程物资消耗的特点,因此计算比较准确。但是当设计所选用物资的品种出现差别时,应根据不同物资消耗特点进行调整。

第二,当工程任务不具体,没有施工计划和图纸而只有计划总投资或工程造价,可以使用每万元建筑安装工作量某种物资消耗定额来测算,其计算公式为

$$\begin{matrix}\text{某种物资}\\\text{计划需用量}\end{matrix}=\begin{matrix}\text{工程项目总}\\\text{投资(造价)}\end{matrix}\times\begin{matrix}\text{每万元工作量}\\\text{某种物资消耗定额}\end{matrix}\times\begin{matrix}\text{调整}\\\text{系数}\end{matrix}\tag{3-3}$$

这种计算方法综合了不同结构类型工程物资消耗水平,能综合体现企业生产的物资耗用水平。但由于只考虑了投资和报价,而未考虑不同结构类型工程之间物资消耗的区别,而且当价格浮动较大时,易出现偏差,应将这些因素折成系数,予以调整。

(2)周转物资需用量计算。周转物资需用量计算方法必须结合工程特点分析计算得出:

$$周转物资需用量 = 总需用量/周转次数 \tag{3-4}$$

(3)施工设备和机械制造的物资需用量计算。建筑企业自制施工设备,一般没有健全的定额消耗管理制度,而且产品多是非定型的,所以可按各项具体产品,采用直接计算法,计算物资需用量。

(4)辅助物资及生产维修用料的需用量计算。这部分物资数量较小,有关统计和物资定额资料也不齐全,其需用量可采用间接计算法计算。

2. 确定实际需用量

根据各工程项目计算的需用量,进一步核算各个项目的实际需用量,核算的依据有以下几个方面。

(1)对于一些通用性物资,在工程进行初期阶段,考虑到可能出现的施工进度超额因素,一般都加大储备,其实际需用量就略大于计划需用量。

(2)在工程竣工阶段,因考虑到工完料清场地净,防止工程竣工物资积压,一般是利用库存控制进料,这样实际需用量要略小于计划需用量。

(3)对于一些特殊物资,为保证工程质量,往往要求一批进料,所以计划需用量虽只是一部分,但在申请采购中往往是一次购进,这样实际需用量就要大大增加。

实际需用量的计算公式如下:

$$实际需用量 = 计划需用量 + 计划储备量 - 期初库存量 \tag{3-5}$$

【例 3-1】 某施工队物资组负责两个项目物资管理,一项为宿舍工程,处于基础部位,另一项为教学楼工程,处于结构部位,本月生产计划下达任务且分别如下,试编制物资需用计划。

项目一

宿舍工程,某月计划完成基础工程部分施工。其中 M5 混合砂浆砌砖 200 m^3,C10 碎石混凝土垫层 100 m^3。

第一步:查砌砖、混凝土工程定额得普通砖 512 块/m^3,砂浆 0.26 m^3/m^3,混凝土用量 1.01 m^3/m^3。

第二步:计算混凝土、砂浆及砖工程量。

(1)砌砖工程。

普通砖量 = 512 块/m^3 × 200 m^3 = 102 400 块

砂浆量 = 0.26 m^3/m^3 × 200 m^3 = 52 m^3

(2)混凝土工程。

混凝土量 = 1.01 m^3/m^3 × 100 m^3 = 101 m^3

第三步:查砂浆、混凝土配合比可知,C10 碎石混凝土用水泥 198 kg/m^3,砂子 777 kg/m^3,碎石 1 360 kg/m^3;M5 砂浆用水泥 320 kg/m^3,石灰 0.06 kg/m^3,砂子 1 599 kg/m^3。

混凝土中各种物资需用量:

水泥 = 198 kg/m^3 × 101 m^3 = 19 998 kg

砂子 = 777 kg/m^3 × 101 m^3 = 78 477 kg

碎石 = 1 360 kg/m^3 × 101 m^3 = 137 360 kg

砂浆中各种物资需用量:

水泥 = 320 kg/m^3 × 52 m^3 = 16 640 kg

石灰 = 0.06 kg/m³ × 52 m³ = 3.12 kg

砂子 = 1599 kg/m³ × 52 m³ = 83 148 kg

项目一的工程物资分析见表3-4。

表3-4　分项工程物资分析(一)

单位工程名称:某宿舍
计算部位:基础工程

工程名称	单位	工程量	水泥	砂子	石灰	砖	碎石
			kg	kg	kg	块	kg
M5混合砂浆砌砖	m²	200	16 640	83 148	3.12	102 400	—
C10碎石混凝土垫层	m²	100	19 998	78 477	—	—	137 360
基础工程小计			36 638	161 625	3.12	102 400	137 360

项目二

某教学楼工程,某月计划完成结构过梁安装、空心板堵眼等施工项目。其中生产计划下达的任务量见表3-5中所列,按照"项目一"的计算方法,可以得出下列物资分析,见表3-6。

表3-5　分项工程物资分析(二)

单位工程名称:某教学楼
计算部位:结构工程

工程名称	单位	工程量	水泥	砂子	石灰	砖	碎石
			kg	kg	kg	块	kg
过梁安装	根	43	449	17 877	24	22 016	—
空心板堵眼	块	249	49 795	195 408	—	—	342 026
结构工程小计			50 244	213 285	24	22 016	342 026

表3-6　某队某月物资需用计划

序号	单位工程名称	施工部位	水泥	砂子	石灰	砖	碎石
			kg	kg	kg	块	kg
1	××宿舍	基础	36 638	161 625	3.12	102 400	137 360
2	×教学楼	结构	50 244	213 285	24	22 016	342 026
合计			86 882	374 910	27	124 416	479 386

五、编制物资申请计划

1. 物资申请计划编制步骤及实例

根据项目或生产部门现有物资库存情况,结合物资需用计划,并适当考虑计划期末周转储备量,按照采购供应的分工,编制项目物资申请计划,分报各物资供应部门。物资申请计划的主要指标为:物资需用量、计划期初库存、期末储备。

$$物资申请量 = 实际需用量 + 计划储备量 - 期初库存量 \quad (3\text{-}6)$$

【例3-2】　某工程项目提供了各种物资需用量计划以及各种物资现库存及计划周转量,见表3-7和表3-8。该施工队钢材、水泥属企业物资分公司负责供应,其他由项目物资组自采。试编制申请计划。

表 3-7 某队某月物资需用量计划

单位工程名称	施工部位	水泥	砂子	石灰	砖	碎石
		kg	kg	kg	块	kg
××宿舍	基础	36 638	161 625	3	102 400	137 360

表 3-8 物资库存情况

水泥/kg		砂子/kg		砖/块		石灰/kg		碎石/kg	
期初	期末	期初	期末	期初	期末	期初	期末	期初	期末
1 050	1 500	0	7 500	0	0	0	2	0	0

根据上述两项目期初和期末库存情况，分别编制出水泥申请计划和其他物资申请计划。表 3-9 为两个工程项目的水泥申请计划；表 3-10 为工程其他物资申请计划。

表 3-9 项目的水泥申请计划

材料名称	规格	单位	项目名称	期初库存量	本期需用量	期末库存量	申请量	需用时间	备注
水泥	42.5	kg	××宿舍	1 050	36 638	1 500	37 088	×年×月×日	

表 3-10 工程其他物资申请计划

序号	材料名称	规格	单位	项目名称	期初库存量	本期需用量	期末库存量	申请量
1	砂子		kg	××宿舍	0	161 625	7 500	169 125
2	砖		块	××宿舍	0	102 400	0	102 400
3	石灰		kg	××宿舍	0	3.12	2	5.12
4	碎石		kg	××宿舍	0	137 360	0	137 360

2. 物资申请计划编制注意事项

物资申请计划必须提前一个月或者更早上报，由于甲控或者甲供物资是主材，数量比较大，这期间有组织供应的备货期和运输时间。

物资申请计划中的物资应该予以分类，申请部门和时间都要注明，比较紧急需要的物资要特别说明。

考虑到物资在运输或者使用过程中的损失，物资申请还应该根据工程技术部门提供的设计需求量再加上一定比例的备用量。

物资申请计划应该使用统一规范而完整的申请表格。

六、编制物资供应计划

物资供应计划是物资供应机构通过采购、订货、加工等方式取得物资以后编制的最终确定供应用料单位物资数量的计划。它通常是季度分月计划或半年度分月计划，按具体品种、规格编制。

物资供应计划综合性强、涉及面广，一般应按以下步骤编制。

1. 准备工作

在编制计划前，必须做好下列准备工作。

(1)明确施工任务和生产进度安排,核实项目物资需用量,掌握现场交通地理条件、堆放位置及现场布置。

(2)调查掌握情况,收集信息资料。包括:建筑安装工程合同(协议)和有关供应分工;构件加工所需原物资的品种、规格型号;施工图预算分部分项物资需用量和经营维修物资需用量的品种、规格、型号、颜色、供应时间,施工生产进度、技术要求和施工组织设计;现场交通地理条件,堆放、布置等;物资质量标准以及市场供需动态,商品信息资料等。

(3)分析上期物资供应计划执行情况。通过供应计划执行情况与消耗统计资料,分析供应与消耗动态,检查、分析订货合同执行情况、运输情况、到货规律等,以确定本期供应间隔天数与供应进度。分析库存多余或不足,以确定计划期末周转储备量。

2. 确定物资供应量

应认真核实汇总各项目物资申请量,了解编制计划所需的技术资料是否齐全;定额采用是否合理;物资申请是否合乎实际,有无粗估冒算、计算差错;物资需用时间、到货时间与生产进度安排是否吻合、规格能否配套等。

预计供应部门现有库存量。由于计划编制较早,从编制计划时间到计划期初的这段预计期内,物资仍然不断收入和发出,因此预计计划期初库存量十分重要。一般计算方法为

$$\begin{matrix}\text{计划期}\\\text{初库存量}\end{matrix}=\begin{matrix}\text{编制计划时的}\\\text{实际库存量}\end{matrix}+\begin{matrix}\text{预计期}\\\text{计划收入量}\end{matrix}-\begin{matrix}\text{预计期}\\\text{计划发出量}\end{matrix}\tag{3-7}$$

计划期初库存量预计的正确性,对平衡计算供应量和计划期内的供应效果有一定影响。预计量少了,会因数量不足造成供需脱节而影响施工生产;预计量多了,会造成物资超储而积压资金。所以,必须对现场库存资源、订货、调剂拨入、采购收入、在途物资、待验收以及施工进度预期消耗、调剂拨出等数据认真核实。

在预计计划期初库存量的同时,还要根据生产安排和物资供应周期计算计划期末库存量,即周转储备量,为下一期期初物资供应量的确定提供依据,其计算公式为

$$\text{物资供应量}=\text{物资申请量}-\text{期初库存资源量}+\text{期末周转储备量}\tag{3-8}$$

上述四个数量也称为编制供应计划的四要素。

根据物资供应量和可能获得资源的渠道,确定供应措施,如申请、订货、采购、建设单位供料、利用库存、加工等,并与资金进行平衡,以利于计划实现。

七、编制物资采购计划,加工订货计划

物资采购及加工订货计划是物资供应计划的具体落实计划。按照供应措施,完成采购及加工订货任务,其编制程序如下:

(1)了解供应项目需求特点及质量要求,确定采购及加工订货物资品种、规格、质量和数量,了解物资使用时间,确定加工周期和供应时间。

(2)确定加工图纸或加工样品,并提出具体加工要求。如果必要,可由加工厂家先期提供加工试验品,在需用方认同情况下再批量加工。

(3)按照施工进度和经济批量的原则,确定采购批量需用资金及到位时间。

表3-11为物资采购及加工订货计划。

表 3-11　物资采购及加工订货计划

材料名称	规格	计量单位	需用数量	需用时间	采购批量	需用资金

任务实施

按照任务引入中要求编制物资供应计划。

(1)计算物资供应量,填制表 3-12。

水泥 =87 −11.3 +22.6 =98.3(t)

砂子 =375 −78.5 +65.25 =361.75(t)

石灰 =27 −84 +86 =29(kg)

砖 =124 416 −27 510 +24 200 =111 106(块)

碎石 =479 −36.8 +47.7 =489.9(t)

表 3-12　物资供应量

物资名称	单位	物资申请量	期初库存量	期末库存量	物资供应量
水泥	t	87	11.3	22.6	98.3
砂子	t	375	78.5	65.25	361.75
石灰	kg	27	84	86	29
砖	块	124 416	27 510	24 200	111 106
碎石	t	479	36.8	47.7	489.9

(2)根据表 3-3,结合表 3-12,填制表 3-13。

表 3-13　物资供应计划

物资名称	单位	期初库存	计划需用量			期末库存	供应量合计	其中供应措施						备注
			合计	×工程	×工程			市场采购	招标采购	加工订货	补偿贸易	联合开发	其他	
水泥	t	11.3	87	37	50	22.6	98.3	99	—		—			
砂子	t	78.5	375	161	213	65.25	361.75	62	300		—			
石灰	kg	84	27	3	24	86	29	29	—		—			
砖	块	37 510	124 416	102 400	22 016	24 200	111 106	—	—		111 106			
碎石	t	36.8	479	137	342	47.7	489.9	—	490		—			

任务评价

任务评价表见表 3-14。

表 3-14　任务评价表

序号	评价内容	评价标准	分数	评分记录		
				学生自评	组间互评	教师评分
1	确定物资供应量	计算物资供应量,正确 50 分;错误 0 分	50			
2	编制物资供应计划	填制期初库存;填制计划需用量;填制期末库存。每项正确 10 分;错误 0 分。填制供应量合计,正确 20 分;错误 0 分	50			
总分			100			

任务三　实施物资计划

任务引入

某施工项目计划采购圆盘、汽油、方木、碎石、减水剂等物资。结合施工企业资料编制物资计划,并利用物资软件填制物资需用量计划表,如图 3-3 所示。

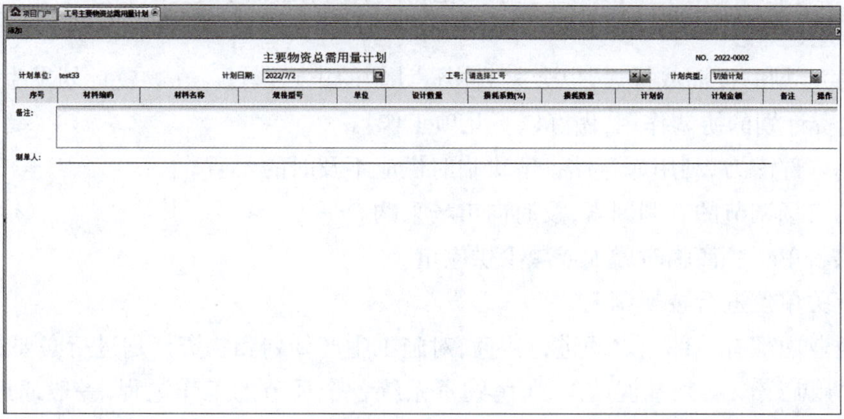

图 3-3　物资软件需用量计划表

任务描述

物资计划的编制只是计划工作的开始,更重要的工作是物资计划的实施,主要包括组织物资计划的实施,协调物资计划实施中出现的问题,建立物资计划分析和检查制度,计划的变更和修订,考评执行物资计划的经济效果。填制物资需用量计划表是物资管理人员应具备的能力之一。

相关知识

物资计划的实施,是物资计划工作的关键。

一、组织物资计划的实施

物资计划工作是以物资需用量计划为基础的。物资需用量计划是企业物资经济活动的主导计划,可使企业物资系统的各部门,不仅了解本系统的总目标和本部门的具体任务,而且了解各部门在完成任务中的相互关系,组织各部门从满足施工需要的总体要求出发,采取有效措施,保证各自任务的完成,从而保证物资计划的实施。

二、协调物资计划实施中出现的问题

物资计划在实施中常因受到内部或外部各种因素的干扰,影响物资计划的实现,一般有以下几种因素:

1. 施工任务的改变

施工任务改变主要是指临时增加任务或临时削减任务等,任务改变后物资计划应作相应调整,否则就要影响物资计划的实现。

2. 设计变更

施工准备阶段或施工过程中,往往会遇到设计变更,影响物资的需用数量和品种规格,必须及时采取措施,进行协调,尽可能减少影响,以保证物资计划执行。

3. 采购情况变化

到货合同或生产厂的生产情况发生了变化,影响物资的及时供应。

4. 施工进度变化

施工进度计划的提前或推迟,也会影响物资计划的正确执行。在物资计划发生变化的情况下,要加强物资计划的协调作用,做好以下几项工作:

(1)挖掘内部潜力,利用库存储备解决临时供应不及时的矛盾。

(2)利用市场调节的有利因素,及时向市场采购。

(3)同供料单位协商临时增加或减少供应量。

(4)与有关单位进行余缺调剂。

(5)在企业内部有关部门之间进行协商,对施工生产计划和物资计划进行必要的修改。

为做好协调工作,必须掌握动态,了解物资系统各个环节的工作进程,一般通过统计检查,实地调查,信息交流等方法,检查各有关部门对物资计划的执行情况,及时进行协调,以保证物资计划的实现。

三、建立物资计划分析和检查制度

为及时发现计划执行中的问题,保证计划的全面完成,建筑企业应从上到下按照计划的分级管理职责,在计划实施反馈信息的基础上进行计划的检查与分析。一般应建立以下几种计划检查与分析制度。

1. 现场检查制度

基层领导人员应经常深入施工现场,随时掌握生产进行过程中的实际情况,了解工程形象进度是否正常,资源供应是否协调,各专业队组是否达到定额及完成任务的好坏,做到及早发现问题,及时加以处理解决,并按实际向上一级反映情况。

2. 定期检查制度

建筑企业各级组织机构应有定期的生产会议制度,检查与分析计划的完成情况。一般公司级生产会议每月 2 次,工程处一级生产会议每周 1 次,施工队则应每日有生产碰头会。通过这些会议，检查分析工程形象进度、资源供应、各专业队组完成定额的情况等，做到统一思想、统一目标，及时解决各种问题。

3. 统计检查制度

统计是检查企业计划完成情况的有力工具，是企业经营活动的各个方面在时间和数量方面的计算和反映。它为各级计划管理部门了解情况，决策、指导工作，制订和检查计划提供可靠的数据和情况。及时准确地反映计划完成的程度和计划执行中的问题，反映基层施工中的薄弱环节，是揭露矛盾、研究措施、跟踪计划和分析施工动态的依据。

四、计划的变更和修订

实践证明，物资计划的变更是常见的、正常的。物资计划的多变，是由它本身的性质所决定的。计划总是人们在认识客观世界的基础上制定出来的，它受人们的认识能力和客观条件所制约，所编制出的计划的质量就会有差异，计划与实际脱节往往不可能完全避免，重要的是一经发现，就应调整原计划。物资计划涉及面广，与各部门、各地区、各企业都有关系，一方有变，牵动他方，也使物资资源和需要发生变化。这些主客观条件的变化必然引起原计划的变更。为了使计划更加符合实际，维护计划的严肃性，就需要对计划及时调整和修订。

1. 变更或修订物资计划的一般情况

除了上述基本原因以外，当出现下述情况，也需要对物资计划进行调整和修订：

(1)任务量变化。任务量是确定物资需用的主要依据之一，任务量的增加或减少，都将相应地引起物资需要的增加和减少。在编制物资计划时，不可能将计划任务变动的各种因素都考虑在内，如果问题出现，应通过调整原计划来解决。

(2)设计变更。设计变更分以下三种情况：

①在项目施工过程中，由于技术革新，增加了新的物资品种，原计划需要的物资出现多余，就要减少需要；或者根据用户的意见对原设计方案进行修订，则所需物资的品种和数量将发生变化。

②在基本建设中，由于编制物资计划时，图纸和技术资料尚不齐全，原计划实属匡算需要，待图纸等资料到齐后，物资实际需要常与原匡算情况有所出入。这时也需要调整物资计划。同时，由于现场地质条件及施工中可能出现的变化因素，需要改变结构、改变设备型号，物资计划调整不可避免。

③在工具和设备修理中，编制计划时很难预计修理需要的物资，实际修理需用的物资与原计划中申请物资常常有所出入，调整物资计划完全有必要。

(3)工艺变动。若设计变更引起工艺变更，则需要的物资也不同。若设计未变，但工艺变了，加工方法、操作方法变了，物资消耗可能与原来不一样，物资计划也要做相应调整。

(4)其他原因。如计划期初预计库存不正确，物资消耗定额变了，计划有误等，都可能引起物资计划的变更，需要对原计划进行调整和修订。根据我国多年的实践，物资计划变更主要是由生产建设任务的变更所引起的，其他变更对物资计划虽然也会产生一定影响，但变更的数量远比生产和基建计划变更少。

由于上述种种原因，必须对物资计划进行合理的修订及调整。如不及时进行修订，将使企业面临停工待料的危险，或使企业物资大量闲置积压。这不仅会使生产建设受到影响，而且也直接影响企业的财务状况。

2. 物资计划的变更及修订

物资计划的变更及修订主要有如下三种方法。

(1)全面调整或修订。全面调整或修订是指物资资源和需要发生了大的变化时的调整,如自然灾害、战争或经济调整等,都可能使资源和需要发生重大变化,需要全面调整计划。

(2)专案调整或修订。专案调整或修订是指由于某项任务的突然增减,或由于某种原因,工程提前或延后施工,或生产建设中出现突然情况等,使局部资源和需要发生了较大变化,一般用待分配物资或当年储备解决,必要时通过调整供应计划解决。

(3)临时调整或修订。如生产和施工过程中临时发生变化,就必须临时调整物资计划。这种调整也属于局部性调整,主要是通过调整物资供应计划来解决。

3. 物资计划的调整及修订中应注意的问题

(1)维护计划的严肃性和实事求是地调整计划。在执行物资计划的过程中,根据实际情况的不断变化,对计划做相应的调整或修订是完全必要的。但是要注意避免轻易地变更计划,无视计划的严肃性、认为有无计划都得保证供应,甚至违反计划、用计划内物资搞计划外项目,也通过变更计划来满足。当然,不能把计划看作是一成不变的,在任何情况下都机械地强调维持原来的计划,明明计划已不符合客观实际的需要,仍不去调整、修订、解决,这也和事物的发展规律相违背。正确的态度和做法是:在维护计划严肃性的同时,坚持计划的原则性和灵活性的统一,实事求是地调整和修订计划。

(2)权衡利弊和尽可能把调整计划压缩到最小限度。调整计划虽然是完全必要的,但许多时候调整计划总要或多或少地造成一些损失。所以在调整计划时,一定要权衡利弊,把调整的范围压缩到最小限度,使损失尽可能地减少。

(3)及时掌握情况。及时掌握情况归纳起来有以下三个主要方面。

①物资部门必须主动和各方面加强联系,掌握计划任务安排和落实情况,如了解生产建设任务和基本建设项目的安排与进度,了解主要设备和关键物资的准备情况。对一般物资也应按需要逐项检查落实,如果发生偏差,迅速反馈,采取措施,加以调整。

②掌握物资的消耗情况,找出物资消耗升降的原因,加强定额管理,控制发料,防止超定额用料而调整申请量。

③掌握资源的供应情况。不仅要掌握库存和在途物资的动态,还要掌握供方能否按时交货等情况。

掌握上述三方面的情况,实际上就是要求做到需用清楚、消耗清楚和资源清楚,以利于物资计划的调整和修订。

(4)应妥善处理、解决调整和修订物资计划中的相关问题。物资计划的调整或修订,追加或减少的物资,一般以内部平衡调剂为原则,若减少部分或追加部分内部无法处理,则由负责采购或供应的部门协调解决。要特别注意的是,要防止在调整计划中拆东墙补西墙、冲击原计划的做法。如没有特殊原因,追加物资应通过机动资源和增产解决。

五、考评执行物资计划的经济效果

建立物资计划指标体系可以对物资计划的经济效果进行科学评价。该指标体系包括:

(1)采购量及时到货率。

(2)供应量及配套率。

(3)自有运输设备的运输量。

(4)占用流动资金及资金周转次数。

(5)物资成本的降低率。

(6)物资的节约率和节约额。

通过对以上指标的考评,激励各部门认真实施物资计划。

【例 3-3】　某工程队下个月的施工任务及相关的定额见表 3-15。

求:(1)各种物资的合计需用量。

(2)根据上述资料编制下个计划期物资需用量计划表。

表 3-15　分部分项工程物资用量审核

单位工程	项目施工任务	工程量/m^3	定额编号	砖/块		水泥/kg		砂/kg		石灰/kg	
				定额	用量	定额	用量	定额	用量	定额	用量
某学生楼	M5 砂浆砖基础	63		528		43		357		19	
	M2.5 砂浆砌砖外墙	156		530		33		369		20	
	M2.5 砂浆砌砖内墙	200		528		32		361		20	
某 2 号车间	水泥地秤	200		—		12		35		—	
某 2 号宿舍	砖墙面抹灰	500		—		4.3		32.7		2.7	

解:(1)各种物资合计需用量,见表 3-16。

(2)表 3-17 为下个计划期物资需用计划。

表 3-16　各种物资合计需用量

单位工程	项目	砖/块	水泥/kg	砂/kg	石灰/kg
某学生楼	M5 砂浆砖基础	33 264	2 709	22 491	1 197
	M2.5 砂浆砌砖外墙	82 680	5 148	57 564	3 120
	M2.5 砂浆砌砖内墙	105 600	6 400	72 200	4 000
某 2 号车间	水泥地秤	—	2 400	7 000	—
某 2 号宿舍	砖墙面抹灰	—	2 150	16 350	1 350
合计		221 544	18 807	175 605	9 667

表 3-17　下个计划期物资需用量计划

序号	材料名称	规格	本月合计	单位工程需用量/kg	
				某学生楼	某 2 号工程
1	砖	标准砖	221 544	221 544	—
2	水泥	标号 32.5 普通水泥	18 807	14 257	4 550
3	砂	中粗	175 605	152 255	23 350
4	石灰	三七灰	9 667	8 317	1 350

【例 3-4】 某单位本月 15 日开始编制下个月的物资供应计划。本月 16 日查库时水泥库存量为 22 t,现场库存 24 t,至本月底尚有 30 t 水泥按合同的约定到货。本月份平均日耗用水泥 4 t,预计下月平均每日需用水泥比本月每日需用量增加 25% ,水泥平均供应间隔天数为 12 d,保险储备天数为 3 d,验收入库需 1 d,月工作日按 30 d 计算。

求:(1)下月的期初库存量。

(2)下月平均每日水泥需用量。

(3)下月期末储备量。

(4)下月水泥计划供应量。

解:(1)期初库存量 $=22+24-15\times4+30=16$(t)。

(2)下月水泥平均每日需用量 $=4\times(1+25\%)=5$(t)。

(3)下月期末储备量 $=4\times(1+25\%)\times(12+3+1)=80$(t)。

(4)下月水泥计划供应量 $=4\times(1+25\%)\times30-16+80=214$(t)。

【例 3-5】 某施工单位全年计划进货水泥 282 700 t,其中合同进货 212 025 t,市场采购 42 405 t,建设单位来料 28 270 t。最终实际到货的情况是:合同到货 201 427 t,市场采购 36 045 t,建设单位来料 16 962 t。

问题:(1)分析全年水泥进货计划完成情况。

(2)激励各部门实施材料计划的手段是什么?指标有哪些?

解:(1)水泥进货计划完成情况分析。

①总计划完成率 $=(201\ 427+36\ 045+16\ 962)/282\ 700\times100\%=90\%$;

②合同到货完成率 $=201\ 427/212\ 025\times100\%=95\%$;

③市场采购完成率 $=36\ 045/42\ 405\times100\%=85\%$;

④建设单位来料完成率 $=16\ 962/28\ 270\times100\%=60\%$。

(2)激励各部门实施物资计划的手段是考核各部门实施物资计划的经济效果。

主要指标有:

①采购量与及时到货率。

②供应量及配套率。

③自有运输设备的运输量。

④占用流动资金及资金周转次数。

⑤材料成本降低率。

⑥三大物资的节约额和节约率。

视频

填制物资需用量计划表

任务实施

按照任务引入中要求,利用物资软件填制物资需用量计划表。

(1)在物资管理中选择“工号主要物资总需用量计划”。

(2)工号选择已录入项目名称。

(3)单击右下方“选材”按钮。

(4)选择所要采购物资,单击“确定”按钮,如图 3-4 所示。

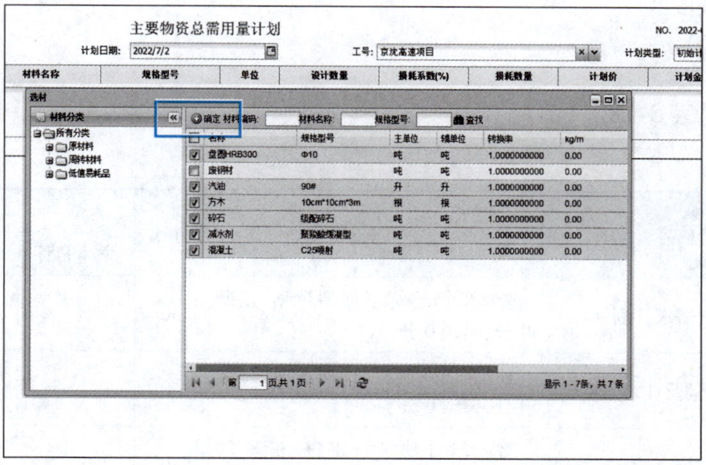

图 3-4　选择所要采购物资

(5)将增加到计划的物资录入“数量”及“计划价格”。

(6)计划信息录入完成,单击“审核”按钮,如图 3-5 所示。

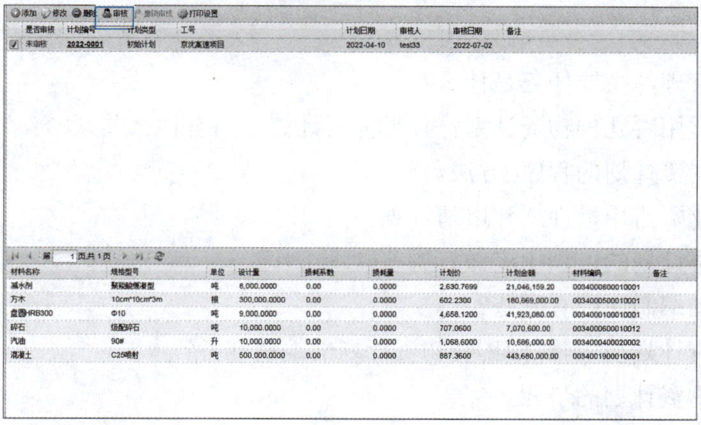

图 3-5　录入计划信息

(7)计划“审核成功”,如图 3-6 所示。

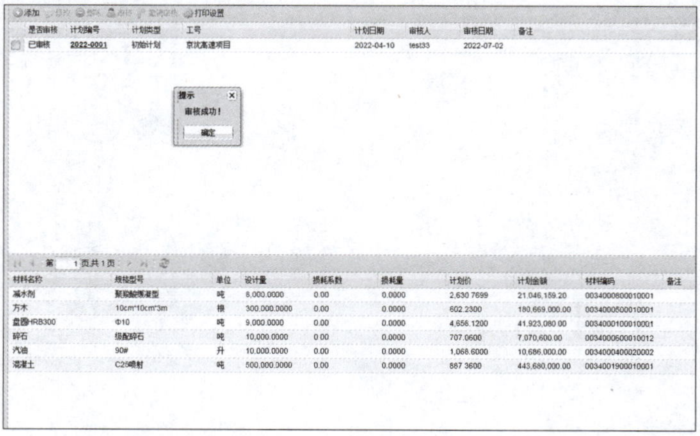

图 3-6　计划审核成功

任务评价

任务评价表见表3-18。

表3-18 任务评价表

序号	评价内容	评价标准	分数	评分记录		
				学生自评	组间互评	教师评分
1	填制物资需求计划	选择所需物资填加到计划,正确30分;错误0分	30			
2	物资录入数量及计划价格	录入物资数量及计划价格,正确50分;错误0分	50			
3	计划进行审核	对新增计划进行审核,正确20分;错误0分	20			
总分			100			

巩固练习

1. 物资计划管理的主要任务是什么?
2. 建筑企业常用哪几种物资计划?各类物资计划之间有什么关系?
3. 简述编制物资计划的程序、方法。
4. 如何编制物资需用量计划和申请计划?
5. 在实施物资计划的过程中应做好哪些管理工作?
6. 物资计划的编制原则有哪些?
7. 在编制物资计划前,需要做哪些物资计划的编制准备?
8. 简述编制物资计划的步骤。
9. 简述确定物资需用量计划的依据。

项目四 物资市场调查与预测

项目描述

本项目系统介绍市场调查和预测的方法。首先阐述市场调查基本理论;其次介绍市场调查的程序、调查方案的设计、资料的获得方法、调查问卷的设计程序、抽样技术、实地调查方法和技术、预测的方法和调查报告的撰写要点等;最后进一步阐述如何计划、组织、协调和控制一项市场调查活动,以及如何开展市场调查活动。

学习目标

知识目标

(1)理解市场调查的概念和作用,认识市场调查的内容与分类,了解市场调查的原则。

(2)了解市场调查的程序。

(3)理解并掌握市场调查方案设计的内容,了解市场调查方案的评价。

(4)掌握问卷调查、抽样调查的具体方法。

(5)学习和掌握调查资料整理与分析的相关概念、内容和要求。

(6)学习和掌握市场预测的含义、基本原理、分类以及内容,能用所学知识指导相关认知活动。

(7)了解市场调查报告的作用、结构和内容,学会撰写市场调查报告。

能力目标

(1)能够分析市场调查案例。

(2)能够对市场调查的类型进行判断。

(3)能够组织分工与团队合作。

(4)能够整理分析资料与写作。

(5)能够积极讨论与口头表达。

素养目标

(1)引导学生本着专一、奉献、担当、务实的精神进行市场调研活动。

(2)弘扬富有社会责任感的职业品质。

学习导航

- 物资市场调查与预测
  - 认识市场调查及内容
    - 市场的含义
      - 市场是商品交换的场所
      - 市场是商品的需求量
      - 市场是商品供求双方相互作用的总和
      - 市场是商品交换关系的总和
    - 市场调查的概念
    - 市场调查的特点
      - 市场调查目的的针对性
      - 市场调查方法的科学性
      - 市场调查过程的关联性
    - 市场调查的原则
      - 时效性原则
      - 准确性原则
      - 系统性原则
      - 经济性原则
      - 科学性原则
      - 保密性原则
    - 市场调查的内容
      - 产品研究
      - 消费者研究
      - 企业和品牌研究
      - 广告研究
      - 营销环境研究
  - 制定市场调查的基本流程与设计
    - 市场调查的基本流程
      - 确定调查问题和目标
      - 调查方案设计
      - 抽样
      - 收集数据
      - 分析数据
      - 撰写报告
      - 跟踪
    - 市场调查的方案设计
      - 调查目的和内容
      - 调查的对象和范围
      - 抽样设计
      - 调研方法
      - 调查日程
      - 调查预算
      - 其他
    - 市场调查方案的评价
      - 方案设计是否体现调查目的和要求
      - 方案设计是否具有科学性、完整性和操作性
      - 方案设计能否使调查质量有所提高
    - 问卷设计
      - 问卷设计的程序
      - 问卷的类型
      - 问卷的结构
      - 问题与答案
      - 其他资料
    - 抽样设计
      - 普查与抽样
      - 抽样设计的基本概念
      - 抽样方法
      - 抽样的基本步骤
  - 撰写市场预测和市场调查报告
    - 市场预测的概念
      - 市场预测的定义
      - 市场预测的特征
      - 市场预测的内容
      - 市场预测的作用
    - 市场预测的种类
      - 按预测期的时间长短划分
      - 按市场预测的空间划分
      - 按市场预测的范围划分
      - 按预测性质划分
      - 按市场预测对象划分
    - 市场预测的步骤
    - 市场调查报告的概念和功能
      - 市场调查报告的含义
      - 作用和功能
    - 市场调查报告的结构及类型
      - 市场调查报告的格式
      - 市场调查报告的类型
    - 撰写调查报告应注意的问题

学习重点
学习难点
慕课资源
动画资源
课程思政
物资软件

任务一 认识市场调查及内容

任务引入

由学生自愿组成小组,每组 5~10 人,利用课余时间,选择有代表性的施工企业,开展物资材料调研。请确定施工企业的物资市场调查内容。

任务描述

理解市场调查的一般含义,通过阅读案例和专家访问来感受市场调查活动在现代经济活动中的作用和价值。

相关知识

一、市场的含义

市场经济条件下,企业的生产和经营必须重视市场的需求,企业家都是按照自己对市场的理解来组织经营活动的。随着商品经济的发展,市场这个概念的内涵也不断充实和发展。目前对市场较为普遍的理解主要有以下几点。

1. 市场是商品交换的场所

商品交换活动一般都要在一定的空间范围内进行,市场首先表现为买卖双方聚在一起进行商品交换的地点或场所。这是人们对市场最初的认识,虽不全面但仍有现实意义。

2. 市场是商品的需求量

从市场营销者的立场来看,市场是指具有特定需要和欲望、意愿并能够通过交换来满足这种需要或欲望的全部顾客。顾客是市场的中心,而供给者都是同行的竞争者,只能形成行业,而不能构成市场。

消费者、购买能力和购买欲望这三个相互制约的因素,结合起来才能构成现实的市场,并决定着市场的规模与容量。因此要分析市场,就必须从消费者、购买能力、购买动机三个方面同时入手。

3. 市场是商品供求双方相互作用的总和

人们经常使用的“买方市场”或“卖方市场”的说法,就是反映商品供求双方交易力量的不同状况。在买方市场条件下,市场调研的重点应放在买方;反之,则放在卖方。

4. 市场是商品交换关系的总和

在市场上,一切商品都要经历商品—货币—商品的循环过程。一种形态是由商品转化为货币,另一种则是由货币转化为商品。这种互相联系、不可分割的商品买卖过程,就形成了社会整体市场。

二、市场调查的概念

市场调查是运用科学方法,系统地、有目的地收集、记录、整理和分析市场信息资料,为使用者提供完整、全面、有序的市场加工信息的过程和活动。从时间的角度看,市场调查着重分析市场过去和现在的表现,并在长期的研究中认识市场规律。市场调查也是一种以顾客为中心的研究活动。这一定义重在了解市场情况,捕捉市场信息,认识市场以及市场信息的基本加工处理方面,强调市场调查最基本或最初级的作用。美国市场营销协会将市场调查定义为:一种借助信息把消费者、顾客及公共部门和市场联系起来的特定活动这些信息用以识别和界定市场营销的机会和问题,产生、改进和评价营销活动,监控营销绩效,增进对营销过程的理解。

三、市场调查的特点

1. 市场调查目的的针对性

市场调查的目的是了解、分析和判断企业市场营销管理中是否存在问题,或解决已存在问题,预测未来的发展趋势,从而为企业制定决策提供切实可靠的数据,并非对市场营销的所有问题笼统、盲目地进行调查。

2. 市场调查方法的科学性

市场调查活动必须采用科学的方法,如市场信息范围的确定方法、信息收集方法的选择、流程的设计、执行的技巧与严谨度、采集到数据的处理方法和分析方法等。市场调查活动只有运用科学的方法进行组织、实施和管理,才能获取可信度较高的调查结果,才能做出比较正确的市场决策。

3. 市场调查过程的关联性

市场调查活动是一个系统化的工作,包括调查活动的设计与组织,所需信息资料的收集、整理和分析,调查报告的出具等。一系列工作环环相扣、紧密联系,既互相依存又互相影响,共同构建了市场调查活动的全过程。

四、市场调查的原则

市场调查既然是通过收集、分类、筛选资料,为企业生产经营提供正确依据的活动,它就需要遵循以下原则:

1. 时效性原则

市场调查的时效性表现为应及时捕捉和抓住市场上任何有用的情报、信息,及时分析、及时反馈,为企业在经营过程中适时地制定和调整策略创造条件。

2. 准确性原则

市场调查收集到的资料必须体现准确性原则,对调查资料的分析必须实事求是,尊重客观实际,切忌以主观臆造来代替科学的分析。同样,片面、以偏概全也是不可取的。要使企业的经营活动在正确的轨道上运行,就必须要有准确的信息作为依据,才能瞄准市场、看清问题、抓住时机。

3. 系统性原则

市场调查的系统性表现为应全面收集有关企业生产和经营方面的信息资料。市场调查既要了解企业的生产和经营实际,又要了解竞争对手的有关情况;既要认识到其内部机构设置、人员配备、管理素质和方式等对经营的影响,也要调查社会环境的各方面对企业和消费者的影响程度。

4. 经济性原则

市场调查是一件费时、费力、费财的活动。它不仅需要体力和脑力的支出，同时还要利用一定的物质手段，以确保调查工作顺利进行和调查结果的准确。市场调查要讲求经济效益，力争以较少的投入取得最好的效果。

5. 科学性原则

市场调查不是简单地收集情报、信息的活动，为了在时间和经费有限的情况下获得更多更准确的资料和信息，就必须对调查的过程进行科学的安排。采用什么样的调查方式、选择谁作为调查对象、问卷如何拟订才能达到既明确表达意图又能被调查者易于答复的效果，这些都需要进行认真的研究；同时还要运用一些社会学和心理学等方面的知识，以使与被调查者更好地交流；在汇集调查资料的过程中，借助计算机代替手工操作，对大量信息及时进行准确严格的分类和统计；对资料所做的分析应由具有一定专业知识的人员进行，以便对汇总的资料和信息做出更深入的分析；分析人员还要掌握和运用相关数学模型和公式，从而将汇总的资料以理性化的数据表示出来，精确地反映调查结果。

6. 保密性原则

市场调查的保密性原则体现在两个方面。第一是为客户保密。许多市场调查是由客户委托市场调查公司进行的，因此市场调查公司及从事市场调查的人员必须对调查获得的信息保密，不能将信息泄露给第三者。第二是对被调查者提供的信息保密，不管被调查者提供的是什么样的信息，也不管被调查者提供信息的重要性程度如何，如果被调查者发现自己提供的信息被暴露出来，可能给他们带来某种程度的伤害，同时也会使他们失去对市场调查的信任。

五、市场调查的内容

1. 产品研究

产品研究包括新产品的开发、测试，现有产品的研发、诊断和改造等。

2. 消费者研究

消费者研究主要包括消费者行为研究和消费者满意度研究两个方面。

（1）消费者行为研究。

①消费者购买行为研究，包括6W：买什么（what），购买者或者使用者是谁（who）为什么买（why），何时购买（when），购买地点（where1），产品信息的来源（where2）；2H：购买量（how1），如何决策（how2）。

②消费者使用行为研究主要包括消费者使用产品的经验、方式等方面的内容。

（2）消费者满意度研究。

①对产品或服务的满意度。

②满意的原因或不满意的原因。

③对改进产品或服务质量的具体建议。

④对同类产品或服务满意度评价的比较。

3. 企业和品牌研究

企业和品牌研究主要包括企业和品牌的知名度、喜好度，消费者对企业和品牌的认知程度和认知途径，对企业和品牌的新名称、新标志的评价和喜好等。

素养教育

炮制虽繁，必不敢省人工；品味虽贵，必不敢减物力

——同仁堂古训

同仁堂是全国中药行业著名的老字号，创办于1669年。在漫长的历史中，无论是在民间还是在业内，它都拥有极好的声誉。到现在，虽然它在所有制形式、管理模式、企业性质上都有了很大的转变，但它在中国传统医药行业的重要地位却一直未变。同仁堂能经历数代而不衰，在海内外信誉卓著，那么，它是如何做到的呢？普遍认为，这得益于它对产品的严格把控。提到同仁堂，人们耳熟能详的一句话就是："炮制虽繁，必不敢省人工；品味虽贵，必不敢减物力。"这句话最早出现在《乐氏世代祖传丸散膏丹下料配方》中，它是由同仁堂创始人乐显扬的第三子凤鸣完成的著述。如今，这句话不仅是同仁堂世代遵循的训条，也早已成为各行各业奉为圭臬的格言警句。同仁堂能穿越厚重的历史，享誉至今，完全得益于对这一古训的严格执行。从中药的选材到每一味药材的熬制，他们精挑细选，认真打磨，每一道工序都投入了极大的精力，保证了产品的高质量。为民心，良心药，同仁堂为每个行业树立了一个经典的学习榜样。

同仁堂的诀窍说到底，就是真材实料，干活不偷懒。这个道理非常简单，但同仁堂在这340年里一直力求做到这一点，如图4-1所示。

图4-1　北京同仁堂

4. 广告研究

广告研究主要包括了解广告对象的消费行为、广告效果等。

5. 营销环境研究

营销环境研究主要包括内在环境研究和外在环境研究两个方面。

(1)内在环境研究，主要针对企业自身的管理和销售情况。

(2)外在环境研究，包括人口、经济、社会环境和市场研究，竞争对手分析等。

素养教育

"一墩难求"背后的启示

冰墩墩早在2019年就已上市，但一段时间热度不高。中国人民大学教授、文化创意产业研究会会长金元浦认为，冰墩墩爆满天下，首先是事件营销的成果。

北京冬奥会是在非常时期、非常环境下召开的。随着各项准备工作的完善和赛事的推进，冬奥氛围越来越热烈，特别是随着开幕式获得巨大成功，中国队不断取得优异成绩，场馆与服务的无懈可击，高科技和绿色冬奥的实践成果不断显现，北京冬奥的温度得以不断攀升，形成了一个突出的全球性文化事件，这使得冰墩墩一跃而起，成为"爆款"。冰墩墩的火爆也是创意营销、场景营销、眼球营销综合作用的结果。

任务实施

按照任务引入中要求，每组需根据课程所学知识，经过讨论拟定调查内容，要求如下：

（1）对施工企业开展物资市场环境调查。

（2）对施工企业开展物资市场需求调查。

（3）对企业开展市场物资采购竞争对手调查。

每组提交一份 800 字以上的施工企业物资市场调查材料，每个小组推荐一名成员对本组编写调查资料发表演讲并制作 PPT。

任务评价

任务评价表见表 4-1。

表 4-1　任务评价表

序号	评价内容	评价标准	分数	评分记录		
				学生自评	组间互评	教师评分
	每个小组推荐一名成员对本组编写调查资料发表演讲并制作 PPT	对施工企业开展物资市场环境调查，30 分；对施工企业开展物资市场需求调查，30 分；对施工企业开展市场物资采购竞争对手调查，40 分	100			
总分			100			

任务二　制定市场调查的基本流程与设计

任务引入

请根据施工企业资料，按照市场调查流程确定物资供应商，设计相应的调查问卷并完成数据收集和整理。由学生自愿组成小组，每组 5～10 人，按照所学的问卷设计步骤及要求，设计一份完整的调查问卷，并进行数据收集。通过物资管理软件信息系统录入供应商信息并建立供应商管理库，如图 4-2 所示。

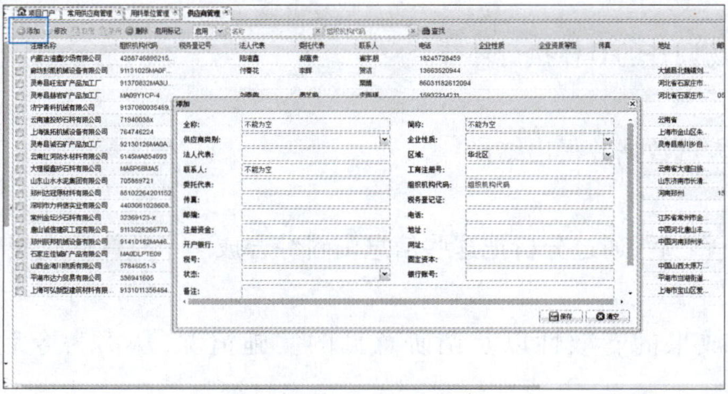

图 4-2　录入供应商信息

任务描述

随着科技的迅猛发展,施工企业的物资材料成本占总成本的60%~70%,有的甚至更高,因此施工企业必须对物资材料供应商的选择给予高度重视。作为市场调查的一部分,需要对供应商调查的目的,供应商调查的内容,供应商调查的方法(内容和方法相结合,如调查问卷表设计),供应商调查资料的来源等进行分析,设计出科学合理的供应商调查方案。

相关知识

一、市场调查的基本流程

市场调查主要由计划准备、实施和分析报告三个阶段构成,具体分七步。具体步骤及要求如下。

1. 确定调查问题和目标

确定调查问题和目标,需要经过下面五个步骤:

(1)发现寻找信息的原因。

①确定要解决什么问题。

②将问题列出优先顺序,挑出最核心的问题。

③用几种不同方式反复表述问题,并讨论它们的区别。

(2)确定信息是否已经存在:借助以往的调查结果,或者依赖二手资料。

(3)确定问题是否可以得到答案:凭借经验和可获知的信息来判断。

(4)明确调研主题,将收集的二手资料和小范围的定性研究进行整理、分析,并且要避免问题定义得过宽或过窄。

(5)确定调查目标:就是明确调查中要解决哪些问题,通过调查获得什么样的数据资料,取得这些资料有什么用途等。调查目标应尽可能具体和切实可行。

2. 调查方案设计

调查方案是确立和开展调查项目的一个柜架和蓝图。

3. 抽样

在界定样本框后,使用随机抽样或非随机抽样的方法进行抽样。

4. 收集数据

收集数据是市场调查的具体执行环节。

5. 分析数据

解释所收集的大量数据并得出结论。

6. 撰写报告

在确认数据资料之后,通过分析把这些信息资料综合成一个整体调查报告。

7. 跟踪

跟踪调查调研成果的有效性以及调研意见的实施情况,从而为今后的市场调查累积经验。

二、市场调查的方案设计

市场调查的方案设计通常是由计划书来体现的，主要包括调查目的、调查内容、调查对象和范围、调查方法、调查日程以及调查预算等，设计方案的同时需要权衡调查成本和调查质量的关系。

1. 调查目的和内容

确定调查目的，就是明确调查中要解决哪些问题，通过调查获得什么样的数据资料，取得这些资料有什么用途等问题。

在确定调查目的的基础上，确定调查的内容，以避免列入无关紧要的调查项目，或者漏掉重要的调查内容。

衡量一个调查方案设计是否科学的标准，主要看调查的方案设计是否体现调查目的的要求，并符合客观实际。

2. 调查的对象和范围

调查的对象和范围决定调研信息的来源。

3. 抽样设计

选取受访者，需要做到科学，且有说服力。在需要的情况下，可以介绍一些有关抽样的基本知识。

4. 调研方法

调研方法包括研究方法和收集数据的方法。在大多数的市场调查中，往会采用两种以上的调查方法来收集市场信息。

(1)探索性研究。探索性研究的目的是提供资料和数据以帮助研究者认识和理解所面对的问题，常常用于大规模的正式调查之前，帮助研究者将问题定义得更准确，为调查方案设计、问卷设计提供更为明确的思路。

(2)描述性研究。描述性研究的目的是描述总体市场的特征和功能，一般以有代表性的大样本为调查基础。

(3)因果关系研究。因果关系研究的目的是获取有关起因和结果之间关系的证据，管理部门常常根据一些假设的因果关系来做决策。

假设是在对问题进行分析后提出的猜想，需要通过研究来检验其是否成立。

(4)预测性研究。预测性研究的目的在于掌握市场机会，制订有效的营销计划。

在大多数市场调查中，往往会采用两种以上的调查方法来收集市场信息。

5. 调查日程

制订整个调查工作完成的期限，以及各阶段的日程安排。日程安排可以是连续的，也可以是同步进行的。在可能的情况下，调查期限应尽可能缩短。

6. 调查预算

进行调查预算安排的原则是尽可能将预算使用在最恰当的方法中，也要将可能需要的费用尽可能考虑全面。

7. 其他

包括二手资料的收集思路、出处、内容概要,问卷设计思路、质量控制方法、统计分析采用的软件,以及调查机构的介绍、人员的分工和访员的管理、培训等内容。

三、市场调查方案的评价

市场调查方案的评价主要表现为依据相关标准,对编写完成的市场调查方案进行可行性分析,使其进一步得到完善。

对于一个市场调查方案的优劣,可以从不同角度加以评价。

1. 方案设计是否体现调查目的和要求

方案设计是否体现了调查的目的和要求是最基本的评价标准。明确市场调查目标是市场调查方案设计的第一步,包括为什么要进行这项调查、通过调查想了解哪些问题、调查结果的用途是什么。制定市场调查方案中,只有明确了调查目标,才能确定调查的范围、内容与方法,否则就会列入一些无关紧要的调查项目,漏掉一些重要的调查项目,无法满足调查的要求。

2. 方案设计是否具有科学性、完整性和操作性

在市场调查实践中,调查方案的每一个细节都可能有多种选择,综合考虑和权衡后制定一个科学、可行的调查方案不仅关系到调查项目完成的经济性、时效性,有时还影响到整个调查任务的成败。因此,市场调查方案的制定应该通盘考虑、科学筹划,充分注意各环节内容的关联性,才能保证调查活动的顺利、有效开展。

3. 方案设计能否使调查质量有所提高

影响调查数据质量高低的因素是多方面的,但调查方案是否科学、可行,对最后的调查数据质量有直接的影响。方案的评价具有重要的意义:首先在于架起了方案与实施的桥梁,为研究创造了条件;其次可以使研究者不断总结提高,推动市场调查的发展。

四、问卷设计

(一)问卷设计的程序

1. 确定调查目的

2. 收集二手资料

(1)加深对调研主题的认识。

(2)为问题设计提供问题和答案的素材。

3. 探索性研究

探索性研究即问卷设计者带着问题访问个别受访者。

(1)了解受访者的经历、习惯、文化水平,从而确定问卷问题的表达方式,使问卷更合受访者心理。

(2)了解受访者关心什么,对哪些问题思考得比较多,从而把握问题和答案的合理性、全面性。

4. 编制问卷初稿

(1)编制原则:切合调查目的,考虑受访者,易于访问、统计和分析。

(2)检查问题是否切合调查目的的方法:确定以后将如何分析某一问题,结果将用于何处,如何使用。

(3)检查问题是否切合受访者的方法:找一位对调查领域比较熟悉的人,让他审查问卷并提出意见。

5. 编排题目

按问题之间的逻辑性、作答的难易程度来合理排列,并要注意问卷的整体视觉效果。

6. 试调查

问卷初稿设计完成后,可能存在设计者没有发现的问题,需要接受试调查的检查。试调查应该允许和鼓励受访者批评指正问卷。在这个阶段,调查的设计者需要考虑问题是否必要,问题措辞、问题次序是否得当,是否有不恰当、不充分、多余或混乱的答案,问卷是否过长。

7. 修改问卷

(1)如果有两个以上的受访者对同一题目有同样的批评,那么就应该修改或删除该题目。

(2)如果有个别题目有很多受访者没有回答,要寻找出原因并修改。

8. 编制正式问卷

由于流程内容较简单,此处不赘述。感兴趣者可查阅相关资料。

(二)问卷的类型

按照问卷的填答方式,可以把问卷分为自填式问卷和访问式问卷。

1. 自填式问卷

自填式问卷由受访者本人填写的问卷。一般匿名,受受访者本人文化程度、情绪等主观因素的限制,回收率很难保证。

2. 访问式问卷

访问式问卷由访问员对受访者进行访问,并由访问员填写的问卷。这种问卷不便于敏感性问题的提问,但可以进行及时追问,回收率较高。

(三)问卷的结构

通常一份完整的问卷包括标题、前言、指导语、个人基本资料问题与选择答案、编码、结束语。

1. 标题

标题是调查内容高度的概括,它既要与调查研究内容一致,又要注意对被调查者的影响。

2. 前言

前言是问卷最前面的一个开头,也叫封面信。前言一般包括以下内容:

(1)调查的内容、目的与意义。

(2)关于匿名的保证,消除被调查者的顾虑。

(3)对被调查者回答问题的要求

(4)调查者的个人身份或组织名称。

(5)如是邮寄的问卷,写明最迟寄回问卷的时间。

(6)对被调查者的合作与支持表示感谢。

3. 指导语

指导语主要是用来指导被调查者填写问卷的说明或注意事项,必要时还可以附有样例。指导语要简明易懂,使受调查者可以快速了解问卷的填写方法。如果设计的问卷题型比较单一,这部分的内容可以与前言部分合并。

通常来说,指导语主要有以下几种类型:

(1)选出答案做记号的说明。

(2)选择答案数目的说明。

如果问卷的题型有多种,指导语一般在填写须知中说明;如果问卷的题型不多,也可以直接写在问题的后面,如“选择一项”“有几项选几项”“可以多选”等。

(3)填写答案要求的说明。

(4)答案适用于哪些被调查者的说明。

问卷中有的问题可能只是适用于某一类人,当这类问题出现时,可说明由特定的一类人填写,其他的人则跳过这些问题。

4. 个人基本资料

个人基本资料中要求填写的项目,一般都是在研究中考虑到的变量。例如,要比较男女受调查者的兴趣差异,性别就是一个变量;要了解父母亲文化程度对子女的学业成就是否有影响,父母文化程度就是一个变量。研究中不涉及的项目,就不一定在个人基本情况中出现,以保持问卷的简洁。

5. 问题与选择答案

问题与选择答案是问卷的主体部分。问题是问卷的核心内容,编制的问题要简洁明了,要适应被调查者的文化程度,符合研究的目的和要求。至于用开放式答案还是封闭式答案,则应根据实际情况而定。若采用封闭式答案要按标准化测验的要求设计题目和答案,答案要准确,符合实际,便于选择。

6. 编码

对于样本数量较大的调查问卷,为了便于计算机的汇总、分类和统计,一般要设立编码栏。编码就是给每个问题及其答案编上数码。一般编码放在问题的右边,编码的序号与问题的序号相一致。如果样本数量较小的调查,或采用手工汇总的调查,可不设编码栏。

7. 结束语

结束语要对被调查者的合作再次表示感谢,以及提醒被调查者不要漏填与复核的请求。结束语的目的在于显示调查者的礼貌,督促被调查者消除未回答问题、差错的答案。

(四)问题与答案

1. 问题的形式

问题主要有三种问题类型:开放式问题、封闭式问题和量表式问题。

(1)开放式问题。开放式问题是一种被调查者可自由回答和解释有关想法的问题类型。

疑问题通常提出一个问题,让受访者作答,旨在了解受访者的看法、意见或有关情况。投射题让受访者完成某种作业,如字词联想、完成句子、编故事等,通过受访者的回答,分析答案中隐含的态度或动机。

优点在于能为调查人员提供大量丰富的信息,在分析数据的过程中,开放式的问题可以成为解释封闭式问题的工具。缺点在于在编码方面费时费力,难以做定量分析,另外可能使被调查者产生厌烦心理,拒绝回答,降低问卷的有效性和回收率。

(2)封闭式问题。封闭式问题是一种需要受访者从备选答案中做出选择的问题,一般包括两项选择题和多项选择题。问题的类型包括:单选题,即要求问题答案的设计必须是穷尽的并互相排斥;无限多选题,即不限制受访者选择答案的最多数目;限制多选题,即限制受访者选择答案的最多数目,让受访者做出主要的选择。

封闭式问题的优点在于受访者容易作答,有利于提高问卷回收率,问题和答案的标准化,便于编码和统计;不足在于如果问卷中没有适当的答案,受访者难以作答,有些受访者误解题目或随便乱答,但只看答案难以发觉。

(3)量表式问题。量表式问题是对受访者的态度、意见等心理活动进行判断和测定的问题。

①评比量表。选项的两端是极端性的答案,中间的选项分为 3 ~ 5 个等级。

②李克特量表。用 5 级计分方式来测量人们对某说法的同意程度,或对某事物的满意程度。

③语意差别题。首先确定描述、判断或评价所研究对象时使用的重要属性,然后确定描述这些属性的语意相反的形容词,将各对形容词置于 7 个等级的两端,中间的等级表示中立。

④配对比较量表。配对比较量表是通过配对比较的方法来测量人们态度的一种量表。

2. 答案的设计

答案的设计一定要注意答案的穷尽性和互斥性。答案的穷尽性指的是现有答案中包括了所有可能的情况。答案的互斥性指的是答案之间不交叉重叠或相互包容。

3. 相倚问题

在问卷中,有些问题只适用于调查样本中的一部分人,而且受访者是否应该回答这个问题,常常要根据他对前面某个问题的回答结果来判定。这样的问题称为相倚问题,而前面的那个问题称为过滤问题或筛选问题。

4. 问题的措辞

问题的措辞必须准确清楚,避免使用冗长复杂的语句,避免使用难懂的专业词汇,避免问题带有诱导性,要考虑敏感问题的提问。一般来讲,对敏感问题的处理方法包括使用第三人称的方式询问,在问题前声明这种行为或态度是很平常的。

5. 问题的数量

一般来说,问题不宜太多,可视研究内容的多少设计 10 ~ 30 个问题,受访者的答题时间尽量不超过 15 min。问题的数量不要使被调查者感到厌烦。

6. 问题的排序

(1)要考虑问题的逻辑关系,先易后难。如果需要筛选受访者,过滤性问题应放在问卷的最前面。在找到符合要求的受访者后,以一个能引起受访者兴趣且易于回答的问题开始访问,并使受访者开始考虑关于调查主题的事宜。需要受访者思考的问题放在问卷中间。

(2)按类别次序排列题目,同样内容的问题放在一起。

(3)敏感性问题和人口统计问题置于问卷最后。例如用年龄、收入或婚姻状况作为第一个问题是一大错误。

(五)其他资料

其他资料包括问卷的名称,问卷编号、受访者姓名、联络方式、调查地点、问卷发放,回收的时间、调查员姓名、督导员姓名、统计员姓名等。

五、抽样设计

(一)普查与抽样

普查是专门组织的一次性的全面调查,对调查对象的全部单元,无一例外地逐个加以调查,用来调查属于一定时间点或时期内的社会经济现象的总量。

抽样调查是按照一定的程序,从所研究对象总体中抽出部分样本进行调查,并运用数理统计的原理和方法,对总体的特征进行估计和推断。

(二)抽样设计的基本概念

1. 总体和样本

总体是所要研究对象的全体。而样本是由总体中抽取的部分个体构成,每一个被抽到的个体或单位就是一个样本。

2. 抽样框和抽样单元

(1)抽样框:用以代表总体,并从中抽选样本的一个框架。在大部分情况下,调研人员无法获得完整的抽样框,只能用现有成员名单、住户登记表、电话号码簿等来代替;调研人员应尽量避免抽样框中有重复、遗漏的情况发生,以提高抽样柜对总体的代表性。

(2)抽样单元:为了便于抽样,通常将总体划分为有限个互不重叠的部分,每个部分叫作一个抽样单元。

3. 抽样误差和非抽样误差

(1)抽样误差:从样本得到的结果来估计总体所引起的误差。为了使抽样误差减小,要尽可能使样本结构与总体结构相一致。

(2)非抽样误差:在抽样调查中由人为因素造成的误差。

4. 随机性原则和效果最佳原则

(1)随机性原则:在进行抽样的时候,总体中的每一个个体被抽取的可能性是相等的,而不是由调查人员主观决定的。

(2)效果最佳原则:在一定调研经费的情况下,选取抽样误差最小的抽样方案;或者在所要求的精度确定的情况下,使调查费用最少。也就是说,在尽量节省人力、费用的同时,保证调查结果的准确性、科学性。

(三)抽样方法

1. 随机抽样

总体中的每个单位被抽中的可能性是均等的。优点在于调查的结果可以用来推断总体,能够估算抽样误差。局限性在于费用较高,比较耗时。

(1)简单随机抽样。此种方法简单易行,对于分布均匀的总体比较适用,并具有较高的可靠性。常用的包括抽签法和随机数字表法。

(2)系统抽样,又叫等距抽样,从总体中等距离地抽取样本。

$$\text{抽样距离} = \text{总体数量}/\text{样本量} \tag{4-1}$$

具体操作是:编号;决定抽样距离;随机抽取第一个编号;每隔抽样距离抽取一个编号,如果抽取的编号超出最大编号,则把它们分别减去抽样距离,得到最后的编号。

(3)分层抽样。该方法是指按总体已有的某些特征,将总体分成若干个层,再从各层中分别随机抽取一定的单元构成样本。特点在于分层抽样要求层内差异要小,层与层之间的差异要大。

(4)整群抽样。该方法是指将总体分成若干个群,再从所有的群中随机抽取若干个群,这些群内所有的单元构成样本。特点在于整群抽样要求群内差异要大,群与群之间的差异小。

(5)多级抽样。在大规模的市场调查中。抽样不是一次性完成的,而是采用二级或者多级抽样的方法。步骤是将总体分成大的抽样单元,在大单元中抽取小单元,再在小单元中抽取更小的单元。

2. 非随机抽样

从总体中非随机地选择特定的单位。优点是费用较低,耗时较少;局限性是不能估算出抽样误差以及样本的代表性差。

(1)偶遇抽样。街头随访、拦截式访问、杂志内问卷调查等都属于偶遇抽样方法。偶遇抽样比较节省经费,实施方便,速度也快。但抽样误差很大,结果可靠性差。

(2)判断抽样。基于调研者对总体的了解和经验,从总体中抽选“有代表性的”“典型性的”样本。判断抽样的优点是研究人员可运用自己的技能、知识和经验去选择受访者,抽样过程简单,但容易因研究人员的主观判断偏差而导致严重的误差。小组访谈常常利用判断抽样而不是随机抽样。

(3)配额抽样。配额抽样类似于随机抽样中的分层抽样,实际上是一种分层判断抽样。区别在于配额抽样的调查人员不是按随机抽样的原则抽选出来的,而分层抽样必须遵守随机抽样的原则。

(4)滚雪球抽样。通过使用初始受访者的推荐来选取更多受访者的抽样方法。

(四)抽样的基本步骤

抽样调查是市场调查整体方案的一个组成部分,在调查整体计划思路已经确定的前提下,一项科学的、具有可操作性的抽样调查计划设计,大致需要经过以下6个基本步骤。

1. 定义调查总体

市场调查人员首先要根据市场调查主题的要求和市场调查提纲的内容，确定抽样调查基本对象的范围。不同的市场调查主题对抽样调查对象的选择标准具有较大的差异。有经验的市场调查机构和人员，常常在确定调查对象之前设计一份市场调查对象的甄别卷，用来过滤和筛选切实有效的市场调查目标，以排除那些与市场调查主题和内容无关的调查对象，从而使抽样调查能够准确、高效地切中调查主题，避免浪费调查资源。

市场调查主体的确定，常常与公司的目标市场选择和产品定位策略紧密相关。因此，市场主体样本分类标准的确定可以与市场细分相结合。

2. 选择样本框

在抽样设计中，市场调查人员可以通过各种方式获得调查总体的样本框，如从本公司内部的用户管理信息库中获得公司基本用户的抽样调查样本框；对学生市场的调查，可以通过学校获得总体花名册的名单；对城镇居民的调查，可以通过街道居民委员会或派出所来获得样本框等。另外，还有一些社会资源可以作为抽样样本框来利用，如电话号码簿、企业名录、社会各种人力资源和劳动就业清单等。需要注意的是，市场调查人员在利用此类样本框时要认真分析样本框对市场调查主题的代表性，或从样本框中产生的样本对调查总体的代表性。

3. 确定抽样数目

在市场调查过程中，抽样数目的确定是一个非常重要的问题。如果样本数目不能足够多，会影响样本对总体的代表性，进而影响抽样调查结果的准确性；如果样本过多，又会造成抽样过程中不必要的资源浪费。必要的抽样数目意味着在一定抽样估计的精确度和概率把握度的控制下，样本数目既不多也不少。因此，确定抽样数目要考虑以下几个基本要素：

(1)总体方差的大小。方差大，则样本容量大；方差小，则样本容量小。

(2)市场调查者对抽样估计精度的要求。要求高，则样本多；要求低，则样本少。

(3)市场调查预算的限制。调查费用预算充足，则可多选样本；预算比较紧张，则可少选样本。

(4)市场调查时间的限制。时间充足，可多选样本；反之，则要少选样本。

4. 选择抽样方法

市场调查的基本方法主要分为两类：随机抽样和非随机抽样。在这两大类方法中又各自包含不同的调查方式。市场调查中具体采用哪一种调查方法，取决于以下几个基本要素：

(1)市场调查主题对调查技术的要求。如果要求较高，则可以采用随机抽样技术；如果要求不高，则可采用非随机抽样方法。

(2)市场调查总体的分布特征。如果被调查总体的分布比较均匀，方差较小，则可以采取简单随机抽样的方法进行调查；如果被调查总体的分布不均匀，则可以考虑分类、等距、分阶段、整群等随机抽样的处理方法。

(3)特定市场调查项目的成本限制。如果特定市场调查费用的投入水平较高，则可提供具有较高精度的随机抽样调查；反之，则可考虑非随机抽样的调查方法。

5. 制订抽样计划与实施计划

不同抽样方法的选择，对抽样计划的设计要求也大不相同。在随机抽样中，分类抽样、等距抽样和分阶段抽样的抽样设计都比较复杂；在非随机抽样中，配额抽样的设计相对比较复杂。为了保证抽样计划的有效实施，市场调查组织者有必要详细设计抽样调查的操作规程，以避免抽样调查实施者由于业务不精或者情况不熟而在调查过程中陷入困境。

6. 推断调查总体的特征

抽样调查的最终目的是通过对样本的观察，达到对调查总体的一般认识。用样本数据对总体数据进行估计的内容一般有三个方面：一般水平估计、总体水平估计和平均比率估计。估计或推断的方法有两种：点估计和区间估计。为了说明抽样估计的准确度，还可以进行必要的抽样误差分析和抽样估计的精度分析。

视 频

添加常用供应商信息

任务实施

按照任务引入中要求，根据市场调查分析各供应商优劣，利用物资软件填制所选供应商信息。

（1）在物资管理平台中单击“添加”按钮，如图 4-3 所示。

图 4-3 建立供应商信息库

（2）打开对话框，填制供应商基本信息，如图 4-4 所示。

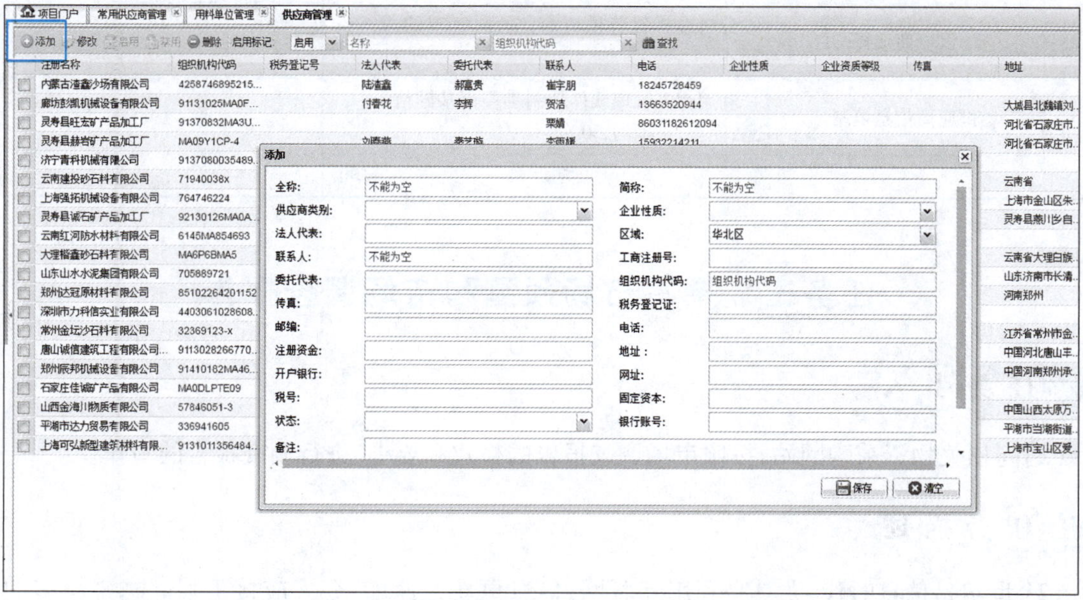

图 4-4 填制供应商基本信息

(3)填制供应商基础信息完成后,单击"保存"按钮,如图4-5所示。

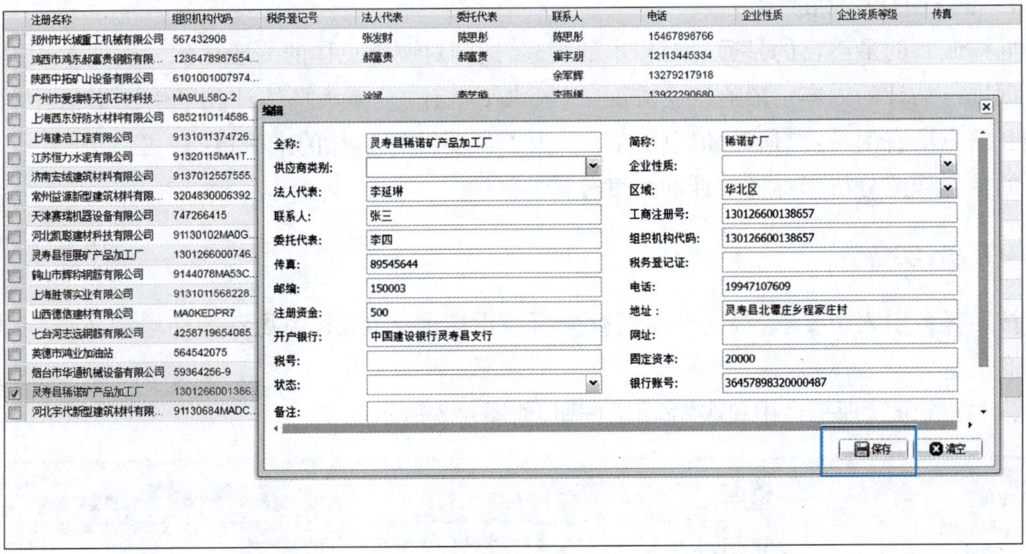

图4-5 单击"保存"按钮

任务评价

任务评价表见表4-2。

表4-2 任务评价表

序号	评价内容	评价标准	分数	评分记录		
				学生自评	组间互评	教师评分
1	各组汇报自己的调查结果	设计调查问卷,20分;准确分析问卷,20分	40			
2	供应商选择	分析选择优势供应商,全面、客观的,30分	30			
3	供应商信息填制	利用物资管理软件填制供应商基础信息,完整,正确的,30分	30			
总分			100			

任务三 撰写市场预测和市场调查报告

任务引入

访问相关物资采购网站,按照市场调查报告的格式和要求,进行调查报告的写作。

任务描述

21世纪是信息时代,尤其是利用互联网,信息更新之速度,令人应接不暇。越来越多的企业认识到及时获得准确信息的重要性。利用市场预测的步骤及方法,根据施工企业采购物资水洗砂、钢材、水泥、减水剂、钢绞线等材料进行市场经济预测。

相关知识

一、市场预测的概念

（一）市场预测的定义

关于预测，可以从广义和狭义两个层面来理解。从广义层面理解，预测是根据已知事件的规律性，去预测未知事件，它既包括对目前尚未发生事件的推测，也包括对现在已经发生但我们还未观察到的事件的推测。从狭义层面理解，预测只是指对目前尚未发生事件的推测，不包括对现在已经发生但我们还未观察到的事件的推测。在日常工作与生活中，人们通常从狭义层面予以理解，本书也从这一层面做出如下定义：

市场预测是在市场调查的基础上，了解市场过去与现状，通过分析研究，发现和掌握事物发展的规律，利用预测学的理论与知识，科学地预测和推断市场的未来。市场预测是一个从已知到未知再到已知的过程，即从已知的过去与现状探讨未知事物，再将未知变成已知的认知过程。预测以调查为前提，以信息为基础，以分析为手段，以预测理论为工具，以推理为过程，以掌握市场发展规律为目标，把不确定的未来加以确定。它是一门严谨的科学，不是猜测，更不是类似于算命、赌局中的判断。

（二）市场预测的特征

1. 科学性

市场预测有一套科学的理论和方法，如果正确使用可以使预测客观、误差小、可信度高，其预测结果对未来有很强的指导作用。所谓“料事如神”正是科学性在预测中运用的结果，其科学性表现在调查资料在运用、统计、分析、推理上有许多被证实了的好方法。预测与凭空想象、主观臆造、胡猜是格格不入的。

2. 近似性

预测是通过掌握已知事实和规律，假定事物继续按照过去的发展历程走向未来，但影响事物发展变化的因素复杂多变，人们不可能完全掌握，事物未来的发展也不可能简单重复以前的发展，因此即使按照科学方法进行预测，也只能对事物达到相对认识，对未来只能近似掌握，误差在所难免，甚至得出错误的预测结论。

3. 能动性

市场预测除了受客观因素和条件的重大影响外，也受到主观人为因素的深刻影响，即人的主观能动性对预测结果的影响很大。表现在两个方面：一是预测者个人的能力与素质，如果预测者的知识有限，经验不足，分析能力较低，可能使预测结果不值得信赖；二是预测者对预测对象背景资料的掌握程度，如果这种掌握是肤浅的，或者资料获取不当、不可信，必然影响到预测结果的准确性。总之，能动性的不足会造成预测结果的不可信。

4. 挑战性

市场预测是对预测者的智慧、知识、能力的考验，是对预测者展望未来的检验，对预测者的高瞻远瞩和长远眼光要求颇高，因此难度大、不定性高、风险大、失误高，预测过程与方法可变性强，错误的预测又会带来错误的决策，这一切造成了预测工作极富挑战性。

(三)市场预测的内容

由于市场预测是建立在市场调查的基础上,因此,预测的内容与市场调查的内容相近。具体包括市场需求预测、市场供应预测、市场商品销售情况预测、科技发展前景预测、经济政策调整动向预测、外贸进出口的发展和变化预测。

(四)市场预测的作用

市场预测的作用可以从国家、宏观经济、社会和政府管理等宏观角度来说明,也可以从企业经营管理的微观角度来说明,考虑到在校大学生将来首先是企业营销实践者,所以本书只研究市场营销的微观作用。

1. 市场预测承市场调查之上

市场调查是市场营销的起点,市场调查是为了掌握市场现状与行情,其目的是为下一步的市场预测服务。如果调查不为预测服务,调查便失去了意义,因为有了正确的调查结果,才能使预测有根基,使预测结果符合客观实际,并真实可信,对指导未来的营销起到应有的作用。市场预测是市场调查的延续,它使市场调查有存在的必要并具有生命力。调查服务预测,预测承接调查,调查和预测是辩证统一的关系。

2. 市场预测启市场决策之下

经营决策是市场营销成败的关键,正确的决策如同选对了一条通向成功的康庄大道,错误的决策如同一条通向失败的黑路。正确的决策要靠预测来支持,即市场预测是为经营决策服务的,其理由如下:第一,市场预测为经营决策提供未来的有关经济信息;第二,市场预测为经营决策提供决策目标和备选方案;第三,市场预测为经营决策方案实施提供参照系,以利于调整经营措施,确保决策目标的实现。总之,市场预测使经营决策不会成为空中楼阁,经营决策使市场预测有存在的价值,这种关系使市场预测与经营决策密不可分。

结合以上两点,一个完整的营销逻辑顺序是:市场调查—市场预测—经营决策,这是总体过程,每一项都依赖于其他项而存在,其中市场预测起到承上启下的连接作用。

3. 市场预测有助于实现资源的有效配置

市场经济条件下,只能以市场为导向,才能使各种经济资源的配置效率最高、最合理,实现资源组合的良性循环,如果没有科学的资源市场预测,资源的配置就会盲目、随意,不能做到资源配置的高效,不能使市场机制有效运转。市场预测可以使企业通过市场调节信号,掌握供求信息,把握价格趋势,指导企业调整经营方向,制定相应营销策略,正确安排人、财、物等资源,充分、合理地运用经济资源。

4. 市场预测能提高企业经营管理水平

成功的营销需要借助营销计划,科学的营销计划不仅离不开企业的历史和现状,还需要把握环境变化、供求趋势、消费趋势等各种外界客观因素,而这些因素的获得需要通过市场预测来完成,科学的市场预测能使营销指标量化、具体化、合理化、科学化,使营销计划先进、可行、便于执行,充分发挥计划的指导和控制作用,从而提高企业经营管理水平。

5. 市场预测是实现企业效益最大化的重要手段

通过科学的市场预测,可以制定正确的营销决策,使企业行为符合市场需要,使企业按照经济规律办事,行为符合效率原则,从而使企业获得最大经济效益。

6. 市场预测能满足客户的需要并提高企业的市场竞争力

客户对于交货期、服务、产品质量的要求越来越高,如果企业预测不准确,不能满足客户的要求,企业丢失的订单会越来越多。所以,要想满足客户的要求,应有准确的预测,从而搞好客户关系管理,稳定住一批忠诚客户,才能提高企业市场竞争力。

二、市场预测的种类

市场预测的种类较多,按不同的标准有不同的划分,常见于以下几种类型。

1. 按预测期的时间长短划分

(1)短期预测。短期预测是指以日、周、旬、月为单位,预测期在一年以内的预测。此预测由于预测的时间短、目标明确、背景资料接近市场现状,受外界因素干扰少,所以预测的结果准确度较高。因此,企业常根据预测的结果安排制定短期内的任务或具体实施方案及措施,如年度计划、季度计划等。

(2)中期预测。中期预测是指以年为单位,预测期在一年以上五年以内的预测。此预测由于预测期长度适中,预测中的不确度定因素不会太多,而其准确度又比短期预测要差些,因此,企业常利用中期预测来考察市场潜力、价格变化、商品供求等变化趋势的情况,如制订中期经营发展战略和经济发展五年计划。

(3)长期预测。长期预测是指以年为单位,预测期在五年以上的预测。此预测由于预测时间跨度大,不确定的因素较多,结果的准确性差,因此,企业在经营活动中不常使用。一般在制定企业长期发展规划、产品开发计划、投资计划、生产规模扩充计划等时采用。

2. 按市场预测的空间划分

市场预测可分为国际市场预测和国内市场预测两种预测方法。

3. 按市场预测的范围划分

市场预测可分为宏观市场预测和微观市场预测两种预测方法。

4. 按预测性质划分

市场预测可分为定性预测与定量预测两种预测方法。

5. 按市场预测对象划分

市场预测可分为产业用品预测和消费品预测两种预测方法。

(1)产业用品预测。产业用品预测主要是对初级产品市场和中间产品市场,以及涉及生产领域和流通领域的用品市场进行的预测,主要包括对市场商品供应量、产品生命周期、商品流通渠道的预测等。

(2)消费品预测。消费品预测即对最终消费品市场的预测。其目的主要是为了估计消费品市场的需求量、结构及其变化的方向。

三、市场预测的步骤

市场预测的步骤为:确定预测目标→拟订预测计划→收集整理资料→选择适当的预测方法→建立预测的模型→分析、评价预测结果→撰写市场预测报告。

1. 确定预测目标

预测目标是预测的主题,确定预制目标就是要规定预测的内容、范围、要求、期限。

确定预测目标是市场预测的首要阶段，也是一项十分重要的工作。整个市场预测都是围绕预测目标展开的，目标确定的好坏直接影响到预测的结果。因此，目标确定要求做到准确、清楚和具体。

2. 拟订预测计划

拟订预测计划即根据预测目标的内容和要求，对整个预测工作的总体设计。拟订的内容包括预测的项目、预测信息的来源、预测的时间安排、预测的预算估计、预测的分析方法、预测的人员安排及预测结果的提交方式等。

3. 收集和整理资料

收集和整理资料即通过各种调查形式，收集、整理、筛选、分析与主题有关的各种资料。这是进行市场预测的一项重要的基础工作，收集的资料可以是原始资料，也可以是二手资料，在收集整理资料时要注意资料筛选的三个原则，即相关性原则、可靠性原则、时效性原则。

4. 选择适当的预测方法

市场预测的方法较多，但并不是每一种方法都适合所有的预测问题。方法的选用是否得当，将直接影响到预测结果的精确性和可靠性。因此，在方法的选择上要根据预测的目的、费用、时间、设备和人员等条件选择合适的方法。

在市场预测中，常采用的预测方法主要有两大类，即定性预测法和定量预测法。每一类又有许多具体的方法。而每种方法都有着各自的特点和适用范围。

5. 建立预测模型

建立预测模型是定量预测的关键，是根据已获得的数据资料，运用选定的预测方法，先求出参数估计值，再建立预测模型（即预测方程式）。通过该模型就可以分析各种变量间的关系，得出初步的预测值（即将有关的数据资料代入方程式中，求出初步的预测值）。建立预测模型有以下三种类型：表示预测对象与时间之间的时间关系模型；表示预测对象与影响因素之间的相关关系模型；表示预测对象与其他预测对象之间相互关系的结构关系模型。

6. 分析、评价预测结果

分析、评价预测结果也就是对初步预测结果的可靠性和准确性的验证。以此来估计预测误差的大小。

对于定性预测，可分别采用多种定性方法来相互验证；对于定量预测，则须采用一些专门的检验方式，分析预测对象的影响因素的显著性以及历史发展走势和结构，是否可能延续到未来。如果判断是肯定的，就可以基本确定预测结果；若判断是否定的，则应分析原因，修改预测模型再次预测。

7. 撰写市场预测报告

根据前面所做的工作撰写并提交预测报告，其主要内容包括列出预测目标、预测对象、预测时间、参加人员、参考的资料、具体的预测方法、建立的预测模型，相关因素的分析结果，对预测值的误差大小进行的控制和检验过程、确定的最终预测值以及实现预测结果的建议和补充。最后是附件部分。

四、市场调查报告的概念和功能

撰写市场调查报告是市场调查的最后一步，也是十分重要的一步。调查研究的结果只有用调查报告的形式表现出来，也能够发挥市场调查的作用，还能帮助企业解决实际营销问题。

1. 市场调查报告的含义

市场调查报告是调查结果的集中表现,市场调查报告通过文字、图表等形式将调查的结果表现出来,以使人们对所调查的市场现象或问题有一个全面系统地了解和认识。

能否撰写出一份高质量的市场调查报告,是决定调查本身成败的重要环节。

2. 作用和功能

市场调查报告主要具备三大功能:一是描述调查结果,二是充当参考文件,三是证明所做工作的可行度。

具体表现在以下几个方面。

(1)调查报告必须表述研究的细节。市场调查报告应是对已完成的调研项目完整而又准确地描述,也就是说,调查报告的内容必须详细,完整地表达如下内容:调查目的,主要背景信息,调查方法的评价,以表格或图形的方式展示调查结果,调查结果摘要,结论和建议。

(2)调查报告必须像参考文件一样发挥作用。市场调查报告要能使决策者经常阅读和研究,以帮助其做出正确的决策。因此,市场调查报告应该具有较高的使用价值。

(3)调查报告必须建立并保持研究的可信度。

五、市场调查报告的结构及类型

(一)市场调查报告的格式

一份完整的调查报告可分为三大部分:前文、正文和结尾,其具体格式主要包括标题、目录、摘要、正文、结论与建议、附件等几部分。

1. 标题

标题包括市场调查标题、报告日期、委托方、调查方,一般应打印在扉页上。

市场调查报告的标题有以下三种类型。

(1)直叙式标题是反映调查意向或指出调查地点、调查项目的标题,如《北京市中高档商品房需求的调查》,其特点是简明、客观。推荐采用。

(2)表明观点式标题是直接阐明作者的观点、看法,或对事物做出判断、评价的标题。如“对当前的需求不旺不容忽视”。其特点是表明了作者态度又揭示了主题,因此具有很强的吸引力。

(3)提问式标题是以设问、反问等形式突出问题的焦点和尖锐性、吸引读者阅读,思考的标题,如《北京市房地产二级市场为什么寥寥无几?》。

有的调查报告还采用正、副标题形式(双行标题),一般正标题表达调查的主题,副标题则具体表明调查的对象和内容。如《在理想与现实之间——关于当代大学生未来理想职业的调查》。

2. 目录

如果调查报告的内容、页数较多,为了方便读者阅读,应当使用目录或索引形式列出报告所分的主要章节和附录,并注明标题、有关章节号码及页码。一般来说,目录的篇幅不宜超过一页。

3. 摘要

摘要是报告中的内容提要,是全文精华的浓缩,它主要阐述课题的基本情况,按照市场调查课题的顺序将问题展开,并阐述对调查的原始资料进行选择、评价、作出结论、提出建议等,主要包括三方面内容:

第一,简要说明调查目的,即简要地说明调查的由来和委托调查的原因。

第二,简要介绍调查对象和调查内容,包括调查时间、地点、对象、范围、调查要点及所要解答的问题。

第三,简要介绍调查研究的方法。介绍调查研究的方法,有助于使人确信调查结果的可靠性,因此对所用方法要进行简短叙述,并说明选用方法的原因。例如,是用抽样调查法还是用典型调查法,是用实地调查法还是文案调查法,这些一般是在调查过程中使用的方法。另外,在分析中使用的方法,如指数平滑分析、回归分析、聚类分析等方法都应做简要说明。如果部分内容很多,应有详细的工作技术报告加以说明补充,附在市场调查报告最后部分的附件中。

4. 正文

正文是市场调查分析报告的主体部分。这部分必须准确阐明全部有关论据,包括问题的提出到引出的结论,论证的全部过程,分析研究问题的方法,还应当有可供市场活动的决策者进行独立思考的全部调查结果和必要的市场信息,以及对这些情况和内容的分析评论。

5. 结论与建议

结论与建议是撰写综合分析报告的主要目的。这部分包括对引言和正文部分所提出的主要内容的总结,提出如何利用已证明为有效的措施和解决某一具体问题可供选择的方案与建议。结论和建议与正文部分的论述要紧密对应,不可以提出无证据的结论,也不要没有结论性意见的论证。

6. 附件

附件是指调查报告正文包含不了,但与正文有关必须附加说明的部分。它是对正文报告的补充或更详尽说明,包括数据汇总表及原始资料背景材料和必要的工作技术报告,例如为调查选定样本的有关细节资料及调查期间所使用的文件副本等。

(二)市场调查报告的类型

由于市场调查的内容极为广泛,不同的调查所解决的问题不同,因而,调查结果报告的表现形式就具有不同的类型。一般根据调查报告的内容可分为以下两种。

1. 专题报告

专题报告主要是针对某个问题或侧面而撰写的调查报告。

2. 综合报告

综合报告是以全面反映整个调查过程的全貌的调查报告,详细地给出了调查结果和调查发现。它是以资料的分析和研究为主,通常以文字、图表等形式将调查过程、调查方法及分析结论表现出来,目的是使人们对该项调查及结论有一个全面的了解。我们所说的调查报道主要是此类。

六、撰写调查报告应注意的问题

报告不仅显示调查的质量,也反映作者本身的知识水平和文字素养。因此,在撰写报告时要注意以下几点:

(1)考虑谁是读者。

(2)力求简明扼要、删除一切不必要的词句。

(3)行文流畅、易读易懂。

(4)内容客观,资料的解释要充分和相对准确。

(5)报告中引用他人的资料,应加以详细注释。

(6)打印成文、字迹清楚、外观美观。

(7)切忌将分析工作简单化,应尽量做到从各个层面来考虑问题,即要透过现象看本质。数据的分析应包括三个层次:说明、推论和讨论。

(8)提出的建议应该是积极的、正面的。

任务实施

按照任务引入中要求,利用物资市场网上平台信息变化,对水洗砂、钢材、水泥、减水剂、钢绞线等主要原材料进行市场分析,结合采购信息进行市场价格分析及预测撰写市场调查报告。

要求:

(1)以5～10人小组为单位,自选物资项目进行调查。

(2)根据调查内容,整理出科学的调查报告。

①开展市场调查;

②总结问题;

③提出建议。

(3)每组提交一份2 000字以上的企业市场调查报告并制作PPT。

任务评价

任务评价表见表4-3。

表4-3　任务评价表

序号	评价内容	评价标准	分数	评分记录		
				学生自评	组间互评	教师评分
1	物资材料市场分析及预测	对所选物资进行市场环境及价格进行调查,全面、客观的,40分	40			
2	调研报告撰写	按照书写要求撰写调研报告,完整、客观的,20分	20			
3	总结问题	调研报告中总结问题,准确、完整的,10分	10			
4	提出建议	针对调查报告中问题提出建议,合理、客观的,10分	10			
5	调查报告制作PPT	结合调研报告制作PPT进行演讲,全面、深刻的,20分	20			
总分			100			

巩固练习

1. 市场调查特点包括哪些?市场调查内容包括哪些?
2. 市场调查的基本流程有哪些?
3. 抽样调查的基本步骤包括哪些?
4. 市场预测的作用有哪些?市场预测有哪些种类?
5. 市场预测的步骤包括哪些?
6. 撰写调查报告应注意的问题有哪些?
7. 市场预测的特征有哪些?

项目五 物资采购管理

项目描述

采购管理是施工企业物资管理中的一项重要工作。物资采购是一种常见的经济行为,是指采购者根据生产经营和生活工作的需要,通过信息收集、整理和评价,寻找、选择合适的供应商,并就价格和服务等相关条款进行谈判,达成协议,签订并执行采购合同,以确保需求得到满足的活动过程。

本项目对物资采购的基本概念、采购方式分类、采购工作流程、供应商的选择与管理、采购谈判的过程和技巧以及采购合同的签订、执行和管理进行全面讲述。

学习目标

知识目标

(1)了解采购对于施工企业物资管理和项目管理的重要意义,能够正确理解现代采购管理的相关概念。

(2)了解集中与分散采购的利弊,掌握采购的步骤和内容。

(3)熟悉供应商选择技术和供应商分类管理,了解采购合同的基本内容和条款,初步具备从事企业采购工作能力。

(4)理解企业采购管理的目标,理解采购在企业运作中的作用。

(5)掌握招标采购方法和程序,了解招标文件和投标文件的内容,理解招标采购评标考核体系中权重的确定。

(6)了解采购的相关法律知识,能够独立搜集相关资料,并能独立撰写招标书、拟定采购合同。

能力目标

(1)能够说明采购的概念;能够描述采购管理的职能和目标。

(2)能够准确填写供应商详细资料。

(3)能够使用各种途径在有效时间内查到有效资料并整理资料;能够描述供应商选择的方法。

(4)会编写采购谈判材料;能够运用各种谈判策略与技巧,说出采购谈判的程序,流利地与对方讨价还价。

(5)能够拟定采购合同并准确把握合同主要条款的合法性。

素养目标

(1)使学生重视法规学习,熟悉采购工作的标准和规范,为从事采购管理实践工作奠定理论基础。

(2)培养学生在与供应商接洽时须秉持的职业操守,在采购谈判与交涉过程中对维护企业利益的正确态度等。

(3)使学生明白工程项目招标采购体现出公开、公平和公正的精神,做自觉维护国家法纪与社会秩序的践行者。

(4)培养学生从互惠共赢中体验供应链管理的意义,认识到科技进步的价值。

(5)培养学生与供应商建立长期合作伙伴关系的意识,将共建共享的理念植入职业能力中。

学习导航

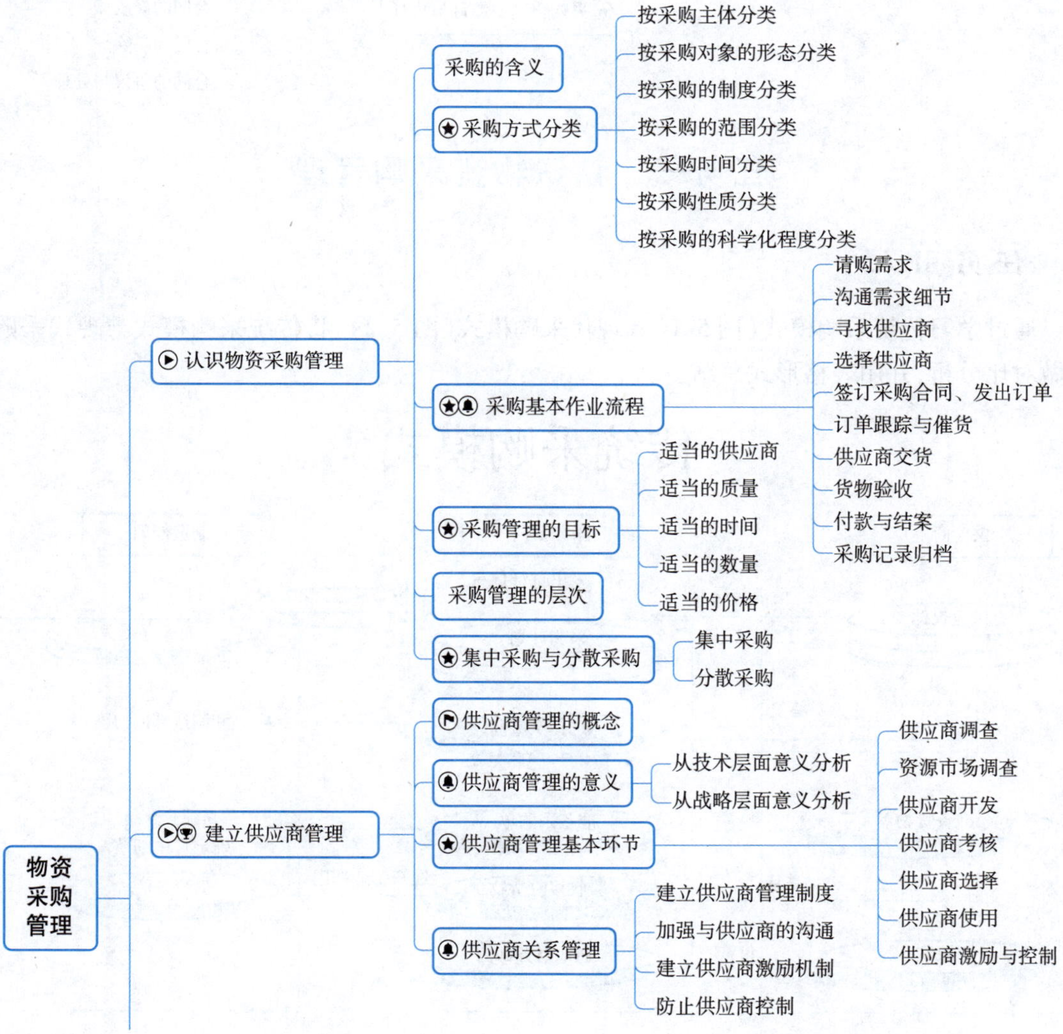

学习重点　学习难点　慕课资源　动画资源　课程思政　物资软件

- 应用招标采购
  - 招标采购的含义
  - 招标采购的原则
    - 公平
    - 公正
    - 公开
  - 招标采购的方式
    - 公开招标
    - 邀请招标
  - 招标采购的一般程序
    - 策划
    - 招标
    - 投标
    - 开标
    - 评标
    - 定标
- 订立物资采购合同
  - 采购合同概述
    - 合同的基本含义
    - 采购合同的概念
    - 采购合同的作用
  - 采购合同的构成
    - 首部
    - 正文
    - 尾部
  - 采购合同的签订与执行
    - 采购合同的签订
    - 合同执行过程跟踪、监控
    - 合同的修改
    - 合同的解除
    - 合同的争议与处理

任务一　认识物资采购管理

任务引入

通过学习传统采购模式(图5-1)和现代采购模式(图5-2),将传统采购模式与现代采购模式做对比分析,并用表格形式总结。

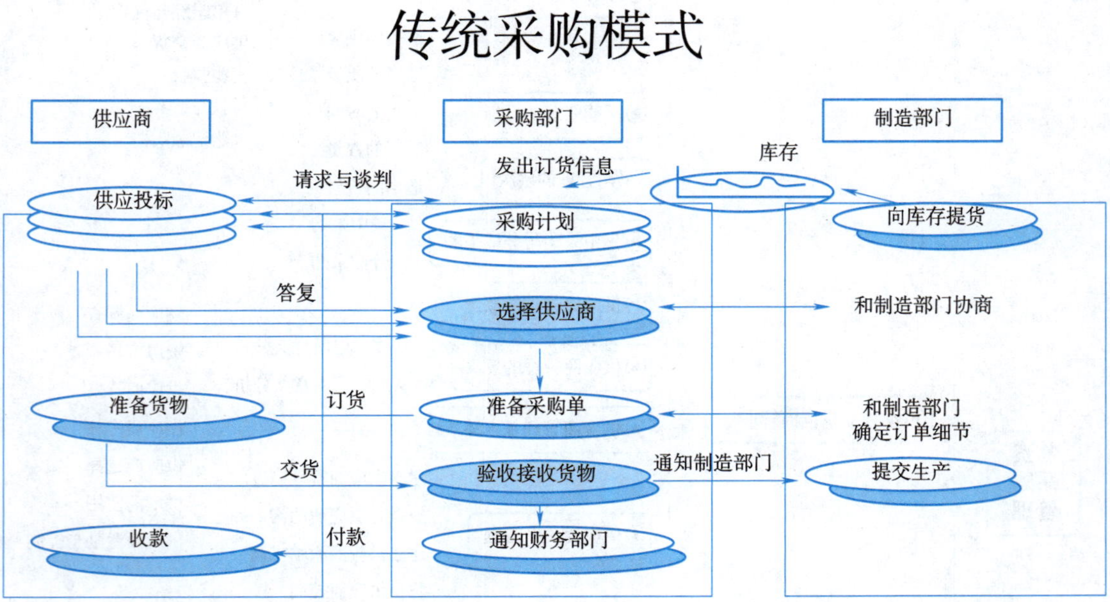

图5-1　传统采购模式

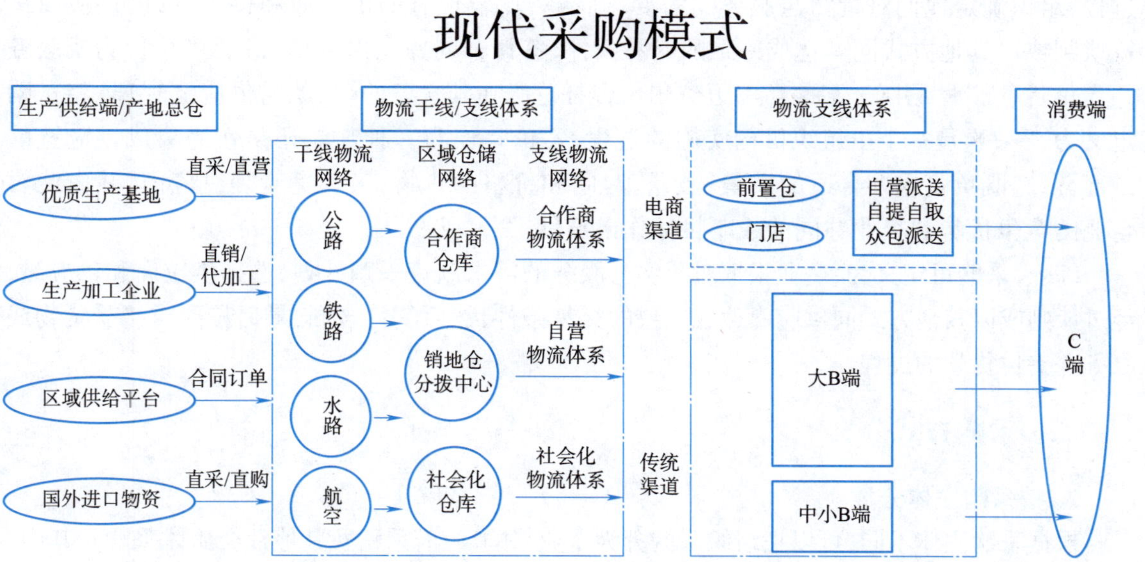

图 5-2　现代采购模式

传统采购是企业一种常规的业务活动过程，即企业根据生产需要，首先由各需要单位在月末、季末或年末，编制需要采购物资的申请计划；然后由物资采购供应部门汇总成企业物资计划采购表，报经主管领导审批后，组织具体实施；最后，所需物资采购回来后验收入库，以满足企业生产的需要。传统采购存在市场信息不灵、库存量大、资金占用多、库存风险大的不足，经常可能出现供大于求，影响企业生产经营活动正常进行，库存积压、成本居高不下，影响企业的经济效益。

任务描述

要对传统采购模式与现代采购模式进行区别，就要对相应的因素进行对比，例如供应商/买方关系、合作关系、合同期限、采购数量、运输策略、质量问题、与供应商的信息沟通、信息沟通的频率、对库存的认识、供应商数量、设计流程、交货安排、供应商地理分布、仓库等方面。要求绘制表格就要精练语言，简单表达、深刻记忆。

相关知识

一、采购的含义

采购活动是人类经济活动的基本环节，无论是生产领域还是流通领域，都离不开采购活动。特别是 20 世纪 90 年代以后，世界经济进入了一个新的发展阶段，企业之间的竞争加剧，采购被赋予新的含义，采购管理也越来越引起人们的重视。

关于采购，国内外的组织和学者中有很多不同的定义和理解。从目标的观点来看，采购被定义为从合适的货源那里获得合适数量和质量的物资，并以适当的价格送到合适的收货地点。从外部资源管理的观点来看，采购被定义为从企业外部资源中获取所有的对经营、维护和管理公司的基本业务活动和辅助业务活动的必需品，并使它们处于最佳状态的商品和服务。从过程的观点来看，贝雷在其《采购与供应管理》将采购定义为“组织采购是这样一个过程，组织确定他们对货物与服务的需要，确认和比较现有的供应商和供应品，同供应商进行谈判或以其他方式同其达成一致的交易条件，签订合同并发出订单，最后接受货物或服务并支付货款。”肯尼斯·莱桑斯和迈克尔·吉林厄姆在其合著的《采购与供应链管理》将采购定义为：“采购是一个由组织机构实施的过程，不论是作为一种功能还是作为集成供应链的一部分，它既负责采办合适的质量、数量、时间和价格的货物，又负责管理供应商，并由此对企业的竞争优势和企业共同的战略目标作出贡献。”

综上，采购可定义为：企业根据对货物与服务的需求制订采购计划、选择供应商和供应品，经过谈判或以其他方式同供应商达成一致的交易条件，然后签订合同，最后按要求接受货物或服务并支付货款的过程。

二、采购方式分类

1. 按采购主体分类

根据采购主体不同，可以把组织采购分为企业采购、政府采购及其他社会团体采购。其中，企业采购占了全社会采购总额的绝大部分。

2. 按采购对象的形态分类

根据采购对象的形态不同，可以将采购划分为有形采购和无形采购。

3. 按采购的制度分类

按采购的制度分类可以把采购分为集中采购、分散采购与混合采购。

4. 按采购的范围分类

依据采购的范围不同，可以把采购划分为国内采购和国际采购。

5. 按采购时间分类

按采购时间，可将采购分为长期固定采购与非固定性采购、计划性采购与紧急采购。

6. 按采购性质分类

按采购性质，可将采购分为公开采购与秘密采购、大量采购与零星采购、特殊采购与普通采购、正常性采购与投机性采购、计划性采购与市场性采购。

7. 按采购的科学化程度分类

按采购的科学化程度，可以将采购划分为传统采购和科学采购。

三、采购基本作业流程

一个高效的采购系统是保证企业正常运营的重要环节。由于采购品的来源、采购方式、采购对象以及采购主体的不同，采购流程可能在细节上略有差异，但基本的程序却大致相同，如图5-3所示。

1. 请购需求

任何采购都产生于企业中某个部门的确切的需求。生产或使用部门应该清楚地知道本部门独特的需求：需要什么、需要多少、何时需要，然后库存部门会收到这个部门发出的物料需求单，经汇总后，将物料需求信息传递给采购部门。有时，这类需求也可以由其他部门的富余物料来加以满足。当然，企业必然要进行新的物料采购，采购部门必须有通畅的渠道能及时发现物料需求信息。

同时，采购部门应协助生产部门一起来预测物料需求。采购管理人员不仅应要求需求部门

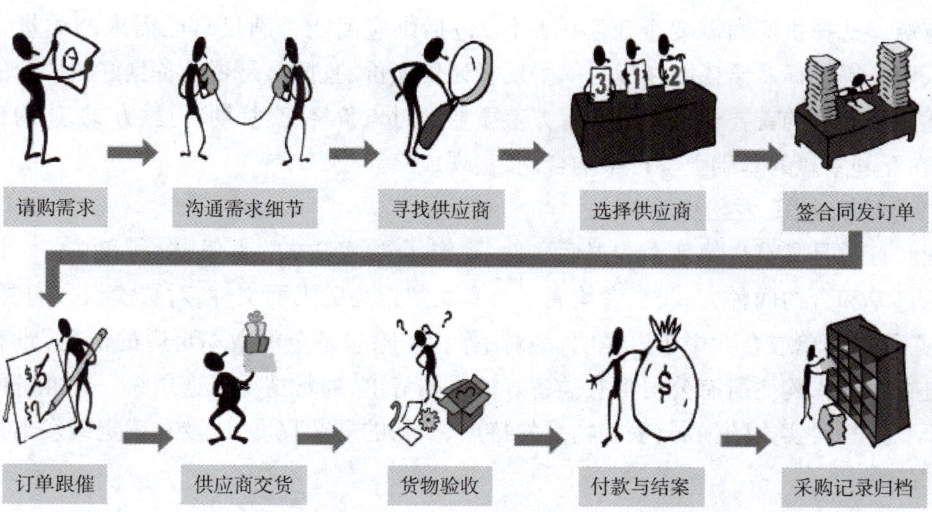

图 5-3 采购基本作业流程图

在填写请购单时尽可能地采用标准化格式，尽量少发特殊订单，而且应督促其尽早地预测需求以避免太多的紧急订单，从而减少因特殊订单和紧急订货而增加的采购成本。另外，由于了解价格趋势和总的市场情况，有时为了避免供应中断或价格上涨，采购部门必然会发出一些期货订单。这意味着对于任何标准化的采购项目，采购部门都要就正常供货前日期或其他的主要变化通知使用部门，对物料需求做出预测。因此要求采购部门和供应商能早期介入（通常作为新产品开发团队的一个成员），这会给企业带来许多有用信息和帮助，从而使企业避免风险或减少成本，加速产品推向市场的速度，并能带来更大的竞争优势。

2. 沟通需求细节

确认需求之后，对需求的细节（如品质、包装、售后服务、运输及检验方式等）加以准确说明和描述，以便使货物来源选择及价格谈判等作业能顺利进行。采购部门如果不了解使用部门到底需要什么，就不可能进行采购。出于这个目的，采购部门必须对所申请采购物料的品名、规格、型号等有准确的说明。如果采购部门的人员对申请采购的产品不熟悉，或关于请购事项的描述不够准确，应该向请购者或采购团队咨询，不能单方面想当然地处理。由于在具体的规格要求交给供应商之前，采购部门是能见到它的最后一个部门，因而，需要对其进行最后检查。这一步完成之后要填写请购单。

3. 寻找供应商

作为采购部门的最重要的资源就是如何建立企业的供应商群。作为采购人员，不能一味坐等业务员主动推销上门，还应主动出击，寻找和建立企业的供应商群，保持长期稳定的采购供应业务链。供应商是生产厂家、经销商、贸易商、代理商并不是最重要的，重要的是该供应商能否为企业提供适合的物料和售后服务。因此寻找供应商的目标定位应为：寻找值得信任的供应商，达到采购需求目标。

4. 选择供应商

选择什么样的供应商是采购成功与否的重要保证。企业可以根据需求描述，在原有供应商群体中选择供应业绩良好者，通知其报价，也可以以刊登公告等方式公开征集供应商，甚至开发新的供应源。选择供应商需要企业明确目标,包括供应商能否满足自己需求的质量、数量、交付、价格、服务等目标。洽谈的过程是一个反复讨价还价的过程,是否具备良好的议价能力是衡量一个优秀采购者的首要标准。供需双方就质量、数量、价格、交货期、付款方式、违约责任等进行洽谈,在互利共赢的基础上签订采购合同,实现成交。

5. 签订采购合同、发出订单

合同和订单是具有法律效力的书面文件,规定了买卖双方的责任、权利和义务。订货签约手续包括订单和合约两种方式,二者均属于具有法律效力的书面文件,对买卖双方的要求、权利及义务,必须在订单或合约中予以说明,绝对不允许(除非是金额微不足道的情况)没有书面的订单就进行物料采购。所有公司都有准备好的采购订单,通常情况下选用哪一方准备的文书有时取决于双方相对实力的强弱、采购物品的特点、交易的复杂程度,以及在确定或发出订单方面所制订的战略。

6. 订单跟踪与催货

为了促使供应商按期、按质、按量交货,应督促供应商按规定履约,这就是订单的追踪与催货。对于大型采购,应设专职的跟踪催货人员。通过跟踪,及时发现并解决问题,保证订单的正常履行。跟踪通常需要经常询问和落实供应商的进度,跟踪的主要内容有采购品的设计情况、供应商备料情况、生产进度、关键环节的控制、检验问题等,直至商品包装入库。跟踪一般通过电话进行,有时也制订采购订单跟踪明细表,以查询订单完成情况。必要时,还要到供应商工厂实地跟踪。

在跟踪的过程中,如果发现供应商不能履行合约,应及时修改或取消订单,调整交易对象或数量,以免影响企业的供应。在货物匮乏的时候,跟踪催货更加具有重要意义。

7. 供应商交货

在采购管理中,供应商如期履行交货义务是非常重要的一项内容。在采购工作中,遇到供应商交货不及时,或者经常不按照合同期限交货,甚至提出延期交货的无理请求也是会有所发生的。如果发生延期交货的情况要及时和供应商沟通,提出短期对策,降低延期对企业产生的影响,可以通过罚款与报告,作为长期改善措施,供应商绩效评判,作为分配订单量的依据。如果经常出现延迟交货的供应商,建议更换新供应商,最好引入供应商竞争体系防止此类事情发生。

8. 货物验收

供应商按承诺发货后,采购部门应根据物料的检验体系,对物料进行严格检验,合格则入库,不合格也应按照合同的规定进行处理。货物的验收与入库一般由仓库管理部门负责。货物的正确接收有重要意义,大部分有经验的企业采用将所有货物的接收活动集中于一个部门的方法。货物验收的基本目的是,确保以前发出的订单所采购的货物已经实际到达,并检查是否完好无损,是否符合数量、规格等要求,这样才能将货物送往应该到达的下一个目的地,以便进行储存、检验或使用。凡所交货品与合约规定不符或验收不合格者,应依据合约规定退货,并立即办理重购。

9. 付款与结案

供应商交货验收合格后,仓库管理部门会签发“入库单”,并以此作为货款结算的依据。采购部门根据入库单核查供应商开具的发票,并通知财务部门按照合同规定向供应商支付货款。无论是合格付款还是不合格退货,均须办理结案手续,查清各项书面资料有无缺失、绩效好坏等,签报上级管理部门或权责部门核阅批示。

10. 采购记录归档

结案后,采购过程中的各种文件、资料均应列入档案,登记、编号、分类,予以保管,以备参阅或事后发生问题时查考。归档的文件应确定保管期限,一般为 3 年,具体视文件性质和公司实际情况而定。

四、采购管理的目标

采购管理的目标可以概括为:在确保适当质量的前提下,能够以适当的价格,在适当的时间从适当的供应商那里获得适当数量的物资和服务。

1. 适当的供应商

选择合适供应商是采购管理的首要目标。对于采购方来讲,选择的供应商是否合适,会直接影响采购方的利益。比如,供应商提供的数量和质量是否有保证、价格是否降到最低、能否按时交货等,都对采购方具有重大的影响。供应商的选择,主要应考察供应商的整体实力、生产供应能力、信誉等,以便建立双方相互信任的长期合作关系,实现采购与供应的“双赢”战略。

2. 适当的质量

采购方进行采购,是为了满足企业需要,因而,为了保证企业生产的产品质量,首先应保证所采购材料的质量能够满足企业生产的质量标准要求。保证质量应该做到“适当”,一方面如果产品质量过高,会加大采购成本,同时也造成功能过剩;另一方面所采购原材料质量太差,就不能满足企业生产对原材料品质的要求,影响到最终产品质量,甚至会危及人的生命财产安全,比如水泥、钢材的质量不合格,可能造成楼房、桥梁等“豆腐渣”工程。

3. 适当的时间

采购管理对采购时间有严格的要求,即要选择适当的采购时间。一方面要保证供应不间断,库存合理;另一方面又不能过早采购而出现积压,占用过多的仓库面积,加大库存成本。

4. 适当的数量

采购数量决策也是采购管理的一个重要目标,即要科学地确定采购数量。在采购中要防止超量采购和少量采购。如果采购量大,易出现积压现象;如果采购量小,可能出现供应中断、采购次数增加,使采购成本增大。因此,采购数量一定要适当。

5. 适当的价格

采购价格的高低是影响采购成本的主要因素,因此,采购中能够做到以“适当的价格”完成采购任务是采购管理的重要目标之一。采购价格过高,加大了采购方的生产成本,产品将失去竞争力,供应商也将失去一个稳定的客户,这种供需关系也不能长久;采购价过低,供应商利润空间小,或无利可图,将会影响供应商供货积极性,甚至出现以次充好、降低产品质量以维护供应的局面,时间稍长,采购方将失去一个供应商。

五、采购管理的层次

从企业管理采购职能而言,其基本工作就是在保障企业需求的基础上降低成本,具体工作就是寻找供应商、执行采购管理以及在这个过程中降低成本,这是比较理论化的描述。采购管理的层次见表 5-1。

表 5-1　采购管理的层次

层次	名称	作用	能力需求
一	严防死控	出订单、保障供料	时间控制
二	价值追求	想尽办法降低采购价格;谈判降价	采购支出分析、选择、谈判;时间控制
三	总成本观	总成本最低	协调综合采购,考虑采购、使用、维护等各方面成本,使总成本最低
四	战略视角	支持公司核心业务、需求管理、全面增值	采购战略、供应商战略、解决方案和供应链管理

六、集中采购与分散采购

企业中的采购可以集中进行,也可以分散进行。集中采购就是企业中的采购任务由一个专门的部门负责;分散采购是指企业各部门自行处理各自的采购业务。分散采购与集中采购各有其优缺点,企业在进行采购方式决策时,一方面要切实认真地分析各自的优缺点,本着扬长避短、切合实际的原则做出合理的选择;另一方面,采购方式必须符合采购业务的特征要求。

(一)集中采购

集中采购是指企业的采购部门全权负责企业的采购工作,即企业生产所需的物资,都由一个部门负责采购,其他部门(包括分厂、分公司)均无采购职权。

1. 集中采购的优点

集中采购具有很多优点:可以获得采购规模效益,降低进货成本和物流成本;便于企业实施采购方针,可统筹安排采购物资,合理配置资源,最大限度降低库存;企业不需要设立多采购机构,精简人力,提高工作的专业化程度,减少了管理上的重复劳动;便于控制采购成本,促进采购流程的规范化;有利于建立各部门共同物料的标准规格,简化种类,互通有无,亦可节省检验工作;易于稳定与供应商之间的关系,也可以推动供应商有效管理;采购责任重大,采取公开招标、集体决策的方式,有效地遏制了违法行为的发生。

2. 集中采购的缺点

集中采购的缺点主要表现在:采购流程过长,时效性差,缺乏柔性,难以适应零星采购、地域采购、紧急情况采购;采购与需求分开,有时难以准确了解内部需求,降低采购绩效;对于非共用性物资来说,集中采购难以获得价格优惠。

3. 集中采购的适用范围

一般来说,集中采购主要适用于集团范围实施的采购活动,和跨国公司的采购,及连锁经营、OEM 厂商和特许经营企业的采购。集中采购是政府采购的重要组织实施形式,由政府将具有规模包括批量规模的采购项目,纳入集中采购目录,统一由集中采购机关(通常指政府采购中心)开展采购活动,从而获得政府采购的规模效益。

集中采购主要适用于大宗或大批量物品物资、关键零部件、原材料或其他战略资源,容易出现质量问题的物品和需求稳定、定期采购的物品,以及价值较高的物资等。

(二)分散采购

分散采购是指按照需要,由单位设立的部门自行组织采购,以满足生产经营的需要。

1. 分散采购的优点

在分散采购中,企业下属各单位享有自主采购的权利,可以使采购与生产经营需要结合得更加紧密；分散采购减少了集中汇总、层层审批的烦琐程序，可以很快做出采购决策并立即组织实施，提高了工作效率，使采购具有较好的时效性；分散采购也有利于激励机制的贯彻实施，可增强基层工作的责任心，调动采购人员的积极性。

2. 分散采购的缺点

分散采购的缺点也很明显：下属单位具有采购自主权，企业采购管理的难度就会加大，特别是资金控制的难度会加大，权力分散，不利于采购成本的有效降低；下属单位均自设采购组织，显然会增大整体采购组织的人员数量，决策层次低，易产生暗箱操作，市场调研分散，难于培养采购专家；对供应商的政策可能不一致。

3. 分散采购的适用范围

分散采购适用于各下属单位（二级法人单位、子公司、分厂、车间）分布比较分散的企业的采购，离主厂区或集团供应基地较远，其供应成本低于集中采购成本的情况；企业需求的共性不是很强，通过集中采购不能取得规模采购优势；企业的零星需求、紧急需求及地域性很强的需求（如小批量、单件、价值低物品，以及产品开发研制、试验所需的物品），需要采取分散采购方式。

任务实施

对比分析任务引入中的图 5-1 和图 5-2，传统采购管理与现代采购管理的主要区别：

随着企业环境的变化和竞争的加剧，企业采购工作的要求也在逐步发生变化，这就要求采购管理工作也要进行创新和变革。表 5-2 显示了现代采购管理相对于传统采购管理在双方关系、合同期限、采购批量、对库存的认识等方面已经发生了很大的变化，要求在物资采购工作中，坚持运用现代采购管理的理念和思想武装自己，积极地采用现代采购方法和技术，提高采购效率。

表 5-2　传统采购管理与现代采购管理的对比

对比因素	传统采购管理	现代采购管理
供应商/买方关系	相互对立	合作伙伴
合作关系	可变的	长期的
合同期限	短	长
采购数量	大批量	小批量
运输策略	单一品种整车发送	多品种整车发送
质量问题	检验/再检验	无须入库检验
与供应商的信息沟通	传统媒介	网络
信息沟通的频率	离散的	连续的
对库存的认识	资产	祸害
供应商数量	多，越多越好	少，甚至一个
设计流程	先设计产品后询价	供应商参与产品设计
产量	大量	少量
交货安排	每月	每周或每天
供应商地理分布	很广的区域	尽可能靠近
仓库	大	小

任务评价

任务评价表见表5-3。

表5-3　任务评价表

序号	评价内容	评价标准	分数	评分记录		
				学生自评	组间互评	教师评分
1	对比因素确定	完整全面,60分,每少一项扣4分	60			
2	对比结论	完全正确,40分,每判断错一项扣2分	40			
		总分	100			

任务二　建立供应商管理

任务引入

某施工企业通过物资管理软件供应商信息库,建立常用供应商信息。

任务描述

施工企业通过对供应商调查、供应商开发、供应商考核、供应商选择、供应商使用、供应商激励与控制等环节,选择常用供应商建立长期合作模式。供应商选择内容包括供应商选择范围的确定、由谁去选择即选择团队、选择考虑的因素、选择方法等。供应商考评内容包括不同阶段供应商的考评目的、考评内容、考评方法以及供应商评价指标体系的设计(指标的确定,考核方法的确定)等。

相关知识

一、供应商管理的概念

供应商管理,是在新的物流与采购经济形势下所提出的管理机制。供应链管理环境下的客户关系是一种战略性合作关系,提倡一种双赢(Win-Win)机制。从传统的非合作性竞争走向合作性竞争,合作与竞争并存是当今企业关系发展的趋势。

二、供应商管理的意义

供应商管理的重要意义可以从两个层面来考虑,即技术层面和战略层面。

(一)从技术层面意义分析

1. 供应商管理有利于降低商品采购成本

根据国际先进制造研究报告,采购成本在企业总成本中占据着相当大的比重。对美国制造企业而言,原材料采购成本一般占产品单位成本的40%~60%,大型汽车制造企业更高。研究报告指出，采购成本所占比例将随着核心能力的集中和业务外包比例的增加而增加，因此，供应商作为供应链中的结盟企业直接关系着产品的最终成本。美国采购经理们预测，未来几年，竞争压力将迫使制造商每年降低5%~8%的产品成本（除去通货膨胀因素）。但这仅仅依靠制造商是无法实现的，制造商必须与供应链另一生产型企业——供应商联合，才能实现产品成本的降低。

2. 供应商管理有利于提高产品质量

有研究表明，30%的质量问题是由供应商引起的。因此，提高原材料、零配件的质量是改进产品质量的有效手段。

3. 供应商管理有利于降低库存

减少库存的压力使制造商将前端库存转嫁到供应商身上，将后端库存转嫁到销售商身上，不利于合作伙伴关系的建立，针对于此，供应商管理可以进行协调库存管理。

4. 供应商管理有利于缩短交货期

据统计，80%的产品交货期延长是由供应商引起的，缩短产品交货期应从源头做起。

（二）从战略层面意义分析

信息技术和计算机网络技术，尤其是全球性网络 Internet 的迅速发展为现代制造企业跨地域、跨行业实现信息和技术的实时传递与交换提供了必要条件。制造业面临的是全球性的市场、资源、技术和人员的竞争，制造资源市场已成为一个开放型的大市场。制造资源应被集成起来发挥作用早已是人们在制造生产中达成的共识。

1. 从集成供应链的角度

从集成供应链的角度将供应商放在供应链网络结构模型中考虑，供应链是由节点企业组成的，节点企业在需求信息的驱动下，通过职能分工与合作实现供应链的价值过程。从系统论的角度来看，制造资源是整个制造系统的输入，而供应商的行为和要素市场的规范与制造资源的质、量密切相关，所以供应商管理问题是制造的出发点，也是制造成败的关键因素之一。

2. 从提升核心能力的角度

随着企业越来越注重核心能力的培养和核心业务的开拓，从外部获取资源，通过供应商介入进行新产品开发以提升自身的核心能力的情况也逐渐增多。

3. 从新产品开发的角度

据欧美采购经理们预测，未来几年，新产品上市时间将缩短40%~60%，仅仅依靠制造商或核心企业的能力是远远不够的，与供应商合作已势在必行。

三、供应商管理基本环节

供应商管理基本环节包括供应商调查、供应商开发、供应商考核、供应商选择、供应商使用、供应商激励与控制等几个基本环节。

1. 供应商调查

供应商调查的目的，就是要了解企业有哪些可能的供应商以及各个供应商的基本情况如何，为企业了解资源市场以及选择正式供应商做准备。

2. 资源市场调查

资源市场调查的目的，就是在供应商调查的基础上，进一步了解并掌握整个资源市场的基本情况和基本性质，例如是买方市场还是卖方市场？是竞争市场还是垄断市场？是成长的市场还是没落的市场？此外，还需要了解资源生产能力、技术水平、管理水平以及价格水平等，为制定采购决策和选择供应商做准备。

3. 供应商开发

在供应商调查和资源市场调查的基础上，可能会发现比较好的供应商，但是还不一定能马上得到一个完全合乎企业需求的供应商，还需要在现有的基础上进一步加以开发，从而得到一个基本合乎企业需求的供应商。将一个现有的原型供应商转化成一个基本符合企业需求的供应商的过程，就是一个开发过程，具体包括供应商深入调查、供应商辅导、供应商改进、供应商考核等活动。

4. 供应商考核

供应商考核是一项很重要的工作。它分布在各个阶段，在供应商开发供应商选择、供应商使用阶段均需要考核。不过每个阶段考核的内容和形式并不完全相同。

5. 供应商选择

选择合乎要求的供应商，需要采用一些科学和严格的方法。选择供应商，要根据具体的情况采用合适的方法。常用的方法主要有直观判断、考核选择、招标选择和协商选择。

6. 供应商使用

供应商经过考核成为企业的正式供应商之后，就要开始进入日常的物资供应动作程序。进入供应商使用的第一个工作，就是要签订一份与供应商的正式合同。这份合同既是宣告双方合作关系的开始，也是一份双方承担责任与义务的协议，也是将来双方合作关系的规范书。所以双方应当认真把这份合同书的合同条款协商好，然后双方签字盖章。协议生效后，它就成为直接约束双方的法律文件，双方都必须遵守。

7. 供应商激励与控制

供应商激励与控制是指在使用供应商过程中的激励和控制。有意识地在供应商之间引入竞争机制，促使供应商之间在产品质量、服务质量和价格水平方面不断优化。建立信任关系，彼此之间需要树立起一个“双赢”的指导思想，一定要兼顾供应商的利益，尽可能让供应商有利可图。只有这样，双方才能真正建立起比较协调、可靠的信任关系。

四、供应商关系管理

传统的采购商和供应商之间的关系就是简单的买卖关系，这种关系的理念就是以最便宜的价钱买到最好的东西，其出发点是买卖双方围绕生意讨价还价，相互之间存在的是一种“零和”的竞争关系。然而，随着市场竞争的激烈化，采购活动受市场导向的趋势更加明显，为了控制企业上游资源，采购商不断认真审视自己与供应商之间的关系，大多数企业顺应潮流的发展要求，将采购活动由单纯的“买卖关系”转向了与供应商建立长期关系。在最近几十年，“双赢”的观念开始在企业中处于上风，而供应伙伴关系的观念也随之出现。表5-4说明了供应商关系的演变阶段。

表5-4 供应商关系的演变

年代	20世纪60、70年代	20世纪80年代	20世纪90年代至今
特征	竞争对手	合作伙伴	探索、全球平衡
市场特点	许多货源，大量存货，买卖双方是竞争对手	合作的货源，少量存货，买卖双方互为伙伴，实现“双赢”	市场国际化，不断调整双方伙伴合作关系，在全球经济中寻求平衡与发展
采购运作	以最低价买到所需产品	采购总成本降低；供应关系管理；采购专业化；整体供应链管理；供应商参与产品开发	供应商策略管理；“上游”控制管理；共同开发与发展供应商优化信息、网络化管理；全球“共同采购”

供应商管理的方法有建立供应商管理制度、加强与供应商的沟通、建立供应商激励机制以及防止供应商控制。

（一）建立供应商管理制度

建立良好的供应商关系能确保采购交付时间、质量、数量等采购指标的顺利实现。有效的供应商管理制度能增进采购双方的交流，建立起更有效的合作关系，并且有助于企业改进生产流程，进行更完善的供应商分析与选择，同时优化企业的供应商选择决策。而供应商准入制度的建立，能够提高企业运作效率，其核心是对供应商资格的要求，包括供应商的产品质量、产品价格、服务水平、技术条件、资信状况、生产能力等，这些因素不仅是供应商供货能力的反映，也是今后履行供货合同的重要保障。

（二）加强与供应商的沟通

1. 合理使用供应商

（1）签订采购合同。即要求签订一份与供应商的正式合同，这份合同既是双方合作关系的开始，也是今后双方合作关系的规范，协议生效后，它就成为直接约束双方的法律性文件，采供双方都必须遵守。

（2）建立良好的合作关系。在建立合作关系初期，采购部门应当与供应商协调，建立起供应商运作的机制，同时在业务衔接、作业规范等方面建立起一个合作框架，在这个框架的基础上，开展采购工作。

（3）加强信息交流与共享。

2. 建立供应商会见机制

为规范企业与供应商之间的采购工作，企业应建立和完善供应商接待制度。首先，为保证采购人员日常工作的有效进行，企业可专门设立接待供应商的时间；其次，为提高洽谈效率和规范采购人员的行为，接待地点一般可以选在公司设立的供应商接待室；最后，要按照采购物资类别安排洽谈人员，同时规定洽谈内容应围绕采购计划及供应商相关文件进行。

3. 与供应商的信息沟通

完善与供应商的信息交流与共享，有以下五点措施：

（1）利用电子数据交换和互联网技术，进行快速的数据传输，增加双方业务的透明度和信息交流的有效性。

(2)加强与供应商就成本、作业计划、质量控制信息的交流与沟通。

(3)双方经常进行互访。

(4)让供应商参与有关产品开发设计以及经营业务等活动。

(5)建立任务小组解决共同关心的问题。与供应商建立一种团队型的工作小组,双方的有关人员共同解决供应过程中遇到的各种问题。

(三)建立供应商激励机制

采购企业要想保持与供应商之间长期的供需合作伙伴关系,就应该建立一套有效的供应商激励与扶持计划,帮助供应商提升业绩,从而促进双方合作关系的发展。设计供应商激励机制的原则是公平性、一致性。通过向供应商提供价格折扣和柔性合同,及采用赠送股权等方法,使供应商和采购企业分享成果,同时也使其从合作中体会到双赢机制的好处。对供应商激励的方式有价格激励、订单激励、淘汰激励、组织激励、信息激励、新产品或新技术的共同开发、商誉激励等。

(四)防止供应商控制

当企业只有一家供应商或该供应商享有专利保护时,可能出现供应商左右采购价格,从而使采购方落入供应商的垄断供货控制中。采购人员可根据所处的环境采取以下方法防止供应商控制:

1. 寻找其他供应商

独家供应一般有两种情况,一是供应商不止一家,但只向其中一家采购,这种情况可采用多家供应商采购规避风险;二是只有一家供应商,这就要采用开发新的供应商或替代品来控制供应商垄断。

2. 进行一次性采购

采购人员预计采购商品价格可能上涨时,根据相关的支出和库存情况,权衡将来价格上涨的幅度进行一次性采购,可避免供应商垄断。

3. 提高供应商的依赖性

通过多给供应商一些业务,提高供应商对采购方的依赖性。

4. 签订长期合同

当长期需要某种商品时,采购人员可以考虑与供应商订立长期合同,保证供应商持续供应和对其价格的控制,并采取措施预先确定商品的最大需求量以及需求增加的时机。

5. 控制采购成本

采购人员可以说服供应商在采购的非价格条件下做出让步来消除其垄断,而采购总成本中的每个因素(如送货的数量和次数、延长保修期、放宽付款条件等)都可能使供应商做出让步。

6. 与其他用户联合采购

与其他具有同样商品需求的公司联合采购,由一方代表所有采购商采购。这种方式一般应对产出不高、效率低下的独家供应商。

7. 让最终客户参与

采购人员与最终客户合作，让其了解只有一家货源的难处以及可替代产品的信息，摆脱垄断供应商的控制。

8. 全球采购

采购人员进行全球采购，得到更多供应商的竞价时，可以打破供应商的垄断行为。

视　频

添加新建供应商

任务实施

按照任务引入中要求，某施工企业通过供应商信息库，利用物资管理软件建立常用供应商信息，如图 5-4 所示。

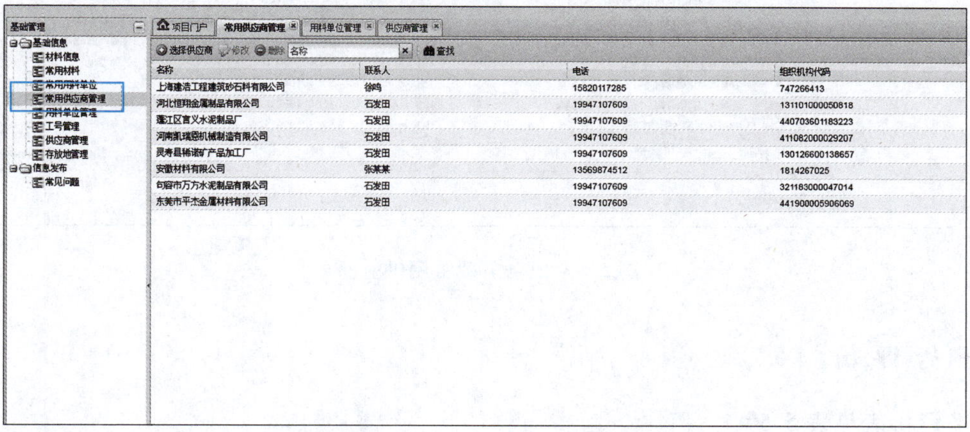

图 5-4　建立常用供应商信息

(1) 进入"基础信息"模块，选择"常用供应商管理"，单击"选择供应商"按钮，在供应商信息库中选择所要下载的供应商，如图 5-5 所示。

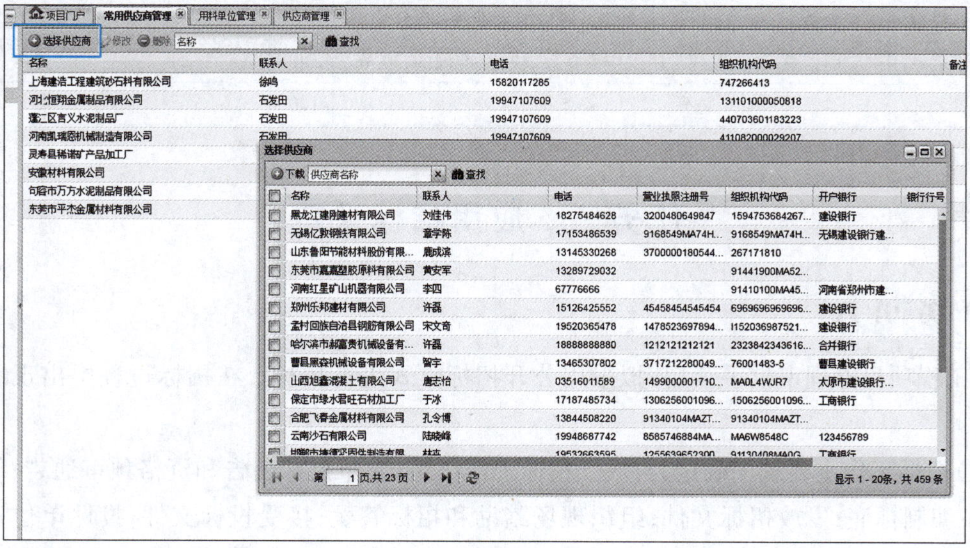

图 5-5　单击"选择供应商"按钮

(2)选择对应供应商,点击“下载”按钮,如图 5-6 所示。

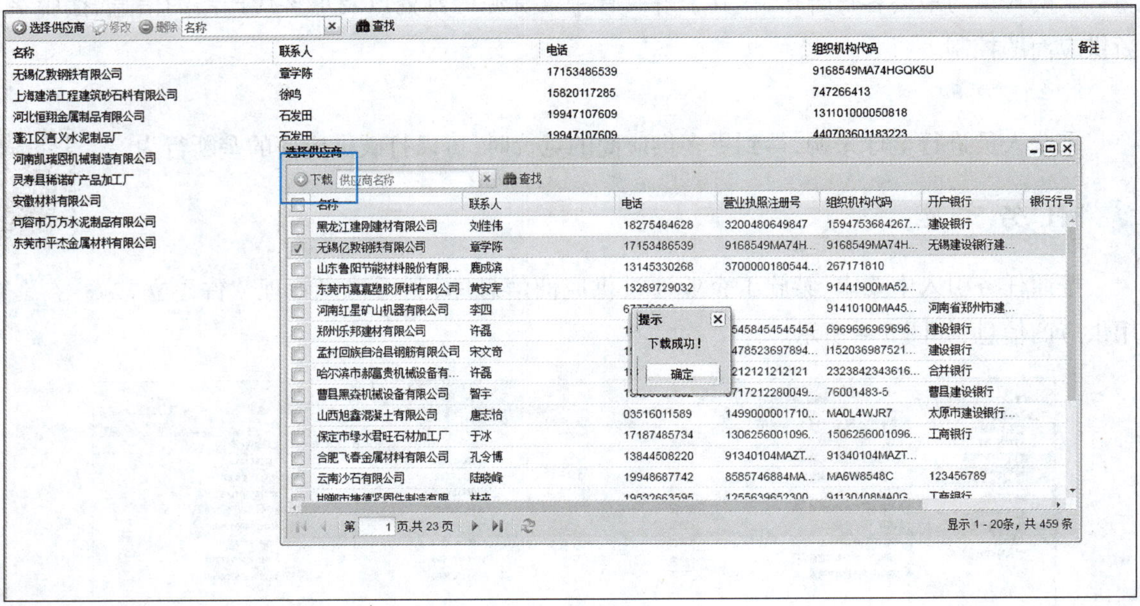

图 5-6　成功下载常用供应商

任务评价

任务评价表见表 5-5。

表 5-5　任务评价表

序号	评价内容	评价标准	分数	评分记录		
				学生自评	组间互评	教师评分
1	资料收集与整理	收集供应商信息,完整,准确的,30 分	30			
2	供应商调查分析	分析指标,20 分;评价结果准确,20 分	40			
3	下载常用供应商信息	下载常用供应商信息,快速、准确的,30 分	30			
		总分	100			

任务三　应用招标采购

任务引入

某工程项目办理审批手续后,拟采用公开招标方式进行招标。在招标过程中出现了以下情况:

(1)招标工作主要程序确定为:成立招标工作小组;发布招标公告和资格预审通告;编制招标文件;编制标底;发放招标文件;组织现场踏勘和招标答疑;接受投标文件;投标单位资格审查;开标;确定中标单位;评标;签订承包合同;发出中标通知书。

(2)招标文件规定本地区单位参加投标不需要垫资,外地区单位参加投标的需垫资 50 万元。

市建管办指定天马公司为其代理招标事务，并负责主持投标预备会议与开标会议。

(3) 在参加投标的五家单位中，长河公司和大河公司为长期合作伙伴，作为不同的法人单位参加多次投标，采取你高我低的合作方法争取中标取得较明显效果。

(4) 黄河公司在投标截止日期时间（4 月 10 日）之前报送的新报价方案在原方案报价的同时提出报价降低的新技术施工方案，经项目经理签字后递送投标书，招标方以“一标一投”为理由拒绝该公司报送的新方案。

(5) 白水公司在 4 月 9 日从邮局寄出投标文件，招标人于 4 月 11 日收到，招标方认为此投标文件为无效投标文件。

(6) 由于时间关系，甲方直接邀请了 7 位技术经济专家参加评标。由于只有五家单位投标，故在评标前未进行资格预审。评标时发现有两家报价较低且相同，评委会决定对其中资质较好的一个单位提出建议降低标价，结果该公司中标。

(7) 胜利公司考虑竞争对手情况，最后报价是将主体工程部分的直接工程费由 4 000 万元降为 3 000 万元，并确定措施费为直接工程费的 12%，间接费为直接费的 10%，利润率为直接费与间接费和的 8%，税率为 3.5%。

请根据上述招标情况逐一分析出不妥之处并改正，然后计算胜利公司的投标报价。

任务描述

分析该案例时需要考虑的问题应该包含招标工作程序是否妥当；合理的招标程序应是什么；招标文件规定的内容是否妥当；市建管办的做法是否正确；各公司的做法是否正确；各公司的行为应该如何定性；招标方对各公司投标文件的认定是否正确；该项目的评标过程中是否有不妥之处。胜利公司投标时的主体工程报价应该包括哪些税费。

相关知识

一、招标采购的含义

招标采购是指采购方作为招标方，事先提出采购的条件和要求，邀请众多企业参加投标，然后由采购方按照规定的程序和标准一次性地从中择优选择交易对象，并与提出最有利条件的投标方签订协议等过程。整个过程要求公开、公正和择优，适用于重大的建设工程项目、政府采购或批量采购等。

二、招标采购的原则

1. 公平

公平原则要求招标人和投标人在集中招标采购过程中的权利义务关系平等，双方作为平等的民事主体分别承担义务并享有权利。

2. 公正

公正原则要求评标时按事先公布的评标标准和方法对待所有合格投标人，对所有合格投标人一视同仁，不歧视任何投标人。采购人应该按照事先公布的原则对待所有的供应商，不偏袒和歧视任何供应商，不得滥用手中的权力。

3. 公开

公开原则要求集中招标采购活动具有较高的透明度，招标信息、招标程序、评标标准和方法、评标定标结果等都要公开，使所有投标人获得信息的机会均等。

素养教育

净化招投标环境

某市工程建设项目招投标领域暨国有企业系统治理工作推进会要求净化招投标环境。对责任不落实、措施不得力、工作不认真的，要严肃批评教育；对拒不自查、掩盖问题或者弄虚作假的，要严肃处理；对因工作失职、监管不力、不作为或乱作为造成重大损失的，要严肃追究有关责任，要认真总结招投标领域专项治理中暴露出的问题，深挖问题根源，标本兼治促发展，如图5-7所示。明确建筑工程深化治理招投标领域问题，知敬畏、明底线、重法治。

图5-7　净化招投标环境

三、招标采购的方式

1. 公开招标

公开招标，也称无限竞争性招标。《中华人民共和国招标投标法》第十条第二款规定，公开招标是一种由招标人按照法定程序，在指定的报刊、电子网络或其他媒体上发布招标公告，所有符合条件的供应商或承包商都可以平等参加投标竞争，从中择优选择中标者的招标方式，具体可分为国际竞争性招标（最主要方式）和国内竞争性招标。

2. 邀请招标

邀请招标也称有限竞争性招标或选择性招标，即由招标人按照邀请招标流程选择一定数目的企业，向其发出投标邀请书邀请他们参加投标竞争。一般选择3～10家为适宜，实际情况要视具体的招标项目的规模大小而定。

国家重点建设项目的邀请招标，应当经国务院发展计划部门批准；地方重点建设项目的邀请招标，应当经各省、自治区、直辖市人民政府批准。全部使用国有资金投资或者国有资金投资控股或国有资金投资占主导地位的需要审批的工程建设项目的邀请招标,应当经项目审批部门批准。但项目审批部门只审批立项的,由有关行政监督部门审批。

四、招标采购的一般程序

1. 策划

招标活动是一次涉及范围很大的大型活动。因此,开展一次招标活动,需要进行认真的周密策划,招标策划的内容包括落实开展招标采购活动的条件、调研潜在供方市场、分析招标项目的标包划分及采购要求、编制进度计划、研究以往采购经验、编制评标办法。

2. 招标

在招标方案得到公司的同意和支持以后,就要进入实际操作阶段。招标阶段的工作主要有形成招标书,对招标书的标底进行仔细研究,招标书发送。

3. 投标

投标人在收到招标书以后,如果愿意投标,就要进入投标程序。其中,投标书投标报价需要经过特别认真地研究,详细地论证。这些内容是要和许多供应商竞争评比的,既要先进又要合理,还要有利可图。投标文件要在规定的时间内准备好,一份正本、若干份副本,并且分别封装签章,信封上分别注明“正本”“副本”字样,寄到指定单位。

4. 开标

招标人收到投标书后,不得事先开封。只有当招标会开始,投标人到达会场,才可将投标书文件交投标人检查,签封完后,当面开封。

5. 评标

评标由招标人依法组建的评标委员会负责。评标委员会由招标人的代表和有关技术、经济等方面的专家组成,成员人数为 5 人以上的单数,其中技术、经济等方面的专家不得少于成员总数的 2/3。常用的评标方法有:以最低评标价为基础的评标方法,综合评标法,以寿命周期成本为基础的评标方法,综合打分法。评标报告的内容主要有基本情况和数据表,评标委员会成员名单,开标记录,符合要求的投标一览表,废标情况说明,评标标准、评标方法或者评标因素一览表,经评审的价格或者评分比较一览表,经评审的投标人排序,推荐的中标候选人名单及排序,澄清、说明、补正事项纪要等。

6. 定标

最后确定中标人,招标人应立即向中标人发出“中标通知书”,投标人中标以后随即变成了供应商,应立即向需方提交履约保证书和保证金。中标人在接到正式的中标通知书后,应在规定期限内和需方签订合同。

任务实施

任务引入中的招标存在的问题及合理的招标过程如下。

(1)该项目的招标工作程序不妥,合理的招标程序是:

①成立招标工作小组;

②编制招标文件；

③编制标底；

④发布招标公告和资格预审通告；

⑤投标单位资格审查；

⑥发放招标文件；

⑦组织现场踏勘和招标答疑；

⑧接受投标文件；

⑨开标；

⑩评标；

⑪确定中标通知书；

⑫发出中标通知书；

⑬签订承包合同。

(2)招标文件规定的内容不妥。招标文件对于本地区与外地区投标人制订不同的规定，不符合招标投标的公正原则。

(3)市建管办的做法不正确。理由：市建管办不能为招标人指定招标代理机构，不能主持投标预备会议和开标会议，应由招标人负责主持会议。

(4)长河公司和大河公司的做法不正确。他们的行为属于违反了《中华人民共和国招标投标法》中公平竞争的行为。

(5)招标人对投标人认定是正确的。

①招标人对黄河公司的认定是正确的。理由：招标人拒绝黄河公司的新方案的理由是错误的，在投标截止日以前投标人提出的新定文件属于正式有效文件。但黄河公司递送的补充文件只经项目经理签字仍不符合规定，故仍应认为无效文件。

②招标人对白水公司的认定是正确的。理由：投标截止时间为文件送达时间而不是邮寄时间。

(6)评标过程有不妥之处：直接确定评标委员的做法是错误的，应由招管办从专家库中随机抽取确定。资格预审可以与评标同时进行。在确定中标人之前评委向投标人提出建议或进行谈判违反《中华人民共和国招标投标法》的规定。

(7)直接工程费 3 000 万元。

措施费：3 000 万元 ×12% =360 万元；

直接费：(3 000 +360)万元 =3 360 万元；

间接费：3 360 万元 ×10% =336 万元；

利润：(3 360 +336)万元 ×8% =295.68 万元；

税金：(3 360 +336 +295.68)万元 ×3.5% =139.71 万元；

投标报价：(3 360 +336 +295.68 +139.71)万元 =4 131.39 万元。

任务评价

任务评价表见表 5-6。

表 5-6　任务评价表

序号	评价内容	评价标准	分数	评分记录		
				学生自评	组间互评	教师评分
1	招投标程序	每项程序,2 分	26			
2	招投标内容	正误判断,3 分;理由阐述,7 分	10			
3	会议制度	正误判断,2 分;理由阐述,5 分	7			
4	行为判定	正误判断,2 分;理由阐述,5 分	7			
5	投标的法律规定	正误判断,4 分;理由阐述,7 分	11			
6	评标法律规定	判断错误点,每项 6 分	18			
7	费用计算	每个指标,3 分	21			
总分			100			

任务四　订立物资采购合同

任务引入

某施工企业通过招投标程序与成交供应商签订采购合同,采购圆盘、汽油、方木、碎石、减水剂等物资,结合供应商资料利用物资管理软件填制物资采购合同,如图 5-8 所示。

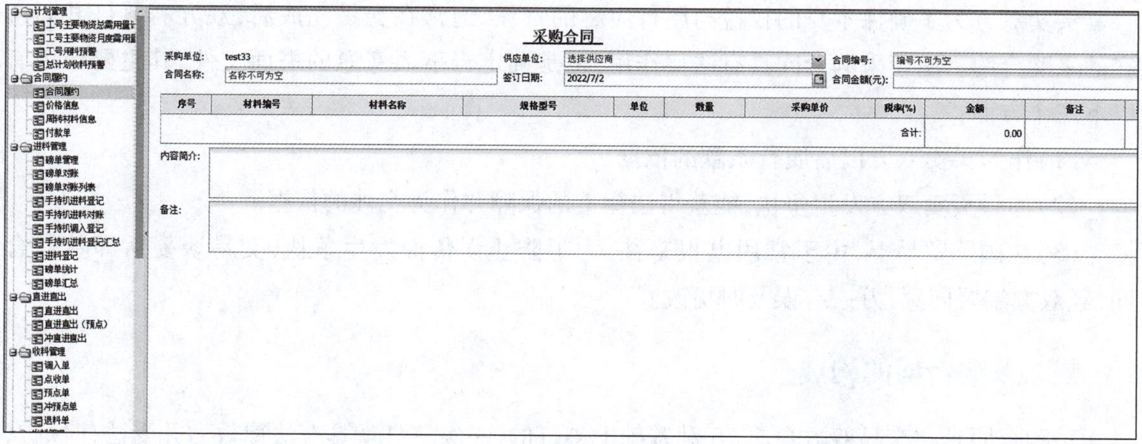

图 5-8　物资采购合同

任务描述

企业都需要进行一定量的采购。有不少企业不重视采购合同导致出现损失。建筑工程施工合同条款很多,甲乙双方在签订合同前,乙方应对合同的每个细节进行全面审阅,合同在签约后具有法律约束力。

相关知识

一、采购合同概述

(一)合同的基本含义

根据《中华人民共和国民法典》第四百六十四条,合同是民事主体之间设立、变更、终止民事关系的协议。婚姻、收养、监护等有关身份关系的协议,适用有关该身份关系的法律规定;没有规定的,可以根据其性质参照适用本编规定。

合同具有如下四个鲜明的特点:

(1)订立合同的双方当事人法律地位平等。

(2)合同是双方当事人之间意思表示一致的结果。

(3)订立合同是一种法律行为,合同的内容必须合法,否则合同自始至终无效。

(4)合同具有法律约束力,双方必须全面履行合同中所规定的各自的义务。

(二)采购合同的概念

采购合同是指出卖人转移标的物的所有权于买受人,买受人支付价款的合同。采购合同属于买卖合同的一种,是社会经济生活中普遍存在的合同之一,是明确平等主体的自然人、法人、其他组织之间设立、变更、终止在采购物品过程中的权利义务关系的协议,是确立物品采购关系的法律形式。

(三)采购合同的作用

买卖双方为了确保本身的权益与履行应尽的责任,通常在交易完成后,双方需签订共同遵守的采购合约。由于采购合同具有法律作用,也是确定当事人意愿的书面文件,其主要作用有以下三个方面:

(1)作为买卖双方以后履行条款的依据。

(2)如果买卖双方发生争执,能获得法律上的保障并作为交涉的依据。

(3)在国际贸易上,由于常用电报来往,为了防止误传而发生争执,交易谈妥后即签订合同,经双方签署同意,万一有误及时更改。

二、采购合同的构成

采购合同是在交易双方自愿、互利基础上签订的,一经签订就具有法律效力并受法律保护,其内容一般包括:合约的标的、标的质量和数量、期限和方式、价款和酬金、履行的地点、违约责任、合约附则等,从格式来说,采购合同一般由首部、正文和尾部构成。

(一)首部

合同的首部主要包括以下内容。

(1)名称,如生产用原材料采购合同、设备采购合同。

(2)编号,如2015年第8号。

(3)签订日期、签订地点。

(4)买卖双方的名称。

(5)合同序言,如根据《中华人民共和国民法典》规定,签订合同应注意的问题主要有:第××条;第××条……。

(二)正文

合同正文是供需双方议定的主要内容,是采购合同的必备条款,是供需双方履行合同的基本依据。合同正文主要包括以下内容:

1. 商品名称

商品名称是指所要采购物品的名称。按照国际上的惯例做法,合同中的品名条款通常都是在"商品名称"或"品名"的标题下,列明交易双方成交的商品名称,或在合同中直接写明双方交易商品的具体名称。

2. 质量

质量是指商品所具有的内在质量与外观形态的结合,包括各种性能指标和外观造型。合同中的质量条款,通常应列明商品名称、规格或等级、标准、牌名等。

3. 数量

确定买卖商品的数量、单价,以及交付数量超出或不足情况的处理、商品数量的核算体系规定等。

4. 价格

价格包括价格结构、价格币制、价格单位、价格风险、价格税负、付款条件、付款方式、付款日期、延期付款与拒付等情况的处理方式。

5. 包装

包装是为了有效保护商品在物流过程中的溃败和数遗,并与环保密切相关,所以现代采购合同对包装有详细、明确的规定,内容主要包括包装方法、外包装种类、包装构料、包装尺寸与重量、包装容量、包装标识、环保要求等的规定。

6. 装运

装运是指把货物装到运载工具,并运到交货地点。该条款的主要内容有运输方式、装运地点与目的地、装运方式(一次装运还是分批装运、直达还是中转)。

7. 到货期限条款

到货期限是指指定的最晚到货时间,以不延误企业生产经营为准,但亦不可提前太多,否则将增加购方的库存费用。

8. 到货地点条款

到货地点是指货物到达的目的地。

9. 检查和验收条款

检查和验收涉及数量、质量、包装等条款。在国际采购商品中,检验指由商品检验机构对进出口商品的质量、数量、包装、残损、环保等进行检验、分析与公证并出具检验证明。进出口合同中的检验条款包括:有关检验权的规定,检验或复验的时间、地点,检验机构,检验、检疫证书等。

10. 付款方式

国际贸易中的支付是指采用一定的手段，在指定的时间、地点，使用正确的方式支付货款，其包括的内容有支付工具、付款方式、支付时间和支付地点。

11. 违约责任

违约责任指当事人没有执行或者没有完全执行合同约定的义务时应承担的法律后果。签约一方不执行合同必然影响另一方经济活动的进行。违约责任的承担方式包括支付违约金、继续执行和损害赔偿等多种方式，其中损害赔偿是违约责任中使用最广泛的一种救济方式，可以和其他的救济方式并用。

12. 保险

保险是指企业向保险公司投保并交纳保险费，货物在运输过程中受到损失时，保险公司向企业提供经济上的补偿。该条款的主要内容是确定保险类别及其保险金额，指明投保人并支付保险费。

13. 仲裁

仲裁是指发生争议的双方当事人，根据其在争议发生时或争议发生后所达成的协议，自愿将该争议提交中立的第三者进行裁判的争议解决制度和方式。仲裁条款是买卖双方表明若发生争议时，自愿将争议事项提交第三方进行裁决的条款。仲裁协议是仲裁条款的具体体现，它的主要内容是仲裁机构适用的仲裁程序、仲裁地点、解决效力等。

14. 不可抗力

不可抗力是指合同执行过程中发生的不可预见的、人力难以控制的意外事故，如台风、洪水、地震、战争等，遭遇不可抗力的一方可因此免除合同责任。该条款包括的主要内容有不可抗力的含义、适用范围、法律后果，双方的权利、义务、能力等。

以上条款是采购合同的基本内容，并不是所有采购合同的“必备条款”，缺少任何一项条款并不导致合同无效。每个采购合同不同，关于合同的具体内容，当事人应根据实际情况约定。

（三）尾部

（1）合同的份数。

（2）使用语言及效力。

（3）附件。

（4）合同的生效日期

（5）双方的签字盖章。

三、采购合同的签订与执行

（一）采购合同的签订

采购合同的签订，是指当事人双方依据法律的规定就合同所规定的各项条款进行协商，达到意思表示一致而确立合同关系的法律行为。在实际签订过程中，合同的双方当事人必须针对合同的主要内容反复磋商，直至取得一致意见，合同才成立。

1. 采购合同签订的原则

(1)合同的当事人必须具备法人资格,这里所指的法人是指有一定的组织机构和独立支配财产,能够独立从事商品流通活动或其他经济活动,享有权利和承担义务,依照法定程序成立的企业。

(2)合同必须合法。

(3)签订合同必须坚持平等互利、充分协商的原则。

(4)签订合同必须坚持等价、有偿的原则。

(5)当事人应当以自己的名义签订经济合同或委托别人代签。

(6)采购合同应当采用书面形式。

2. 合同签订前的准备工作

合同双方当事人应调查对方的资信能力,了解对方是否有签订合同的资格,或者代理人是否有代理资格。

3. 签订采购合同的程序

签订合同,是当事人双方的法律行为。合同的成立,必须由当事人相互做出意思表示并达成合意。实践中,当事人相互协商签订合同的过程,通常分为两个阶段,即包括提出订立合同的建议和接受订立合同的建议,民法学上称为“要约”与“承诺”。

(1)要约。要约是一方当事人向另一方当事人提出订立合同的条件,希望对方能完全接受此条件的意思表达。发出要约的一方称为要约人,受领要约的一方称为受要约人。

(2)承诺。承诺指受要约人向要约人做出的对要约完全无异议地接受的意思表示。做出这种意思表示的人称为承诺人。要约人的要约一经受要约人即承诺人的承诺,合同即告成立。

(二)合同执行过程跟踪、监控

合同跟踪、监控是采购人员的重要职责,其目的是促进合同正常执行、满足企业的物料需求、保持合理的库存水平。在实际订单操作过程中,合同、需求、库存三者之间会产生相互矛盾,突出地表现为因各种原因合同难以执行、需求不能满足导致缺料、库存难以控制。

(三)合同的修改

采购合同的修改,是指采购合同没有履行或没有完全履行时,由当事人依照法律规定的条件和程序,对原采购合同的条款进行修改、补充,使之更精确,如对标的物数量的变化、履行地或履行时间等的变化。采购合同修改后,原合同确定的当事人的权利和义务就发生了变化。采购合同的修改必须由企业或供应商任何一方提出并经双方同意。

(四)合同的解除

采购合同的解除,是指采购合同在尚未开始履行或尚未全部履行的情况下,由当事人依据法律规定的条件和程序,终止原采购合同关系。采购合同解除后,原合同确定的当事人的权利义务关系就不再存在。

(五)合同的争议与处理

采购业务中处理好争议索赔是一项重要工作。索赔一般有三种情况:购销双方之间的贸易索赔，向承运人的运输索赔，向保险人的保险索赔。

索赔和理赔是一项维护当事人权益和信誉的重要工作，也是涉及面广、业务技术性强的细致工作，因此提出索赔和处理索赔时，必须注意索赔期限、索赔的依据和索赔及赔偿方法。

经济仲裁是指经济合同的当事人双方发生争议时，如果通过协商不能解决，当事人一方或双方自愿将有关争议提交给双方所同意的第三者，依照专门的裁决规则进行裁决。裁决的结果对双方都有约束力，双方必须依照仲裁的决议解决争议。

当采购方与供应商发生纠纷需要仲裁时，可按照一般的仲裁程序到相应的受理机构提出仲裁申请，仲裁机构受理后，经调查取证，先行调解，如调解不成，进行庭审，开庭裁决。

视频

添加合同履约

任务实施

按照任务引入中要求，某施工企业通过招投标程序与成交供应商签订采购合同。填制物资管理软件，步骤如下：

(1)打开合同履约模块，如图 5-9 所示。

(2)单击“添加”按钮，新建采购合同，如图 5-10 所示。

(3)选择对应供应商名称添加到“供应单位”。

(4)填制合同名称、日期、合同编号、合同金额。

(5)单击“选材”按钮，添加采购材料。

(6)选中对应采购原材料，单击“确定”按钮，如图 5-11 所示。

(7)填制原材料“数量”“采购单价”“税率”。

(8)采购合同填制完成后，单击“审核”按钮，出现“成功审核！”，采购合同填制完成，如图 5-12 所示。

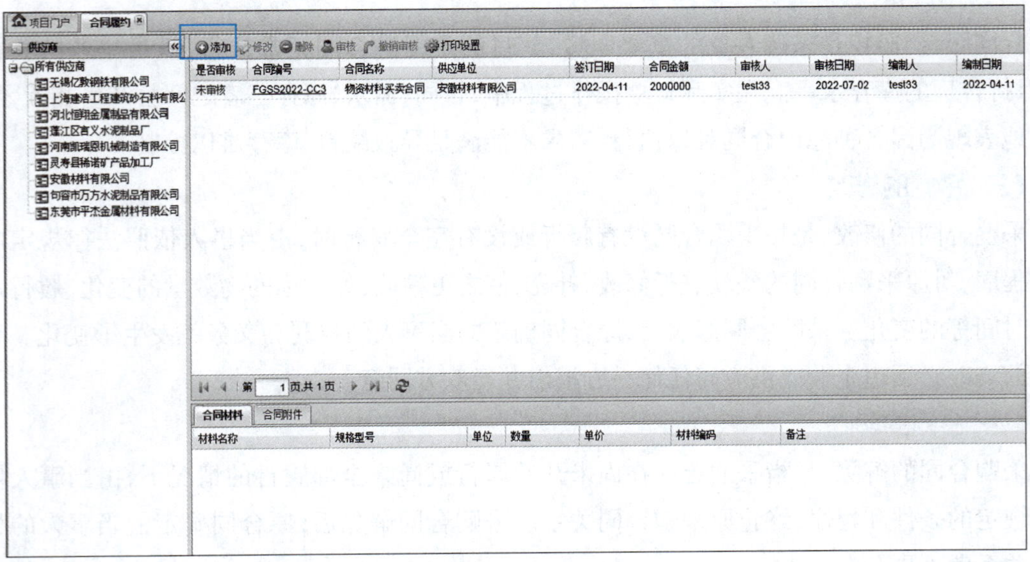

图 5-9　合同履约模块

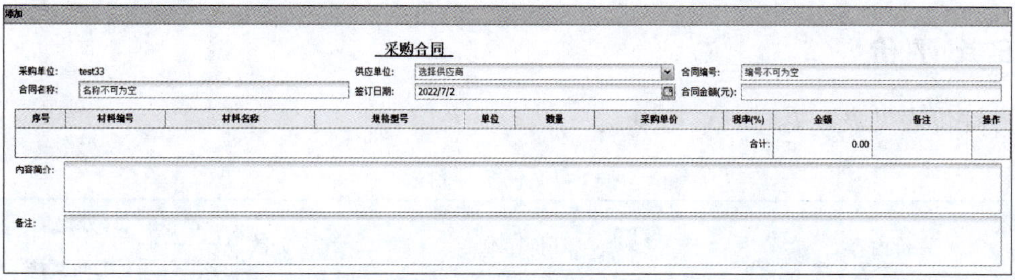

图 5-10 新建采购合同

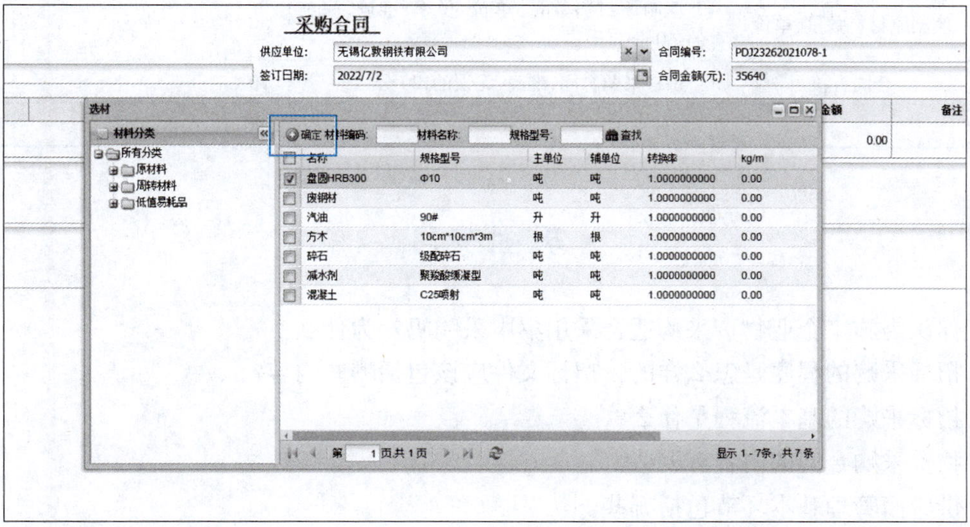

图 5-11 选择采购原材料

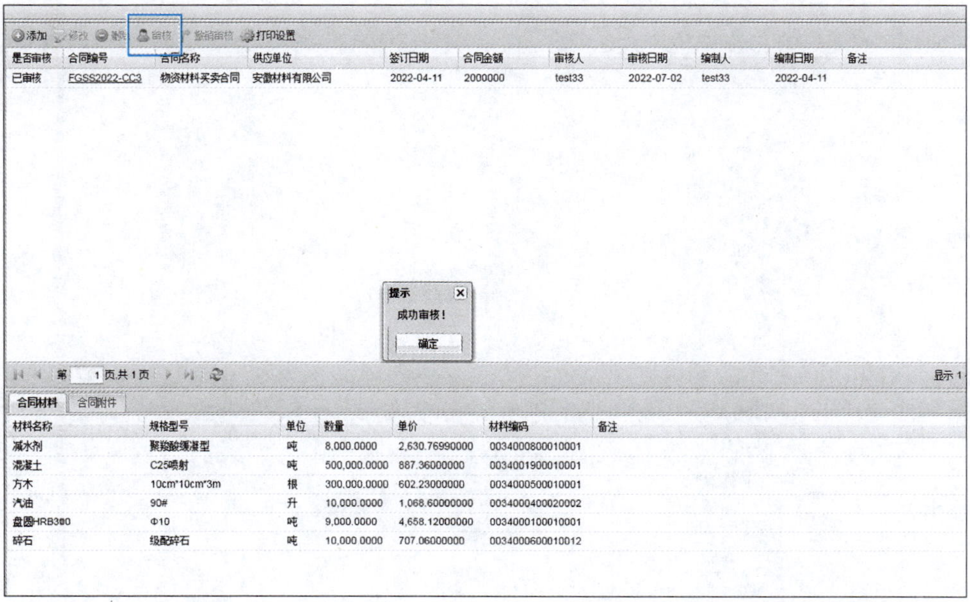

图 5-12 新建采购合同成功审核

任务评价

任务评价表见表5-7。

表5-7 任务评价表

序号	评价内容	评价标准	分数	评分记录		
				学生自评	组间互评	教师评分
1	新建采购合同选择原材料	选择采购合同中原材料，准确、完整的30分	30			
2	填制原材料数量、单价	填制原材料数量、单价、税率，准确，完整的，50分	50			
3	合同审核	审核采购合同，准确、无误的，20分	20			
总分			100			

巩固练习

1. 你认为施工企业物资采购适合采用集中采购吗？为什么？
2. 招标采购的程序是怎么样的？招标文件应该包括哪些内容？
3. 招标采购的基本流程是什么？
4. 物资采购合同的内容有哪些？
5. 供应商管理基本环节包括哪些？
6. 招标采购的原则有哪些？招标采购的方式有哪些？
7. 采购合同签订的原则有哪些？

项目六 物资运输管理

项目描述

企业物资运输管理的目的是规范运输作业流程，确保企业物资运输安全、降低企业运输成本。分析运输的表现形式、判断运输的合理与否，需要在满足需求的基础上，从运输资源能否发挥最大作用的角度进行分析。不合理运输是未达到在现有条件下可以达到的运输水平，从而造成运力浪费、运输时间增加、运费超支等问题。

学习目标

知识目标

(1)熟悉物资运输方式的类型。

(2)掌握甲供物资设备、甲控物资设备、自购物资设备在运输管理方面的不同之处。

(3)掌握施工企业对物资运输经营方式选择决策的内容。

(4)理解施工企业对物资运输服务商的选择决策依据。

(5)熟悉施工企业运输方式及运输路线的选择决策的三种类型。

能力目标

(1)能够正确分析不合理运输的表现形式。

(2)能够提出运输合理化的实施决策方案。

(3)能够设计合理运输路线以及最省费用的调运方案。

素养目标

(1)培养学生具有结合我国国情与企业实情分析企业竞争环境的能力，树立效率意识、成本意识和责任意识。

(2)培养学生在工作岗位中必须具有认真严谨的工作态度。

(3)培养学生在物资运输过程的安全意识和风险防范意识。

学习导航

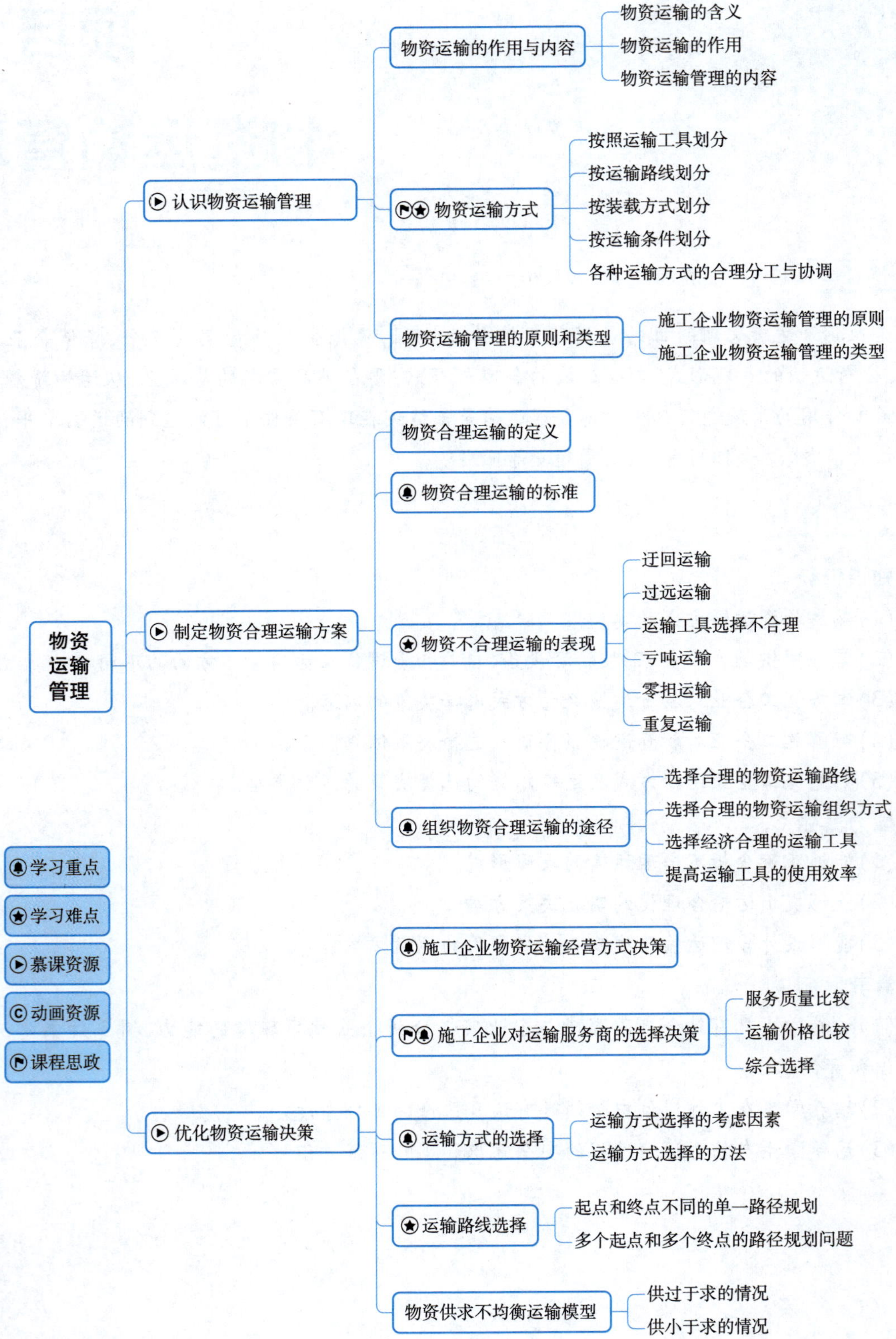
物资运输管理
认识物资运输管理
物资运输的作用与内容
物资运输的含义
物资运输的作用
物资运输管理的内容
物资运输方式
按照运输工具划分
按运输路线划分
按装载方式划分
按运输条件划分
各种运输方式的合理分工与协调
物资运输管理的原则和类型
施工企业物资运输管理的原则
施工企业物资运输管理的类型
制定物资合理运输方案
物资合理运输的定义
物资合理运输的标准
物资不合理运输的表现
迂回运输
过远运输
运输工具选择不合理
亏吨运输
零担运输
重复运输
组织物资合理运输的途径
选择合理的物资运输路线
选择合理的物资运输组织方式
选择经济合理的运输工具
提高运输工具的使用效率
优化物资运输决策
施工企业物资运输经营方式决策
施工企业对运输服务商的选择决策
服务质量比较
运输价格比较
综合选择
运输方式的选择
运输方式选择的考虑因素
运输方式选择的方法
运输路线选择
起点和终点不同的单一路径规划
多个起点和多个终点的路径规划问题
物资供求不均衡运输模型
供过于求的情况
供小于求的情况
学习重点
学习难点
慕课资源
动画资源
课程思政

任务一 认识物资运输管理

任务引入

广州某公司是经国家主管部门批准成立的专业化物流服务商。公司以货物运输为主线，以低温物流运输为重点，同时还发展了搬场运输、危险货物运输、集装箱运输、普通货物运输等业务。公司以国内货物运输为主，整合铁路、空运、海运、河运等运输资源，为客户提供一站式 24 h 不间断的综合运输配送服务。公司的运输车辆种类齐全，备有冷藏车、厢式车、平板车、倾卸车、槽罐车、集装箱车等460 辆不同类型的运输汽车，以及大型装卸机械，能适应社会需求，向客户提供各类货运服务，同时也提供全国范围内城市间货物运输、中转、配送服务。在全国范围内和全球主要城市提供灵活的运费结算方式以及代收货款、代收运费等增值服务，对长期客户可在承运期内垫付运费、按月结算，提供个性化服务。

现有以下运输业务，请根据广州某公司的服务范围，确定每个运输业务的运输方式，从中选择出适合该公司的业务，并说明理由。

(1)有两箱急救药品需要从广州运到拉萨。

(2)有 50 t 钢材从上海运往济南。

(3)冬季有一批 800 kg 新鲜蔬菜需要从北京郊区运到北京市区。

(4)有 1 万 t 海盐从天津的长芦盐场运往上海。

(5)有 15 万 t 石油需要从非洲运到上海。

(6)把我国西部大量的天然气运到以上海为主的东部地区。

任务描述

每种运输方式都有自己的优点和劣势，在实际运用时，我们应根据需要合理地选择，否则难免会事与愿违。选择某种运输方式需要考虑的因素包括运输数量、运输价格、运输速度、货物性质、运输距离以及是否有运输的特殊要求。

相关知识

一、物资运输的作用与内容

物资运输是企业生产经营管理职能的重要组成部分。在我国企业产品成本中，运输费用的影响在日益增大。据不完全统计，我国重要生产资料的实物运输费用在产品价格中的比重平均为 30%~40%。据国外有关资料，如美国企业产品价格中，运输费用平均约占 20%。在社会最终成本中，运输费用支出最低占 10%，有的高达 30% 以上，现代企业越来越重视降低运输费用，把加强运输管理、减少物资运输费用作为企业的第三利润源泉。

1. 物资运输的含义

物资运输是指物资借助于运力实现在空间上转移的过程。由于物资供给与需求在空间上有一定的距离，物资只有通过运输，才能从产地转移到需求地，满足企业的生产需要。

2. 物资运输的作用

组织好企业物资运输，对加强企业的生产经营管理和提高经济效益，有着重要的作用。

(1)搞好物资运输是保证企业正常生产和组织物资供应的必要条件。

(2)搞好物资运输是实现社会再生产的重要手段。

(3)搞好物资运输是提高企业和社会经济效益的重要途径之一。

3. 物资运输管理的内容

物资运输管理的基本内容有：组织物资合理运输，正确编制物资运输计划，搞好物资运输业务管理，建立健全运输规章制度，实行经济考核、提高经济效益，加强自有车辆管理。其中，以组织物资合理运输为主要内容。

二、物资运输方式

从不同的角度，施工企业物资运输可以划分为不同的类型。主要运输方式有如下几种。

(一)按照运输工具划分

按照运输设备及运输工具，物资运输可以分为五种基本运输方式。

1. 公路运输

公路运输是主要使用汽车(如图 6-1 所示)，也使用其他车辆(如人、畜力车)在公路上进行客货运输的一种方式。公路运输具有运输速度较快、灵活性强的优点，而且公路建设的投资较低，建设周期相对较短，对运输设施的要求不高，是实现门到门运输的最好方式之一。

2. 铁路运输

铁路运输是使用铁路列车运送物资的一种运输方式(如图 6-2 所示)。铁路运输主要承担长距离、大运量的客货运输。铁路是施工企业物资(如钢材、水泥等)运输的主要承担者。铁路运输的优点明显，速度快、基本不受自然条件的限制、运载量大。

图 6-1 公路运输工具

图 6-2 铁路运输工具

我国铁路上运用的货车类型较多，主要有通用货车和专用货车，其主要类型和主要用途见表 6-1。

表 6-1 铁路货车的主要类型和主要用途

主要类型		主要用途
通用货车	敞车	装运散粒货物，如煤炭等；可装运木材、钢材、集装箱等，若在其上覆盖防水篷布，还可以运送怕潮的货物
	棚车	能运输贵重的、怕日晒雨淋的货物及大牲畜等，在需要时也能运送兵员或其他旅客
	平车	一般用于装运钢材、木材、集装箱、汽车、拖拉机、机器设备及军用装备等较大货物。部分设有活动下翻式矮端墙和侧墙的平车，可用来装运矿石、砂土等块粒状货物

续表

主要类型		主要用途
专用货车	集装箱车	装运集装箱的车辆。采用集装箱车运输可大大提高装卸车效率，加速车辆的周转
	漏斗车	装运煤炭、矿石、粮食、盐、石灰石、水泥、石砟等散粒货物。对于不需要防水、防尘，污染性小的货物，采用无盖车辆，对于需要防水、防尘和污染性较重的货物，采用有盖车辆
	毒品车	专供运送毒品的车辆，如运输农药等
	冷藏车	用于装运易腐货物，如肉类、水果等
	罐车	用于装运液体、液化气体和粉末状货，包括轻油、黏油、沥青、食用油、水泥、化工品、液化气等
	小汽车运输专用车	专供运送小汽车
	长大货物车	用于装运无法用一般铁路货车装运的特长和特重货物

素养教育

新时代中国铁路

《新时代交通强国铁路先行规划纲要》（简称“规划纲要”）提出，到2035年，全国铁路网达到20万km左右，其中高铁7万km左右。20万人口以上城市实现铁路覆盖，其中50万人口以上城市高铁通达。全国1、2、3 h高铁出行圈和全国1、2、3 d快货物流圈全面形成。“规划纲要”提出了新时代中国铁路的发展目标，从2021年到21世纪中叶，分两个阶段推进发展目标。到2035年，率先建成服务安全优质、保障坚强有力、实力国际领先的现代化铁路强国。到2050年，全面建成更高水平的现代化铁路强国（图6-3和图6-4），全面服务和保障社会主义现代化强国建设。

图6-3　高架铁路

图6-4　高原铁路

3. 水路运输

水路运输是使用船舶在通航水道进行物资运输的运输方式（图6-5）。水路运输有沿海运输、近海运输、远洋运输、内河运输四种形式。水路运输的主要优点是成本低，能进行低成本、大批量、远距离的运输，是在干线运输中起主力作用的运输形式。但是水路运输也有显而易见的缺点，主要是运输速度慢，受港口、水位、季节气候影响较大，因而一年中中断运输的时间较长。

图 6-5　水路运输工具

4. 航空运输

航空运输是指使用各种航空器进行客货运输的运输形式。目前使用的最主要的航空器是飞机(图 6-6)。航空运输速度快、效率高;而从另一个角度看,航空运输在运输行业中所遇到的最大限制是运输成本高。

图 6-6　航空运输工具

5. 管道运输

管道运输是在现代物流中发展越来越快的一种运输方式(图 6-7)。管道运输是指利用管道输送气体、液体的一种运输方式。管道运输的优点非常明显,具有运输速度快、流量大、环节少、运费低等优点,非常适合连续不断地输送相应物资。当然,管道运输也有局限性,能适合管道运输的物品不多,仅仅适用于流体物质,且管道铺设的成本很高。

图 6-7　管道运输

各种运输方式的特点比较，见表6-2。

表6-2　各种运输方式的特点比较

运输方式	铁路运输	公路运输	水路运输	航空运输	管道运输
运量	大	小	大	很小	大
运行速度	快	较快	较慢	最快	快
运输费用	低	较低	较高	很高	低
气候影响	一般不受影响	除大雾、大雪外一般不受影响	受大风、台风大雾影响，并受水位、潮期限制	受一定影响	一般不受影响
适用条件	长途运输大宗材料	短途运输、市内运输	大、中型船舶宜长途运输，小型船舶宜短途运输	急用材料、救灾抢险材料的运输	气体、液体及粉状、粒状材料

（二）按运输路线划分

1. 直达运输

直达运输指材料从起运点直接运到目的地的运输方式。它的运输时间短，不需中转，装卸损耗及费用少。施工企业物资运输应尽量选择这种方式，以节约运输成本。

2. 中转运输

中转运输指材料从起运点到中转仓库，再由中转仓库到目的地的运输方式。施工企业施工点多，分布面广，物资材料品种、规格复杂，需要再次分配物资；零星、易耗、量小而集中采购的材料需要再次分配；受现场保管条件限制，有些近期不用的材料也需要中转运输。

在选择具体运输线路时，应根据运输条件、流向等合理选择运距短的线路，缩短运输时间，节约运输费用，并且应尽量避免对流运输、重复运输、迂回运输和过远运输。

（三）按装载方式划分

1. 集装箱运输

集装箱运输指把适于装箱的货物装入集装箱，并以集装箱作为基本装卸、搬运作业单元的一种运输方式。

2. 散装运输

散装运输指粉（粒）状货物或液体货物不易进行包装，直接用适当的装载工具进行运输的一种运输方式。

3. 混装运输

混装运输也称杂货运输，指同一运输工具同时装载各类包装货物（如桶装袋装、箱装、捆装等）的一种运输方式。

（四）按运输条件划分

按照物资运输条件，可将物资运输分为普通物资运输和特种物资运输。

1. 普通物资运输

普通物资运输是指不需要特殊运输工具的运输，如砂、石、标砖的运输等。这些物资的运输可使用铁路的敞车、水路的普通船队或货驳及一般载重货车装运。

2. 特殊物资运输

特殊物资运输指用特殊结构的车船，采取特殊措施，运输特种物资，包括超限物资运输、危险品运输等。对于施工企业而言，特殊运输主要是超限物资运输。

(五)各种运输方式的合理分工与协调

各种运输方式的合理分工与协调主要有以下几个方面。

1. 货物流向流量和运输路线的协调

在考虑运输方式分工时，必须研究国民经济对运输需求的总运量同运输通道上的总运输能力是否协调，还要研究具体货物的流向及流量同运输方式及运输路径是否协调，对运输网络通道上能承担运量的不同运输方式进行技术经济比较，既要对几种可能承担的运输方式从适应需要方向进行比较，又要从不同运输方式的物资消耗及建设投资、营运费用、货物在途时间及损耗方面进行比较。

2. 各种运输方式设备能力的协调

每种运输方式都有自己的设备特色，如铁路有编组站、线路、机车、车辆、通信设备等，水运有港口、船舶、装卸设备、堆场、仓库等。这些设备除了内部协同合作外，还要保证不同运输方式之间设备最大可能的协调。

3. 各种运输方式组织工作的协调

不同的运输方式，运输组织工作是不同的。运输组织工作对运输分工和运输方式选择有很大的影响。两种或者两种以上的运输工具(方式)联合完成全程运输任务时，要加强组织工作。如多式联运中各种运输方式的合理协调就非常重要。

4. 运价和运输费用的协调

运价和运输费用在货主选择运输方式方面占有很重要的地位。当运输方式的运输能力都能够满足需求时，货主将从本身需要出发，如从运输速度、安全、方便、及时、运价和运输费用等方面综合考虑选择运输方式。

三、物资运输管理的原则和类型

1. 施工企业物资运输管理的原则

施工企业组织物资运输必须贯彻“遵守规程、及时准确、安全运输、经济合理”的管理原则。

2. 施工企业物资运输管理的类型

施工企业物资分类有多种，分为甲方供应物资设备(简称甲供物资设备)、甲方控制物资设备(简称甲控物资设备)和自购物资设备三类。甲供物资设备是由建设单位负责招标采购和供应的物资设备。按照招标采购和供应的主体不同，又可分为由中国国家铁路集团有限公司(简称国铁集团)建设单位采购供应的物资设备和建设单位直接采购供应的物资设备两类。甲控物资设备是指在建设单位监督下，由工程承包单位采购供应的物资设备。自购物资设备是指在工程招标文件和合同中约定，由工程承包单位自行采购的物资设备。总体来说，施工企业物资设备管理的目的是坚持节约原则，降低工程成本。

任务实施

按照任务引入中的要求，结合相关知识确定运输方式如下。

(1)两箱急救药品需要从广州运到拉萨。需要采用航空运输。此业务中起运地和目的地分别为广州和拉萨，运输的货物为需要紧急运送的急救药品。运输要求时间短，运送迅速。而航空运输是速度最快的运输方式，但运费高、运量小。并且，因为这两箱药品是特殊的货品，运输过程中要进行冷藏处理，保证在运输途中不变质，所以选择航空运输。广州某公司的业务范围中也包括国内航空运输，因此该业务可以选择。

(2)将50 t钢材从上海运往济南。可以选择的运输方式一是铁路运输。考虑其出发地和目的地，为上海和济南，运输里程较长，且货物为钢材且重量大，则排除运价高昂的航空运输与公路运输。上海和济南处在我国铁路干线网络中，所以可以运用铁路运输。可以选择的运输方式二是水路运输，我们通过查阅地图可以发现，由于地理位置的优越，济南处于黄河边上，上海处于长江入海口，京杭大运河沟通了长江和黄河，所以也可以采用内陆河运输。广州某公司的业务范围中也包括国内铁路运输和水路运输，因此该业务可以选择。

(3)在冬季将一批800 kg新鲜蔬菜从北京郊区运到北京市区，可采用公路运输，并且应选择冷藏式汽车。起运地和目的地的运输距离短，数量质量少，所以适用于短距离运输的公路运输。由于是北京的冬季新鲜蔬菜极易冻伤，所以要使用的冷藏车。广州某公司的业务范围中也包括国内公路运输，并且该公司自有冷藏车辆，因此该业务可以选择。

(4)1万t海盐从天津的长芦盐场运往上海，可采用水路运输。通过查阅地图可以看到起运地天津长芦盐场是临海的大港口，海运十分便利。海洋和主要内河干线的轮船和拖驳船队载运量大，航道航线通过能力所受限制极小，运输成本低，它主要担负大宗、笨重货物的长途运输，选择水路运输的方式最合适。广州某公司的业务范围中也包括国内水路运输，因此该业务可以选择。

(5)15万t石油需要从非洲运到上海。我国从海外进口石油有四种运输方式：海洋运输、管道运输、铁路运输和极少量的公路运输。我国缺乏国际间的石油运输管道，因此90%的进口石油运输都会使用海洋油轮运输。从起运地非洲到目的地上海需要选择非洲航线：北非—地中海—直布罗陀海峡—好望角—马六甲海峡—台湾海峡—上海。由于广州某公司的业务范围只有国内运输，因此涉及境外的国际运输业务不可以选择。

(6)我国西部大量的天然气运到以上海为主的东部地区，可采用管道运输。我国现有天然气管道遍布我国20多个省以及渤海、黄海、南海等广阔海域，形成国民经济的“血脉”。天然气的为液气状态，本身性质不易改变，运输要求源源不断，且运输量巨大，特别是“西气东输”或者是海上天然气开采等大型国民能源开采项目的天然气运输。而管道运输的具有大量不间断运送、管理方便、受自然条件影响小等技术经济优点。由于广州某公司不具备管道运输的能力，因此该运输业务不可选择。

任务评价

任务评价表见表6-3。

表 6-3　任务评价表

序号	评价内容	评价标准	分数	评分记录		
				学生自评	组间互评	教师评分
1	合理判断业务范围	判断正确,每项 5 分	30			
2	运输方式的理解与掌握	阐述理由充分,每项 10 分 合理化建议,10 分	70			
总分			100			

任务二　制定物资合理运输方案

任务引入

某施工企业在中标后筹建工程项目部期间,需要准备一批劳保物资来保障施工安全。采购地为湖北省武汉市,项目部所在地辽宁省沈阳市。该批劳保物资由武汉工厂发往辽宁沈阳的正在筹建的工程项目部。各类劳保外套 30 000 件,各类劳保裤子 30 000 条,另有劳保鞋袜、手套等共 10 500 件;每 200 件外套打包为一箱,每 300 条裤子打包一箱,每 100 件鞋袜手套打包一箱。每箱规格均为 0.6 m×0.6 m×1 m。此批物资总毛重 28 t,体积 128 m^3。

由于此批服装是项目部筹建及日后施工中所需的劳保用品,要求在尽可能短的时间运达沈阳项目部,然后再配送至各施工段。设计出合理运输组织方案。(运输费、包装费请同学们自行市场询价,根据实际情况计算分析)

任务描述

主要通过详细的运输方式适用情况、各种运输成本和时间的计算等比较,选择适宜的运输方式。在选择运输方式时,需要考虑很多因素,包括货物本身性质及运货量、运输距离、目的地位置、运输工具的特点、运输的人或物本身情况等多种因素的影响等。因此,必须具体情况具体分析,不能一概而论。

相关知识

一、物资合理运输的含义

物资合理运输不只是“合理流向”的问题,还应包括物资的生产、消费和物资购销对物资运输的要求,以及各种运输方式的合理分工和运输业务的组织管理。因此,物资合理运输可以表述为:在充分利用各种运输方式的条件下,选择最经济合理的运输路线和运输工具,从而以最短的里程、最少的环节、最快的速度和最省的劳动消耗,安全优质地完成物资运输活动。

二、物资合理运输的标准

开展物资合理运输,首先要遵守“及时、准确、安全、经济”物资运输原则。“及时”,就是要求以尽可能短的时间,把物资运往目的地,及时满足企业生产经营所需;“准确”,就是在运输过程中,要防止短缺等各类事故的发生,准确无误地把物资运到目的地;“安全”,就是在运输过程中，不发生霉烂、残损、丢失、爆炸和燃烧等事故，确保人身、物资设备安全地到达目的地；“经济”，就是用经济合理的办法运输物资，节约人力、物力和财力，降低运输费用，提高经济效益。

素养教育

××市危险品安全运输应急演练

××市开展危险品安全运输应急演练。演练活动包括危险道路发生交通事故应急处置、客运车辆着火事故处理、车载自动灭火装置模拟演练三项内容。现场演练了事故报告和应急处置的程序和方法，对现场旅客救援和安抚的方法；灭火弹的使用方法和技巧；车载灭火器的使用方法和灭火注意事项；危化品车辆突发情况泄漏，应急逃生和应急疏散的方法。通过危险品运输安全运输应急演练，提高学生在物资运输过程的安全意识和风险防范意识。

三、物资不合理运输的表现

物资不合理运输，是指不符合客观经济规律的要求，浪费运力、运费和运输时间，损害运输经济效果的运输现象。常见的物资不合理运输，主要有以下几种：

1. 迂回运输

迂回运输是指在正常情况下，物资运输成本可以走直线或经最短的运输路线，但却采取绕道而行，增加了运费支出的不合理运输现象。

2. 过远运输

过远运输是指舍近求远的不合理运输现象，即物资需求厂家本可以从邻近的产地购进需要的物资，却从较远的产地购进，或多个生产地生产同一种物资，不是就近供应邻近的需求厂家，而是供应给距离较远的需求厂家，从而浪费了运力，增加了运输费用和延长了商品在途时间的不合理运输现象。

3. 运输工具选择不合理

在几种运输工具均可运达且时间相似时未能选择经济效益较高的工具。如不采用费用较便宜的水运却采用陆上运输，增加了运输费用。

4. 亏吨运输

亏吨运输是指物资的装载量没有达到运输工具的装载标准重量、没有装满车船造成亏吨损失的不合理运输现象。装载亏吨，使运输工具的装载能力没有充分发挥，而形成部分无效运输，造成运力的浪费和运输费用不必要的支出。

5. 零担运输

零担运输是指在大批量物资运输中，未能更多地采用整车或组装整车运输，却以零担发运，使运杂费增加。

6. 重复运输

重复运输是指一种物资运输本来可以直运目的地，却在中途停、卸，又重复装运的不合理运输现象。重复运输不增加运输距离,但却增加了装卸工作量和装卸费用,降低了运输工具的使用效率,延长了物资在途时间。

四、组织物资合理运输的途径

1. 选择合理的物资运输路线

这是组织物资合理运输的首要途径。它的基本要求是减少物资流转环节,缩短运输里程和在途时间。具体措施就是根据物资的产销分布情况和交通运输条件,在产销平衡的基础上,按照产地就近销售的原则、规划物资的基本流向和流通范围,划分物资的调运区域,制定物资合理流向图,并以此选择合理的运输路线和运输方式。

2. 选择合理的物资运输组织方式

(1)直达直线运输。是指按物资合理流向,走最快捷的路程,消除迂回、过远等不合理运输,使物资运输直线化。

(2)“四就直拨”运输。是减少运输中间环节和物资的装卸次数,降低物资流通费用、开展物资合理运输的一项行之有效的组织形式。“四就直拨”运输包括以下 4 项内容。

①就工厂直拨。从供货方采购的物资经验收后,直接运到车站或者码头,再运到单位。

②就车站、码头直拨。对于运到车站、码头的物资,经交接验收后,就在车站、码头将物资直接分拨给有关要货单位。

③就仓库直拨。企业对于在仓库储存保管的物资,发货时,越过不必要的中间环节,直接从仓库拨给要货部门现场。

④就车(船)过载换装。企业对于外地用车(船)运到的物资经交接验收后,不入库需保管,就车(船)直接转换其他运输工具,如从火车直装汽车,把物资转运给各要货单位(分厂、车间)。

3. 选择经济合理的运输工具

先进的运输工具和运输设备的产生和出现,使物资由产地到需求地的运输途中,往往同时有几种运输方式(铁路、水路、公路、航空等)可供选择,有多种运输工具(火车、汽车、船舶、飞机等)可供采用。在多种因素和条件同时并存可供选择的情况下,就要通过对比、分析、计算以选取最经济合理的运输方式与运输工具。

选择运输方式和运输工具的主要依据是运输方式本身的特点和可以提供运输服务的范围。除此之外,在选择运输方式时,还要考虑的因素包括:运输物资的情况、交通运输情况、物资运输费用、物资交货日期、银行利息、物资损耗。根据运输方式本身的特点,综合以上几方面的因素,从综合经济效果上进行衡量,选择最适宜的运输方式。

4. 提高运输工具的使用效率

就是在保证物资运输安全前提下,最大限度地利用车船载重吨位和载重容积。主要措施有以下几个方面:

(1)提高整车发运比率。

(2)提高车船技术装载量。

(3)集装箱运输。

任务实施

按照任务引入中要求,设计的合理运输组织方案如下。

一、运输方式筛选

(1)由于水路运输方式时间过长,故不被考虑在运输方式范围之内。

(2)若用航空运输,运价较高,航空运输适合于体积小、价值高的物品,故航空不在考虑在运输方式范围之内。

(3)若用公路运输比较方便,并且快捷灵活,公路运输主要经过几条国道和高速公路到达沈阳,所以公路运输方式在考虑范围之内。

(4)若用铁路运输,铁路运输速度较快且持续性较强,也有直达线路,所以铁路运输方式在考虑范围之内。

综合以上分析,故铁路运输和公路运输方式都在考虑范围之内,接着对两种运输方式进行成本分析比较,选择最合理运输方式。

二、运输组织分析

1. 铁路运输组织分析

武汉到沈阳全程 2 004 km,具体铁路路线如下。

(1)先由公路运输将服装运到火车站。

(2)火车路线:武汉—孝感—信阳—驻马店—许昌—郑州—新乡—邯郸—石家庄—任丘—天津—唐山—滦县—山海关—绥中北—辽中—沈阳北。

(3)最后由公路运输到沈阳中转仓库。

2. 公路运输组织分析

(1)基础资料:车辆信息,运输节点,客户资料,包装、驾驶员、集装箱类型信息。

(2)价格、运力、安检、线路管理:车辆安检,运力管理,路线管理,价格管理。

(3)业务管理:集装箱业务管理包括业务管理与审核,派车,全程网上跟踪,车辆返回,费用结算,核算成本。零担业务管理包括派车,全程网上跟踪,车辆返回,费用结算,核算成本。

三、车辆来源分析

(1)采用公路运输,若自营运输,则使用武汉汉派服装公司的车辆,若使用外包物流方式运输,则车辆有可能来自物流公司或者物流公司租赁车辆。

(2)采用铁路运输,则可以用 2 个 40 ft 集装箱,单个集装箱内部规格为 11.8 m × 2.13 m × 2.72 m,配货毛重 22 t,体积 68 m^3。经计算 2 个 40 ft 可以装货 20 × 2 × 4 × 2 = 320(箱),其他 35 箱服装可以散装于集装箱空隙之中。

四、运输成本计算

1. 公路运输成本计算

(1)固定成本。

①单程长途干线成本:车辆固定成本,变动成本。

②车辆折旧费:850 元(假设车辆固定本钱 50 万,按 5 年折旧计算,每月 4 个来回,8 个单程)。

③司机工资、福利等:500 元(假设月工资 5 000 元,按 3 d 计算)。

④车辆保险:200 元(假设每月保险 2 000 元,按 3 d 计算)。

⑤车辆使用率:8 元(假设每月 80 元,按 3 d 计算)。

固定成本合计:850 + 500 + 200 + 8 = 1 558(元)。

(2)变动成本。

①燃油费:4 000 元(假设每个单程 4 000 元,内含燃油税)。

②修理费:200 元(假设每月 2 000 元,按 3 d 计算)。

③过桥过路费:3 000 元(假设每个单程 3 000 元)。

④货运信息费:200 元(假设每月 2 000 元,按 3 d 计算)。

⑤罚款:400 元(假设每个单程 400 元,可能因为不按规定超速行驶,违反交通信号指示等)。

变动成本合计:4 000 + 200 + 3 000 + 200 + 400 = 7 800(元)。

单程长途干线成本(即自营车辆运输成本):固定成本合计 + 变动成本合计 = 1 558 + 7 800 = 9 358(元)。

(3)外包费用计算。

经调查,武汉的外包业务公司给出的价格是每吨 500 元,货车长为 12.5 m。根据货物重量 28 t,所以计算得到货物总运费:500 × 28 = 14 000(元)。

外包公路运输总成本 = 9 358 + 14 000 = 23 358(元)。

2. 铁路运输成本计算

根据查询可得,运费计算公式为(基价 1 + 基价 2 × 运输里程) × 集装箱数,又根据铁路货物运价率表,基价 1 为 1.229 0 元/箱,基价 2 为 1.834 6 元/km,则运费计算得(436.30 + 1.834 6 × 2 004) × 2≈8 226(元)。

再根据《铁路集装箱装卸作业费率表》可知 40 ft 集装箱装卸费率 292.5 元/箱,则装卸费计算得 292.5 × 2 = 585(元)最后加上公路运输费用估计为 4 000 元。

计算铁路运输成本总和≈8 226 + 585 + 4 000≈12 811(元)。

五、运输时间估计分析

若采用公路运输,从武汉到沈阳的距离约为 1 890 m,货车在高速公路的速度最快不能超过 120 km/h,这里我们假设货车的时速为 100 km/h,并且是连续行驶,则需要约19 个 h。考虑到堵车,收费站,天气变化等耗用时间,运输时间估计 2 d 左右。

若采用铁路运输,经计算得经 23 h 左右到达,但考虑到装卸搬运时间和公路运输时间,大概需要 3 d 时间。

六、最终合理运输决策

经过计算,公路自营车辆运输成本远远低于铁路运输成本和外包运输成本,因此公路自有营运车辆运输是最合理的运输组织决策。

任务评价

任务评价表见表 6-4。

表 6-4　任务评价表

序号	评价内容	评价标准	分数	评分记录		
				学生自评	组间互评	教师评分
1	运输方式筛选	每项判定正确,理由充分,2.5 分	10			
2	运输组织分析	分析全面准确,每项 5 分	10			
3	车辆来源分析	情况分析全面准确,每项 5 分	10			
4	运输成本计算	公里成本计算准确,20 分;铁路成本计算准确,20 分	40			
5	运输时间估计分析	影响因素考虑全面,10 分;时间计算准确,5 分	15			
6	最终合理运输决策	方案选择正确,10 分;理由充分,5 分	15			
		总分	100			

任务三　优化物资运输决策

任务引入

现有甲、乙、丙 3 个生产地供应某种物资;有 A,B,C,D 4 个需求地。试确定两种情况下的最优运输方案。情况一:各自供应量和需求量,见表 6-5。情况二:改变 C 车间的需求量,其他条件不变,见表 6-6。

表 6-5　供需量及单位运价

	A	B	C	D	供应量/t
甲	15	18	19	13	50
乙	20	14	15	17	55
丙	25	12	17	22	70
需求量/t	30	60	20	40	

表 6-6　车间物资需求量

车间	需求量/t
A	30
B	60
C	45
D	40

任务描述

所谓供需不平衡的运输问题是指，在产品市场上，某种物品有 m 个地点生产，同时有 n 个地点需要，物品从不同的产地运往不同的需要地运费也不相同，其次该物品的总供应量与总的需要量也不正好相等。如何进行分配才能既满足需要又使成本最少，即最优分配方案。供需不平衡问题主要有供不应求和供过于求两种类型。

相关知识

运输在整个物流中占有很重要的地位，运输总成本要占到物流总成本的 35%～50%；对许多商品来说，运输成本要占商品价格的 4%～10%，也就是说，运输总成本占物流总成本的比重比其他物流活动大。运输决策包含的范围很广泛，其中主要是运输自营或外包决策，运输方式的选择，运输服务商的选择，运输路线的选择，运输计划编制及运输能力配备等。

一、施工企业物资运输经营方式决策

运输经营方式的决策是指施工企业对于物资的运输是选择自营的模式还是将运输业务外包出去。因为甲控和甲供物资都是由甲方监督供应商送货，所以这一决策仅限于施工企业自购物资。

对于自购物资而言，究竟是采取自营运输还是将运输业务外包是施工企业需要做的一个重要决策。随着现代物流理念在中国的传播，许多物流思想在国内企业管理中得到运用和实践。运输外包作为一种管理思想，被国内的第三方物流和商贸流通企业广泛采用。对采用运输外包模式的施工企业而言，运输外包业务相对于传统的自营运输业务，具有明显的优势，能使施工企业将并不擅长的运输业务剥离，将宝贵的企业资源投入生产、采购、财务等其他更需要关注的方面。同时，善于为施工企业提供运输外包服务的专业物流运输企业一般都有比较健全的物流网络、丰富的车辆和人力资源，以及专业的施工企业物流管理优势。因此当其将施工企业的运输部门托管下来，承担起施工企业物资运输管理和货款回收任务时，施工企业就有了坚强的后盾，施工能力将有明显的提高。

如果施工企业自购物资运输选择外包给第三方，则要面临运输服务商的选择问题，如果是选择自营方式，需要做的决策则是运输方式、运输路线的选择。

二、施工企业对运输服务商的选择决策

只要运输业没有垄断存在，对于同一种运输方式，托运人或货主就有机会自主选择运输服

务商。当然,不同的客户会有不同的决策标准和偏好,但总体而言,可以从以下几个角度来考虑:

1. 服务质量比较

客户在付出同等运费的情况下,总是希望得到好的服务,因此,服务质量往往成为客户选择不同运输服务商的首要标准。

运输所体现的价值是把货物从一个地方运送到另一个地方,完成地理上的位移,而无须对货物本身进行任何加工。但如果运输保管不当,就会对货物的质量产生影响。因此,客户在选择运输服务商时会将其运输质量作为一个重要的因素来考虑。

2. 运输价格比较

各运输服务商为了稳定自己的市场份额,都会努力提高服务质量,而随着竞争的日趋激烈,对于某些货物来说,不同的运输服务商所提供的服务质量已近乎相同,因此运价很容易成为各服务商的最后竞争手段。于是客户在选择时,如果面对几乎相同的服务质量,或有些客户对服务质量要求不高时,运输价格便成了另一个重要的决策准则。

3. 综合选择

当然,会有更多的客户在选择运输服务商时会同时考虑多种因素,如同时考虑服务质量和运输价格,以及服务商的品牌、经济实力、服务网点数量等,可用公式来表示:

$$S=\frac{k_1Q}{k_2P}+k_3B+k_4C+k_5N+\cdots+k_nO$$

式中　S——综合因素;

k_n——不同因素的权数,$n=1,2,3,\cdots$;

Q——服务质量;

P——运输价格;

B——运输服务商的品牌;

C——运输服务商的总资产状况;

N——运输服务商的网点数;

O——其他因素。

客户可以根据自己的需要,调整不同因素的权数,然后做出决策。

三、运输方式的选择

在各种运输方式中,如何选择适当的运输方式是物流合理化的重要问题。一般来讲,应从物流系统要求的服务水平和允许的物流成本来决定。可以使用一种运输方式,也可以使用联运方式。

1. 运输方式选择的考虑因素

决定运输方式,可以在考虑具体条件的基础上,对货物品种、运输期限、运输成本、运输距离、运输批量认真研究考虑。

2. 运输方式选择的方法

运输方式选择的方法有很多种,但原则上应根据运输环境、运输服务的目标要求,采取定性分析与定量分析两种方法。

(1)定性分析法。定性分析法主要是依据完成运输任务可用的各种运输方式的运营特点及主要功能、货物的特性以及用户的要求等因素对运输方式进行直观选择的方法。

(2)定量分析法。运输方式选择的定量方法有综合评价法、成本比较法、考虑竞争因素的方法等多种方法,应用时可根据实际情况选择其中的一种进行定量分析。

四、运输路线选择

运输路线的选择影响到运输设备和人员的利用,正确地确定合理的运输路线可以降低运输成本,因此,运输路线的确定是运输决策的一个重要领域。运输路线决策就是找到运输网络中的最佳路线,尽可能缩短运输时间或运输距离,达到降低运输成本、改善运输服务的目标。尽管路线选择问题种类繁多,但可以将其归纳为三个基本类型:一是起点和终点不同的单一路径规划,二是多个起点和终点的路径规划,三是起点和终点相同的路径规划。

(一)起点和终点不同的单一路径规划

对于自购物资设备比较简单、施工点比较单一的小型施工企业就面临着这种规划。此类问题可以描述为在一个已知交通运输网络中,寻找从出发地到目的地的最佳路线。这里的“最佳”可以指距离最短、时间最省或是费用最少。该路径规划的数学模型为求网络图中两点之间的最短路问题,可采用网络规划中求最短路 Dijkstra 算法(标号算法)。除了距离以外,还需要考虑通过交通网络的时间长短。

计算方法如下。

(1)第 n 次迭代的目标。寻求第 n 次最近始发点的节点,重复 $n=1,2,\cdots$,直到最近的节点是终点为止。

(2)第 n 次迭代的输入值。第(n-1)个最近始发点的节点是由以前的迭代根据离始发点最短路线和距离计算而得的。这些节点以及始发点称为已解的节点,其余的节点是尚未解的点。

(3)第 n 个最近节点的候选点。每个已解的节点由线路分支通向一个或多个尚未解的节点,这些未解的节点中有一个以最短路线分支连接的是候选点。

(4)第 n 个最近的节点的计算。将每个已解节点及其候选点之间的距离和从始发点到该已解节点之间的距离加起来,总距离最短的候选点即是第 n 个最近的节点。也就是始发点到达该点最短距离的路径。

(二)多个起点和多个终点的路径规划问题

对于大型施工企业,施工点比较多,地域分布比较分散,采购的货物也可能来自多个供应商,则需要面临多起点和终点的路径规划问题。多个起点和终点的路径优化需要确定各供求地点之间的最佳供应关系。运用线性规划,其数学模型可以描述为:有 m 个产地 A_i,$i=1,2,\cdots,m$,可供应量分别为 a_i,$i=1,2,\cdots,m$;有 n 个销地 B_j,$j=1,2,\cdots,n$,需要量分别为 b_j,$j=1,2,\cdots,n$。产销平衡,从 A_i 到 B_i;运输单位货物的运价(也可以是时间或距离)为 C_{ij}。如何调运这些货物使得运费(或时间、吨公里数)最少(最短)?常见的解决方法有单纯形法、图表分析法、图上作业法、表上作业法等。单纯形法、表上作业法主要是运筹学方面的知识,图上作业法相对比较简单灵活,下面以图上作业法和表上作业法为例说明如何解决此类问题。

1. 图上作业法的基本思想

图上作业法是利用货物的生产地和销售地的地理分布和交通路线示意图,采用图解的形式规划商品的运输方案，以求得货物运输吨公里最小的方法。图上作业法适用于运输过程中同一种运输工具进行运输的状况，适用于交通线路为线状、圈状，而且对产销地点的数量没有严格限制的情况。图上作业法的核心就是规划出货物的最优流向，其原则可归纳如下。

(1)流向画右方，对流不应当。

(2)内圈、外圈分别算，要求内圈和外圈都不能超过半圈长。

(3)如若超过半圈长，应甩运量最小段。

(4)反复求算，直到通过检验，找到最优方案。

【例6-1】 某施工企业物资发运点A、B、C、D四处，接收点a、b、c、d位于圈上，其距离及供需量见表6-7及如图6-8所示，试求最优运输线路。图6-8所示中每个需求点与两个供应点连接、每个供应点与两个需求点连接。

表6-7 施工企业物资供需数据

	a/km	b/km	c/km	b/km	供应量/t
A	65	—	—	80	800
B	180	220	—	—	1 500
C	—	90	75	—	1 700
D	—	—	60	70	1 000
需求量/t	1 300	1 000	1 600	1 100	5 000

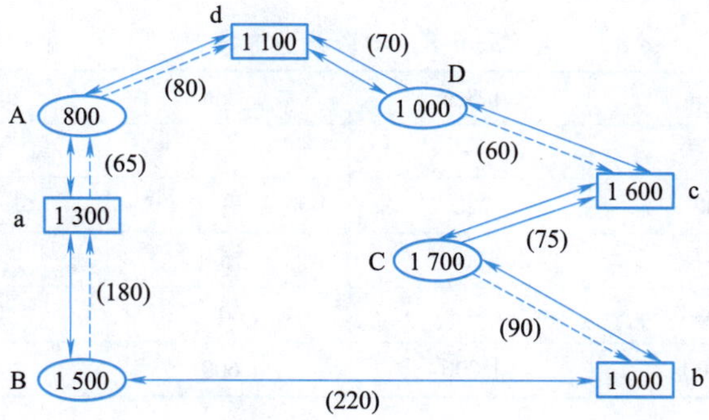

图6-8 施工企业物资运输交通示意

( )内数据表示距离；椭圆、方框内数据表示运输数量

解：(1)假定里程最长的一段没有货流通过，使圈状线路变成非圈状线路，其中B→b应甩去。此时转化为交通示意图成线状的情况。

(2)按照“首先抓两端”和“近产近销”的原则安排初始调运方案。经图上作业确定初始方案，即从B运1 500 t到a，再从a运200 t到A，A运1 000 t到d。此外，从D运900 t到c，从C运700到c，同时，运1 000 t到d，如图6-10所示。

(3)对初始方案进行检验。根据图6-10中虚线所示，将内外圈货流里程汇总，检查是否超过全圈长的一半。

无论内圈大于全圈长的一半，不是最优方案，应重新甩段破内圈，寻找最优方案。

$$L/2=(220+180+65+80+70+60+75+90)=120$$

$$L_{内} = 180 + 65 + 80 + 60 + 90 = 475 > L/2$$

$$L_{外} = 75 + 70 = 145 < L/2$$

$L_{内}$ 大于半圆长，而内圈运量最小段为 a→A，因此，重新甩段破圈时，应甩 a→A，补上无货流的 B→b 区，重新做出流向圈，如图 6-9 所示。

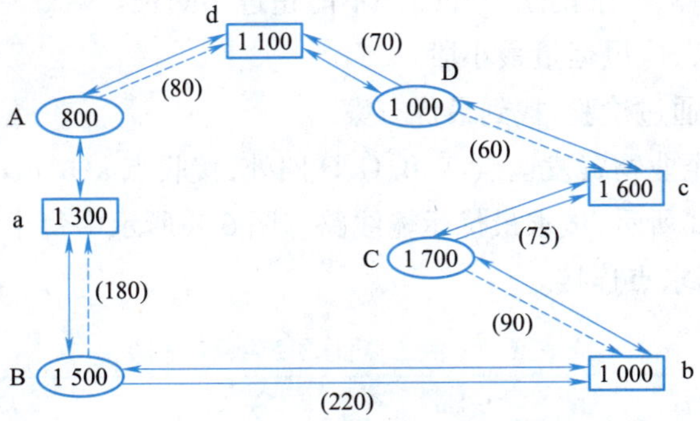

图 6-9　调整后的运输流向

(4)计算内外圈长。

$L_{内} = 180 + 80 + 60 + 410 < L/2$

$L_{外} = 75 + 70 + 225 = 365 < L/2$

(5)将上述结果填入平衡表见表 6-8，便可得到最优运输路线。

表 6-8　物资调运方案

	a/km	b/km	c/km	d/km	供应量/t
A	—	—	—	80	800
B	180	220	—	—	1 500
C	—	90	75	—	1 700
D	—	—	60	70	1 000
需求量/t	1 300	1 000	1 600	1 100	5 000

2. 表上作业法的基本思想

表上作业法是以最小运费作为目标函数，利用单位运价表、产销平衡表等表格进行规划，寻求最优运输方案。其步骤如下所述。

第一步，在给定的产销平衡表和单位运价表上，用最小元素法拟订初始运输方案。最小元素法，就是在单位运价表上按运费最小的优先调运的方法。当某一个产地或者需求地的产量或需要量得到满足后，在单位运价表上就将对应行或列的运价划去，再从余下的运价中找出最小的运价，将对应产地的物资运到相应的需求地，依次就可以得到一个初始运输方案。

在一般情况下，平衡表中所填写的运量数字的格字数目为产地数(m) + 需用地数(n) − 1。

如果求初始运输方案时，遇到不需要或不能供应的情况，使得平衡表中填有运量的格子数目小于 $m + n - 1$ 时，这时应在平衡表中相应位置上填上“0”，使得填有运量的格子数为 $m + n - 1$。具体的填写方法如下所述。

(1)运输方案已给出，运价表中尚有一个元素未划去，这时要在对应于未划去元素的产销平衡表的空格处填上一个“0”，这个填“0”的空格同其他有数字的格一样看待。

(2)当选定最小元素后，发现该元素所在行产地的产量等于所在列需求地的需要量，这时在产销平衡表中填一个运量，在运价表中就要同时划去一行和一列，为使产销平衡表中有数字的格仍为 $m+n-1$，这时需要在划去的该行或列的任一空格位置上填上“0”。

第二步，检验。若所有的检验数都是非负值时，即得到最优解；若还存在一个或若干个检验数为负值，说明这个运输方案不是最优方案。

检验数的计算方法有三种：闭回路法、位势值法、矩阵法，在此只介绍闭回路法。

以初始运输方案表上的某空格作为起点，沿着水平或垂直方向前进，遇到有数字格转 90°(顺时针或逆时针都可以)，继续下去必能回到原来的空格，得到一个闭回路，对于每一个空格来说，闭回路存在且唯一。在单位运价表中的相应位置画出这条闭合回路，以这个空格相应的闭回路顶点编号为零数起(无论从哪方向)，依次可将这条闭回路的每个顶点编号。将偶数号顶点运价之和减去奇数号顶点运价之和的差，便是这个空格的检验数。如果所有的检验数是正数或零，则这个运输方案为最优方案。若出现检验数有负值，则需对原方案进行调整，转入第三步。

第三步，调整方案。如果检验数中出现负数，则选择绝对值最大的负检验数所在空格进行调整，得到新的运输方案，再进行检验、调整，直至得到最优方案为止。具体步骤如下：

(1)在检验表中找出绝对值最大的负检验数所在空格，在初始运输方案中画出此空格的闭回路。

(2)在此空格的闭回路上，从各奇数号顶点所相应的运量中选出最小的运量作为调整量。

(3)在此空格的闭回路上，将各奇数号顶点的运量都减去调整量，各偶数号顶点的运量，都加上调整量，便得到一个新的运输方案。

须注意的是：有时闭回路的运量调整时，有两个以上的奇数号顶点的运量同为最小，如果减去调整量，将有两个以上的顶点运量变为零，为了保证调整后新的运输方案的有数字格仍为 $m+n-1$(即每调整一次方案，只有一个空格变为有数字格，一个有数字格变为空格)，应该只留下运输方案表中最上边、最左边的一个作为空格，其余的填“0”作为有数字格看待。

【例 6-2】 某机床公司甲、乙、丙三个仓库分别存有货物 7 t、4 t、9 t。现要把这些货物分送给 A,B,C,D 四个车间，它们的需要量分别为 3 t、6 t、5 t、6 t，各个仓库到各车间的货运费用见表 6-9。试确定从哪一个仓库运多少货到哪一个车间，既保证各车间得到需要的物资，各仓库又能清出所有的货物，并使总的货运费用最低？

表 6-9 供需平衡单位运价表

	A	B	C	D	发量/t
甲	5	12	3	11	7
乙	1	9	2	7	4
丙	7	4	10	5	9
收量/t	3	6	5	6	—

(1)从最低运价开始,由低到高,依次安排运量,得到初始方案。

表6-9中乙→A的运价最小,首先安排由乙仓库送货给A车间3 t,在乙→A处标上。此时A的需求量已满足,将A这一列的运价及需用量划去,见表6-10。

表6-10 供需调拨平衡表一

	A	B	C	D	发量/t
甲	5	12	3	11	7
乙	1 ③	9	2	7	4
丙	7	4	10	5	9
收量/t	3	6	5	6	—

其次,按同样道理,在剩下的运价表中找出最低运价——乙→C,此时可将乙仓库剩下的1 t全部调拨给C车间。由于乙仓库的4 t全部调出,将乙仓库这一行的运价及供应量(发量)划去。再以此类推,作出初始方案,见表6-11。

表6-11 供需调拨平衡表二

	A	B	C	D	发量/t
甲	5	12	3 ④	11 ③	7
乙	1 ③	9	2 ①	7	4
丙	7	4 ⑥	10	5 ③	9
收量/t	3	6	5	6	—

单独的仓库与车间之间的供需调拨平衡表和单位运价表见表6-12和表6-13。

表6-12 供需调拨平衡表三

	A	B	C	D	发量/t
甲	—	—	4	3	7
乙	3	—	1	—	4
丙	—	6	—	3	9
收量/t	3	6	5	6	—

表6-13 单位运价表

单位:元

A	B	C	D
5	12	3	11
1	9	2	7
7	4	10	5

(2)对初始运输方案进行检验判断。用闭合回路法计算调拨平衡表中空格的检验数σ_{ij}(i表示行,j表示列)。

$\sigma_{11}=(5+2)-(3+1)=3$ $\sigma_{12}=(12+5)-(11+4)=2$

$\sigma_{22}=(9+3+5)-(2+11+4)=0$ $\sigma_{24}=(7+3)-(11+2)=-3$

$\sigma_{31}=(7+2+11)-(1+3+5)=11$ $\sigma_{33}=(10+11)-(3+5)=13$

由于σ_{24}为负检验数,说明该初始运输方案不是最优方案,需进行调整。

(3)进行调整。用闭合回路法对初始运输方案进行调整,得到新的运输方案,见表6-14。

表6-14 调拨平衡表

	A	B	C	D	发货/t
甲	—	—	5	2	7
乙	3	—	—	1	4
丙	—	6	—	3	9
收量/t	3	6	5	6	—

(4)对运输方案进行检验判断。

$\sigma_{11}=(5+7)-(11+1)=0$ $\sigma_{12}=(12+5)-(11+4)=2$

$\sigma_{22}=(9+5)-(7+4)=3$ $\sigma_{24}=(2+11)-(7+3)=3$

$\sigma_{31}=(7+7)-(1+5)=8$ $\sigma_{33}=(10+11)-(3+5)=13$

所有检验数都大于零,说明此运输方案为最优方案。

总运费 $F=5\times3+2\times11+3\times1+1\times7+6\times4+3\times5=86$(元)

五、物资供求不均衡运输模型

使用运输表求运输模型解的基本条件之一是必须供求平衡,即

$$\sum_{i=1}^{m}a_i=\sum_{j=1}^{n}b_j$$

而在实际工作中,并非都能满足这个条件,通常出现的情况或是供过于求,或是供不应求。因此,必须对模型做出适当修正,以便能使用运输表求出运输方案。

(一)供过于求的情况

主要是指 m 个产地生产的物资总量和大于 n 个销地的需求量总量,即总产量大于总销量的运输问题即为供过于求的运输问题。

$$\sum_{i}^{m}a_i>\sum_{j}^{n}b_j$$

表6-15中A、B、C三个产地的总产量为7+4+12=23,甲、乙、丙、丁四个销地总需求量为3+6+5+6=20,23大于20,就是供过于求问题。

表6-15 产销量表

	甲	乙	丙	丁	产量(a_i)
A	3	11	3	10	7
B	1	9	2	8	4
C	7	4	10	5	12
销量(b_j)	3	6	5	6	—

实际问题中,供过于求意味着某些产品被积压在仓库中。如果把仓库也看成是一个假想的销地,并令其销量刚好等于总产量与总销量的差;那么,供过于求的运输问题就转换成供需平衡的运输问题

所以当产大于销时,只要增加一个假想的销售地 $j=j+1$,则该销售地的总需求量为

$$\sum_{i}^{m} a_i - \sum_{j}^{n} b_j$$

因此假设存在一个销地戊，其销量为 23 - 20 = 3，这样使得销地的总需求量也达到 23，使得供需到达平衡，即在产销平衡表中加上一列戊→D，并令其列的需求量为 8，见表 6-16。

表 6-16　产销平衡表

	甲	乙	丙	丁	戊	产量(a_i)
A	3	11	3	10	—	7
B	1	9	2	8	—	4
C	7	4	10	5	—	12
销量(b_j)	3	6	5	6	3	—

由于假想的销地代表的是仓库，而我们优化的运费是产地与销地间的运输费用，并不包括厂内的运输费用，所以假想列所对应的运价都应取为“0”，见表 6-17。

表 6-17　产量平衡表

	甲	乙	丙	丁	戊	产量(a_i)
A	3	11	3	10	0	7
B	1	9	2	8	0	4
C	7	4	10	5	0	12
销量(b_j)	3	6	5	6	3	—

至此，我们已经将供过于求的运输问题转换成供需平衡的运输问题，进一步的求解可利用表上作业法来完成。

(二)供小于求的情况

主要是指 m 个产地生产的物资总量和小于 n 个销地的需求量总量，总产量小于总销量的运输问题即为供小于求的运输问题。

表 6-18 中 A、B、C 三个产地的总产量为 7 + 4 + 9 = 20，甲、乙、丙、丁四个销地总需求量为 11 + 6 + 5 + 6 = 28，销地需求量 28 大于产地产量 20，就是销大于产的运输问题。

表 6-18　产销量表

	甲	乙	丙	丁	产量(a_i)
A	3	11	3	10	7
B	1	9	2	8	4
C	7	4	10	5	9
销量(b_j)	11	6	5	6	—

如果假设一个产地 D 并令其产量刚好等于总销量与总产量的差“8”。那么，销大于产的运输问题同样可以转换成产销平衡的运输问题。

所以当供小于求时，只要增加一个假想的产地 $i = i + 1$，则该产地的总产量为

$$\sum_{j}^{n} b_j - \sum_{i}^{m} a_i$$

因此假设存在一个产地 D，其产量为 28-20 = 8，这样使得产地的总产量也达到 28，使得供需到达平衡。

所以在供需平衡表加上一行 D，并令其行的产量为 8，见表 6-19。

表 6-19　供需平衡表

	甲	乙	丙	丁	产量(a_i)
A	3	11	3	10	7
B	1	9	2	8	4
C	7	4	10	5	9
D	—	—	—	—	8
销量(b_j)	11	6	5	6	—

假想的产地并不存在，于是各销地从假想产地所得到的运量，实际上表示的是其未满足的需求。由于假想的产地与各销地之间并不存在实际的运输，所以假想的产地行所有的运价都应该是“0”，见表 6-20。

表 6-20　供需平衡表

	甲	乙	丙	丁	产量(a_i)
A	3	11	3	10	7
B	1	9	2	8	4
C	7	4	10	5	9
D	0	0	0	0	8
销量(b_j)	11	6	5	6	—

至此，将供小于求的运输问题转换成了供需平衡的运输问题。进一步的求解可利用表上作业法来完成，见表 6-21。

表 6-21　供需平衡表

	甲	乙	丙	丁	产量(a_i)
A	3	11	3	10	7
B	1	9	2	8	4
C	7	4	10	5	9
D	0	0	0	0	8
销量(b_j)	11	6	5	6	—

在这里需要注意，当供需不平衡问题转变为供需平衡问题时，会因为增加了假想的产地或销地，但实际上假想的产地或销地并不存在，因此假想的产地或销地与其他销地或产地间的运价都为“0”，在按照最小元素法进行初始安排时，应从运价表中最小元素“0”开始安排运量。

任务实施

按照任务引入中的要求，参照表 6-5 和表 6-6 数据，确定两种情况下的最优运输方案。

1. 情况一:供过于求

从表6-5中可见,供过于求25 t。为了建立运输表,设一个虚车间E,表示接收超过的供应量,并规定从任何一个仓库到车间E的单位运费为零,见表6-22。

表6-22 设有车间E的供需及单位运价

	A	B	C	D	E	供应量/t
甲	15	18	19	13	0	50
乙	20	14	15	17	0	55
丙	25	12	17	22	0	70
需求量/t	30	60	20	40	25	—

然后利用表上作业法求解运输优化方案。

(1)利用最小元素法求得初始运输方案,见表6-23。

表6-23 供过于求的初始方案

	A	B	C	D	E	供应量/t
甲	—	—	—	25	25	50
乙	20	—	20	15	—	55
丙	10	60	—	—	—	70
需求量/t	30	60	20	40	25	—

(2)计算检验数。

$\sigma_{11}=(15+17)-(20+13)=-1$　　$\sigma_{12}=(18+25+17)-(12+20+13)=15$

$\sigma_{13}=(19+17)-(15+13)=8$　　$\sigma_{22}=(14+25)-(20+12)=7$

$\sigma_{25}=(13+0)-(17+0)=-4$　　$\sigma_{33}=(17+21)-(15+25)=-3$

$\sigma_{34}=(20+22)-(25+17)=0$　　$\sigma_{35}=(0+13+20)-(0+17+25)=-9$

由于有些检验数为负值,说明本方案不是最优方案,需进行调整。

(3)进行调整。以σ_{35}所在空格用闭回路法对初始方案调整。得到新的改进方案一,见表6-24。

表6-24 供过于求的初始方案一

	A	B	C	D	E	供应量/t
甲	—	—	—	35	15	50
乙	30	—	20	5	—	55
丙	—	60	—	—	10	70
需求量/t	30	60	20	40	25	—

(4)计算检验数。

$\sigma_{11}=(15+17)-(20+13)=-1$　　$\sigma_{12}=(18+0)-(12+0)=6$

$\sigma_{13}=(19+17)-(15+13)=8$　　$\sigma_{22}=(14+13+0)-(17+0+12)=-2$

$\sigma_{25}=(13+0)-(17+0)=-4$　　$\sigma_{31}=(25+17+0)-(20+13+0)=9$

$\sigma_{33}=(17+17+0)-(15+13+0)=6$　　$\sigma_{34}=(22+0)-(13+0)=9$

由于有些检验数为负值，说明本方案不是最优方案，需进行调整。

(5)进行调整。以 σ_{25} 所在空格用闭回路法对改进方案一调整，得到新的运输方案二，见表 6-25。

表 6-25　供过于求的初始方案二

	A	B	C	D	E	供应量/t
甲	—	—	—	40	10	50
乙	30	—	20	—	5	55
丙	—	60	—	—	10	70
需求量/t	30	60	20	40	25	—

(6)计算检验数。

$\sigma_{11} = (15+0) - (20+0) = -5$　　$\sigma_{12} = (18+0) - (12+0) = 6$

$\sigma_{13} = (19+0) - (15+0) = 4$　　$\sigma_{22} = (14+0) - (0+12) = 2$

$\sigma_{24} = (17+0) - (13+0) = 4$　　$\sigma_{31} = (25+0) - (20+0) = 5$

$\sigma_{33} = (17+0) - (15+0) = 2$　　$\sigma_{34} = (22+0) - (13+0) = 9$

由于 σ_{11} 检验数为负值，说明本方案不是最优方案，需进行调整。

(7)进行调整。以 σ_{11} 所在空格用闭回路法对改进方案二调整，得到新的运输方案三，见表 6-26。

表 6-26　供过于求的初始方案三

	A	B	C	D	E	供应量/t
甲	10	—	—	40	—	50
乙	20	—	20	—	15	55
丙	—	60	—	—	10	70
需求量/t	30	60	20	40	25	—

(8)计算检验数。

$\sigma_{12} = (18+0+20) - (12+0+15) = 11$　　$\sigma_{13} = (19+20) - (15+15) = 9$

$\sigma_{13} = (0+20) - (15+0) = 5$　　$\sigma_{22} = (14+0) - (0+12) = 2$

$\sigma_{24} = (17+15) - (13+20) = -1$　　$\sigma_{31} = (25+0) - (20+0) = 5$

$\sigma_{33} = (17+0) - (15+0) = 2$　　$\sigma_{34} = (22+15+0) - (13+20+0) = 4$

由于 σ_{24} 检验数为负值，说明本方案不是最优方案，需进行调整。

(9)进行调整。以 σ_{24} 所在空格用闭回路法对改进方案三调整，得到新的运输方案四，见表 6-27。

表 6-27　供过于求的初始方案四

	A	B	C	D	E	供应量/t
甲	30	—	—	20	—	50
乙	—	—	20	20	15	55
丙	—	60	—	—	10	70
需求量/t	30	60	20	40	25	—

(10)计算检验数。

$\sigma_{12}=(18+17+0)-(12+0+13)=10$　　$\sigma_{13}=(19+17)-(15+13)=8$

$\sigma_{13}=(0+17)-(13+0)=4$　　$\sigma_{21}=(20+13)-(15+17)=1$

$\sigma_{22}=(14+0)-(12+0)=2$　　$\sigma_{31}=(25+13+0)-(15+17+0)=6$

$\sigma_{33}=(17+0)-(15+0)=2$　　$\sigma_{34}=(22+0)-(17+0)=5$

由于所有检验数为非负值,说明本方案是最优方案。

在这个优化方案中,因为车间 E 是虚设的,并不存在真正的运输。所以,实际方案是仓库乙有 15 t 的物资保留在原地,仓库丙也有 10 t 物资保留在原地。最终的运输优化方案见表 6-28。

表 6-28　供过于求的优化方案

	A	B	C	D	供应量/t
甲	30	—	—	20	50
乙	—	—	20	20	55
丙	—	60	—	—	70
需求量/t	30	60	20	40	—

最小运费 $F=30\times15+20\times13+20\times15+20\times17+60\times12=2\ 170$(元)

2. 情况二:供不应求

将表 6-5 中的需求量作适当修正,可以转化为一个供不应求问题。假定供应量不变需求量见修正表 6-29。

修正表 6-29　车间物资需求量

车间	需求量/t
A	30
B	60
C	45
D	40

从修正表 6-4 可知,供小于求 25 t。为了建立运输表,设一个虚仓库丁,表示需求超过的供应量,并规定从仓库丁运往任何车间的单位运费为零,见表 6-30。然后利表上作业法求解运输优化方案。

表 6-30　设有仓库丁的供需及单位运价

	A	B	C	D	供应量/t
甲	15	18	19	13	50
乙	20	14	15	17	30
丙	25	12	17	22	70
丁	0	0	0	0	25
需求量/t	30	60	45	40	—

具体计算步骤参照“情况一　供过于求”。

最小运费 $F = 10 \times 15 + 40 \times 13 + 30 \times 15 + 60 \times 12 + 10 \times 17 = 2\ 010$(元)

任务评价

任务评价表见表6-31。

表6-31　任务评价表

序号	评价内容	评价标准	分数	评分记录		
				学生自评	组间互评	教师评分
1	供过于求	每步计算列表正确,4分;最小运费计算正确,10分	50			
2	供小于求	每步计算列表正确,4分;最小运费计算正确,10分	50			
总分			100			

巩固练习

1. 运输方式中,适合施工企业采用的运输方式是哪几种?
2. 施工企业应如何选择运输方式?
3. 施工企业应如何规划运输路线?
4. 各种运输方式的合理分工与协调主要有几个方面?
5. 物资运输的作用有哪些?
6. 物资不合理运输的表现有哪些?

项目七

物资仓库管理

项目描述

物资仓库管理是施工企业管理活动中的关键工作，是施工得以顺利进行的重要保证，完善的施工企业物资仓库管理是保证工程顺利进行的前提，加强物资仓库管理，对于保证物资供应，降低成本和提高经济效益，起着举足轻重的作用。

下面主要对物资仓储管理的内容，物资仓库的分类、选址，仓库业务流程，仓储安全等内容加以介绍。

学习目标

知识目标

(1)了解施工企业物资仓储管理的概念。

(2)掌握施工企业物资仓库的建造要求。

(3)掌握施工企业物资收料、发放阶段的业务流程。

(4)掌握物资保管保养、物资盘点的要点。

(5)掌握仓库安全管理措施。

能力目标

(1)能够说明工程物资仓储管理的内容。

(2)能够根据物资仓库的不同用途对仓库进行分类。

(3)能够对施工企业仓库选址、布置、储位规划提出合理的建议。

(4)能够利用工具进行计件、检斤、检尺求积的数量检验收货作业。

(5)能够处理物品检验中单证不齐、数量短缺、质量不符等问题。

(6)能够根据盘点作业内容和要求进行盘点、并对盘点结果进行分析和处理。

(7)能够根据堆码的要求、方式、标准进行物品的堆码、苫盖、垫垛。

(8)能够根据物品的养护知识对在库的危险品和一般品进行日常养护。

素养目标

(1)培养学生职业责任感和自豪感。

(2)能够具备专业岗位应具有的职业道德、职业能力及职业品质，树立工匠精神意识。

(3)培养学生将工匠精神中“敬业、敬意、专注”的品质运用到未来的工作中。

(4)帮助学生树立爱国主义情怀，增强文化自觉和坚定文化自信。

(5)培养学生成为有社会责任感、踏实肯干、爱岗敬业、追求卓越的应用型技能人才。

学习导航

- 物资仓库管理
  - 认识仓库
    - 仓库的含义
    - 仓库的功能
      - 储存和保管功能
      - 维护和加工功能
      - 装卸功能
      - 信息处理和传递功能
    - 仓库的分类
      - 按储备材料的种类分
      - 按仓库建筑封闭形式分
      - 按管理权限分
  - 建设与使用物资仓库
    - 仓库的选址与总体布局
      - 仓库的选址依据
      - 仓库合理的总体布局
    - 仓库的建造要求
      - 露天料场的建造要求
      - 料棚的建造要求
      - 普通库房的选址建造要求
      - 油料库的选址与布局
      - 火工品（炸药库）的建造要求
    - 仓库设置与货堆安排
      - 货道设置
      - 货垛安排
  - 管理入库作业
    - 物资入库前的准备工作
    - 物资接运
    - 物资验收
    - 办理入库手续
  - 管理在库与出库作业
    - 物资在库管理
      - 物资的保管
      - 物资的养护
      - 物资盘点
      - 库存控制
    - 物资出库管理
      - 物资发放的原则
      - 物资出库程序
    - 物资仓储安全管理
      - 仓库火灾知识
      - 仓储安全作业的基本要求

学习重点　学习难点　慕课资源　动画资源　课程思政　物资软件

任务一　认识仓库

任务引入

工程物资部即将到库一批物资，其中包括圆钢、砂石、氧气瓶、水泥。请根据上述入库物资选择合适的仓库进行储存。

任务描述

随着社会的不断发展仓库也发生着各种变革,出现了更多的细分。仓库是企业各种物资的周转储备环节,同时又担负着多项业务职能,是企业物资管理的一个重要环节。本次任务就是介绍依据物资的属性来确定物资的储存位置。

相关知识

一、仓库的含义

仓库是指用于储存、保管物品的建筑物和场所的总称(GB/T 18354—2021)。仓库是一个集中反应货物流通状态的综合场所,是物流、信息流、单证流的结合。仓库作为物资储存保管的一个重要节点,具有衔接协调的功能。

素养教育

远古时期的"仓库"

半坡遗址位于陕西省西安市浐河东岸,是黄河流域一处典型的原始社会母系氏族村落遗址,属新石器时代仰韶文化聚落遗址,距今6 000 ~ 6 700年。半坡遗址于1953年被发现。1954—1957年被部分发掘,前后被发掘5次,其中发现200多窑穴,还有粟、菜籽遗存,这表明,早在六七千年前,我们的先祖便开始有意识地储存粮食。我国人民早在远古时期已经开始利用智慧来提高劳动生产技能,以此来改善自己的物质条件及生活环境,不仅使人类能够立足于自然界中,而且有所发展成为自然界的主人。

二、仓库的功能

仓库的一个最基本功能就是储存货物,并对储存的货物实施保管和控制。一般来讲,仓库具有以下功能:

1. 储存和保管功能

储存和保管功能是仓库最基本的传统功能。仓库具有一定的空间,用于储存货物,并根据货物的特性,配有相应的设备,采取相应的措施,以保持储存货物的完好。

2. 维护和加工功能

仓库在仓储货物的同时,无论是从管理责任,还是经济利益考虑,都要保证仓储物不发生不正常的变化,这就需要仓库对仓储物进行维护、养护,确保仓储物的品质不变。由于流通加工的发展,货物在仓储阶段处于停滞状态,是开展加工的最佳时机,不影响仓储物流通的速度。

3. 装卸功能

货物通过运输工具被运指定地点,必须经过将货物从运输工具上卸下、入库储存及出库的过程。在仓库范围内所进行的装卸自然是仓库的基本职能。

4. 信息处理和传递功能

仓库是物流的节点,货物入库和出库都需要经过仔细地检查和核对,并需要完整地记录,因而仓库管理中要求仓储信息处理的准确性和及时性。

三、仓库的分类

(一)按储备材料种类分

1. 综合性仓库

综合性仓库指在一个仓库内存放多种类别物资的仓库,如同时存放金属材料、机电设备、建材等,如图 7-1 所示。要求同处在一个仓库内的物资的物理、化学性质互不影响。

2. 专业仓库

专业仓库指专门用于储存某一种或某一类物资产品的仓库,如钢材库、设备库、建材库、危险品库、火工品库等,如图 7-2 所示。该仓库物资单一、量大,或者具有较大的危险性,在建筑材料、设备选型上都是根据所保管物资的养护要求而建立的,具有专业性。

图 7-1　综合库

图 7-2　钢材库

(二)按仓库建筑封闭形式分

1. 封闭式仓库

封闭式仓库俗称库房,封闭性强,便于对仓储物品进行维护保养。

(1)普通库房:没有特殊储存条件要求的物资均可存放在普通库房中,如图 7-3 所示。

(2)保温库房:如精密仪器库、刀具库、量具库等。

(3)高级精密仪器库房:储存高精度的电子元件、仪器、仪表库等。

(4)危险品库房:保管危险品并对危险品起一定防护作用的仓库,如储存易燃、易爆、有毒、有腐蚀、放射性物资的库房。

(5)爆破材料库房:如煤矿的炸药、雷管、导火线库等,如图 7-4 所示。

(6)储罐:如储存液体化工产品的罐状器,可分为室内和露天储罐两类。

2. 半封闭式仓库

半封闭仓库俗称货棚或料棚,其保管条件不如库房,但作业比较方便,且建造成本较低,适宜存放那些对温湿度影响不太大,但受雨水侵袭易产生质量变化的物资或者超长、超重不易进库保管的物资,如中型钢材、钢轨配件、优质木材、耐火砖、大直径电缆及构造简单、精度不高的机械产品等，如图 7-5 所示。

图 7-3　普通库房图

图 7-4　爆破材料库

（a）钢材货棚　（b）砂石货棚

图 7-5　货棚（料棚）

3. 露天仓库

露天仓库俗称货场或料场，是指经过适当处理、整修的，上部没有任何建筑物的，储存物资的场地，场地一般铺有混凝土、沥青、碎石或其他铺面材料，用来存放形体较大且笨重、受自然因素影响不大的物资，如大型钢材、生铁、铸铁管、钢轨、中厚钢板、原木、粗加工配件、砖、瓦、砂石等，如图 7-6 所示。

（a）木材料场　（b）砂石料场　（c）钢材料场

图 7-6　货场（料场）

（三）按管理权限分

由于企业规模大小和管理体制不同，可分为三类：

1. 一级仓库

一级仓库即企业(公司、厂矿)的总库,负责整个企业生产、基建、经营、维修等所需的各种物资。某些企业在一些车间、井口、工地比较集中的地方设立的供应站或分库,都是一级仓库的一部分。

2. 二级仓库

二级仓库即分厂或二级公司的仓库,未设分厂的车间仓库也在此列,只负责供应分厂、二级公司或相应级别的单位或部门所需物资。

3. 三级仓库(分库、临时仓库)

三级仓库即基层仓库,包括分厂下属车间及基建企业工程队一级的仓库,一般只存放少量的生产用料和零星的常用维修材料,以及工具、备件等。

任务实施

按照任务引入中要求,根据入库物资选择合适的仓库进行储存。

1. 分析物资属性

(1)砂石、圆钢性质较普通,属于大堆材料。

(2)氧气属于助燃气体,无色无味。纯氧接触油脂、锯木屑、油布、油纸等即发热引起燃烧,与可燃气体混合能形成爆炸性的混合气体,遇明火即爆炸。

(3)水泥是水硬性材料,遇水凝结是各种水泥的共同特性。水泥保管主要应该注意的就是防水和防潮,防止水泥遇水硬结、降级或失效。

2. 根据物资属性确定存放方式

对于需要专仓专储的物品,应放在专用仓库中为其整理出一定的区域进行存放。而对于那些性质普通对外界环境影响较小的大堆料可存放在露天仓库或料棚中,根据以上性质分析确定如下:

(1)砂石、圆钢应存放在临近施工场地的露天仓库或料棚中便于搬运。

(2)氧气瓶应存放在阴凉、干燥、通风的专用库房中,工地上若无条件专设氧气库时,要求对氧气瓶一定要有遮盖。

(3)袋装水泥应尽量存放在干燥的专用库房或料棚内。

任务评价

任务评价表见表7-1。

表7-1 任务评价表

序号	评价内容	评价标准	分数	评分记录		
				学生自评	组间互评	教师评分
1	仓库类型的判断	说明仓库的分类,完整、准确的,30分	30			
2	物资属性的判断	分析物资的属性,完整、准确的,30分	30			
3	确定物资存放位置	根据物资的特性选择仓库储存,合适、准确的,40分	40			
总分			100			

任务二 建设与使用物资仓库

任务引入

中国中铁六局集团有限公司(简称中铁六局)六公司在长白山高铁项目中要对砂石料场进行选址和布局,如你是仓库主管,如何协助相关人员完成此项任务?

任务描述

在工程施工中,一般会有大量的物资,物资仓库与料场的选址和布局是非常重要的。仓库、料场的选址应满足施工建设与职工生活要求,符合施工企业总体规划。根据仓库的规模、物资储存要求及技术设备的性能和使用特点等,对仓库各组成部分在规定的范围内进行合理安排和布置是本次任务研究的重点内容。

相关知识

一、仓库的选址与总体布局

仓库和料场的选择要适当,要考虑尽量减少倒运次数,避免产生超出预算的费用。

(一)仓库的选址依据

1. 交通方便、地理位置适当

仓库的交通道路应畅通,便于运输装卸,适应货物的合理流向。铁路、水路运输仓库应邻近车站、码头,或具有修建专用线和专用码头的可能性。一般仓库应邻近公路,出入道路应有足够的通过能力。

2. 地势较高

要求地形平坦、坚实,便于排水、防洪、防潮。基地平均标高一般应在当地最高洪水位以上;地质较好,地基土承载能力较强,地下水位较低。

3. 电源和水源充足

附近应有满足用电负荷的电源、可靠的消防和生活水源,以及满足排水量的城市排水管网或天然河沟。

4. 周围环境良好

一般仓库不应建在居民密集的住宅区、附近有易爆易燃、腐蚀污染的工矿区以及严重雷击发生地区。仓库建设应本着节约用地,优先利用现有仓库或建筑进行改建和扩建的原则,不占良田,少迁建筑。

5. 注意当地常年风向

将库房、办公室和生活区建在上风口,防止料场扬尘对生产和生活区的影响。

(二)仓库合理的总体布局

1. 分区布置

储运作业区(包括库房、货场、站台、专用线和码头等)应与辅助生产建筑和办公、生活建筑分区布置。

2. 建筑间距

库房间、库房与货场和其他建筑之间以及各区之间间距应符合防火规范的规定，在满足防火安全的条件下，平面布置力求紧凑合理。

3. 车道交通

库区车流要方便畅通。车道的宽度和最小转弯半径要适应库区车流的密度和出入载货汽车的类型。

4. 给排水

库区应按防火规范的要求，设置消防水管、室外消火栓和消防水池。库区应采取有组织排水系统。多雨和河海地区，应设置防汛和防涝设施。

5. 围墙

库区四周应设置实体围墙，高度不低于2.5 m。

6. 分区

各库内设有待验区、合格区、不合格品区，并分别以不同色标做标志。对于待检品存放于待检区挂黄色标志，合格品存放于合格品区挂绿色标志，不合格品存放于不合格品区挂红色标志。

二、仓库的建造要求

（一）露天料场的建造要求

露天料场无任何固定的遮盖物和维护结构，只有地面。对自然因素的侵害，均不起防护作用，主要靠下垫上苫保护物资不受损失。按地面的建筑类型，分为硬地面和软地面两种。硬地面承载能力强，排水性能良好，便于装卸搬运机械进入料场进行作业，但成本比较高。软地面恰好相反。

露天料场一般存放不易受大气侵蚀（风吹、日晒、雨林和温湿度变化）的长大笨重物资，如大堆料（砂、石、砖瓦、白灰等）、钢轨、枕木、大型钢材、原木、工程机械设备等。

露天料场在建造时应做到地势高、排水良好、地面坚实、交通方便、设备齐全、环境适宜，如图7-7所示。

图7-7　搅拌机旁砂石料场

（二）料棚的建造要求

料棚均设有棚顶，但其围护结构不同，可分为全敞开式、两侧敞开式（沿长度方向）和单侧敞开式。料棚可以防止大气的降水及日照对物资的影响，但对温度、潲雨、日光的斜射无法控制。凡是温湿度的变化对其影响不大的，或库房内存放不方便，露天存放又怕损坏的各种物资（如各种钢材、各种水泥、优质木材、电缆、钢轨配件等）可存放于此。

1. 料棚在建造方面应具备的条件

通过大跨度或双跨、低柱头、长挑檐、高屋脊、半围炉、靠围墙来增加安全面积，减少由于淋雨、日照引起的损失面积，如图7-8所示。

2. 钢材库的选址和布局

钢材库应选在洁净干燥、方便照看的安全地方，防止丢失。钢材库一般没有墙体，方便加工作业，库房内设有加工设备，钢材的加工与保管同在一地，存料场地应用硬化地面，且准备一些衬垫物防止钢材受潮，夜间要有一定的照明设备，库外道路要畅通，车辆可以直达堆放地点，并有吊车作业的空间，防止二次搬运。选址时要注意不得与酸、碱、盐、有害气体及粉尘等物资混存，不同种类的钢材在同一地点存放，也应有一定的间隔距离。

（a）全敞开式货棚

（b）两侧敞开式货棚

（c）单侧敞开式货棚

图7-8　各种形式货棚

3. 水泥库的选址和布局

库房地面应做防潮处理，并做适当硬化，准备一些衬垫物，保证地面干燥。水泥仓库应选在搅拌机的附近（约在50 m以内），方便搅拌作业，并远离石灰等场地，水泥剁堆高度以10袋为宜，垛宽以5～10袋为宜，剁堆之间应留有一定的通道，以利作业，应合理测算堆放的面积，不同生产厂家、不同规格、不同批次的水泥应分别堆放，避免混淆，通常水泥的保质期为六个月，发放应本着先进先出的原则。

（三）普通库房的选址建造要求

1. 基本建造要求

（1）要满足物资保管的要求：储存、保管物资。

（2）要满足仓库的作业要求：便于搬运设施、车辆、人员作业。

（3）要满足防火安全的要求。

物资仓库是集中存放保管物资的场所，仓库的防火安全非常重要。按照仓库存储物品发生火灾时危险程度的不同，将其分为甲、乙、丙、丁、戊五个级别，不同级别的物品发生火灾的特征也不同。甲、乙类主要是自燃、易燃和易爆炸物品，丙类主要是可燃液体和固体，丁类为难燃烧物品，戊类为非燃烧物品。

按照建筑物各部分构件的燃烧性和耐火极限，将建筑物分为一、二、三、四、五等五个建筑物耐火等级。建筑物各部构件的耐火极限，是指任何建筑物构件，从受到火的作用时起，到失去支持能力，稳定性，或发生穿透性裂缝，或与火对立面的背面温度升高到 150 ℃时止，这一段对火的抵抗时间，称为耐火极限，以小时计。

2. 普通库房的选址和布局

地址应选择在物资办公室附近，便于收发业务；房屋应严密，有门窗并防盗，避免材料的丢失；库内应有货架，物资上架保管，可以充分利用库内面积，改善保管环境；屋外应有照明设备，夜间起到防盗作用；能够充分利用现有设施，最大限度利用仓库面积，有利于提高仓库经济效益。

（四）油料库的选址和布局

油料库属于特种仓库，主要存储汽油、柴油、煤油及各种润滑油、工作油等。这些都属于易燃、易爆危险物品，需要特殊的保管条件，因此需要建立特种库房保管这些材料。

1. 选址

油料库选址应远离住地、人群，应与其他建筑物保持足够的距离。在工地应设在工地的一角或一端，与其他库房隔开一定的距离。

2. 布局

油料库可以是地下、半地下、地上仓库。油料库房消防安全属于甲、乙类，耐火等级不应低于二级。所有结构部分都应是非燃烧体，通常采用砖石和钢筋混凝土结构。油料库的附属装置应该还有消防、通风、照明的系统。通风设备最好采用吸入式通风；照明系统应用防爆灯，开关安装在库外，库内不布明线，有条件的库房还可安装自动报警和自动灭火系统。应备有铁桶、塑料等容器和储油罐。

（五）火工品（炸药库）的建造要求

火工品包括各种炸药、雷管、导火索、导爆索等，属于易燃易爆危险品。作为受控危险品，对于其保管和使用过程中的安全工作，各级管理部门都非常重视，成为严格监督检查的对象。所以，对于火工品的管理成为项目安全管理的重点工作之一。

1. 选址

首先要高度重视炸药库的选址工作。对于炸药库选址很严格。选址是当地公安机关验收炸药库的关键因素，选址不合适，将导致炸药库半途而废。

（1）应选择在偏僻之处。一般设在施工便道沿途，远离城镇人口稠密区、风景名胜区、水利设施、交通要道、高压电线、通信线路、地下输油管道等区域。亦应避开不良地质、地貌环境，防止洪水、泥石流、危岩、落石等意外自然灾害的破坏。炸药库一般修建在山坡上、山脚下、干枯的河床边、山谷里，也可利用干燥通风的自然山洞。如有闲置的工厂、厂房等能够满足安全要求的，也可改造后使用。仓库距驻地、居民点的距离在 300 m 以上；距公路、铁路的距离 200 m 以上；本着既便于施工生产，又能确保安全的原则，距工点距离也不宜太远。

（2）通往炸药库的道路要通畅。可利用现有的高速公路、一级公路、二级公路、乡村道路等，也可自己修一些便道，保证火工品的安全运输。

2. 临建工作

库房临建包括炸药库、雷管库房、警卫室、库房隔离网、避雷针、进场便道等，且各临建设施布局都有一定要求。对于库房临建设施,如果地方有闲置的民居、厂房等能够满足上述要求的,可以将其改造后使用,否则还需要重新修筑。

3. 炸药库建造的基本要求

基本设施包括围墙、排水沟、炸药库、雷管库、引线库、警卫室、避雷针、消防器材、警示牌、报警器等。

炸药库四周要修建 2 m 以上的围墙,墙上铺设玻璃碴或架设铁丝网,炸药库四周要修建排水沟或铺设排水管,库房周围应设置明显的警戒标志,如闲人免进、严禁烟火等。还可悬挂警示标志、入库须知等,库房墙体应为 24 cm 以上的砖混水泥结构;库顶应采用混凝土浇筑或抹厚 10 cm 以上的混凝土加固层。炸药库要有完善的消防设施,如灭火剂、消防水池、消防沙、消防工具等,做到防火等级一级。库区应安装独立避雷针或架空避雷针,其接地电阻应不小于 10 Ω;应安装足够的照明设备(库内须装防爆灯)及必要的通信联络设备;看守房或值班室应建在大门口,便于看管或收发料,并保证全天 24 h 有人看管。

4. 安全消防设备配置

临建完成后,就要开始着手库区安全消防设施配置工作,做到人防、狗防、技防、消防工作全面到位。库区设管理人员 2 名,属于项目部正式员工,且需接受当地公安机关的安全管理培训并取证;库区喂养警卫犬 1 ~2 只,还可增设红外线报警器、监控等系统,加强戒备。

5. 公安局验收

上述所有准备工作就位后,就要邀请当地(县)公安局治安大队对炸药库进行验收。验收合格,治安大队给予核发爆炸物品储存许可证和使用许可证,并在储存许可证上明确标注各类爆炸物品的最大库存容量(临时性炸药库最大储存量为:炸药 10 t、雷管 2 万发、导火索 10 000 m),这样炸药库就可以投入使用了。

三、仓库设置与货堆安排

(一)货道设置

1. 货道的设置

货道也称固定通道,是根据库房的建筑状况和实际面积,为方便货物出入所必须设置的。它的宽度应根据货物和装卸设备的体积以及消防要求决定。

2. 支道的设置

支道的多少,主要取决于储存货物的批量大小和吞吐特点。一般是储存货物批量越小,支道越多。支道的宽度应与储存货物的体积和装卸设备大小相适应,库房一般不少于 1 m,货场一般不少于 1.5 m。支道的部位根据库房的条件决定,一般应该对准窗门设置,以利库房通风和采光。

3. 货位画线

在货棚、货场的货位上,因铺垫枕木、花岗石等垫垛用品,一般不再画线;在水泥、木板地坪的库房内,货位画线是严格区分货位与走道、支道、墙距的界限。因此,货位画线要做到:(1)画线保持径直,画线的径直程度直接关系到货物堆垛的整齐性,画线时可先用线绳拉直,再以粉笔沿线绳画出线条,然后按线条刷上白漆;(2)要注意画线的宽度,以 3 cm 为宜;(3)画线应刷置在走道、支道或墙距的地面上,并要求货垛不压货位画线,如图 7-9 所示。

（a）画线宽度　　（b）线绳拉直

图 7-9　货位画线

（二）货垛安排

货垛安排遵守“五距”原则，即货垛不能倚墙靠柱，相互间不能挤轧得太紧，不能与屋顶和照明设备太靠近，如图 7-10 所示。“五距”的作用是通风、防潮、散热、安全、方便。货垛“五距”的确定要严格遵守中华人民共和国安全行业标准《仓储场所消防安全管理通则》（GA 1131—2014）的要求。

（1）墙距。库房内堆放物品与墙距离不小于 0. 5 m。

（2）柱距。库房内物品堆垛与柱之间的距离不小于 0. 3 m。

（3）顶距。堆垛上部与楼板、平屋顶之间的距离不小于 0. 3 m（人字屋架从横梁算起）。

（4）灯距。库房内物品堆放物品与照明灯之间的距离不小于 0. 5 m，但对危险物品应按其性质另行规定。

（5）垛距。库房内物品堆垛之间的距离不小于 1 m；室外储存物品堆垛与堆垛之间的防火间距不小于 4 m，组与组之间的防火间距不小于堆垛高度的 2 倍，且不小于 10 m。

企业应标出清晰的货物通道和仓储“五距”标识线，做好以上工作是对企业自身负责同时也是对员工的负责。

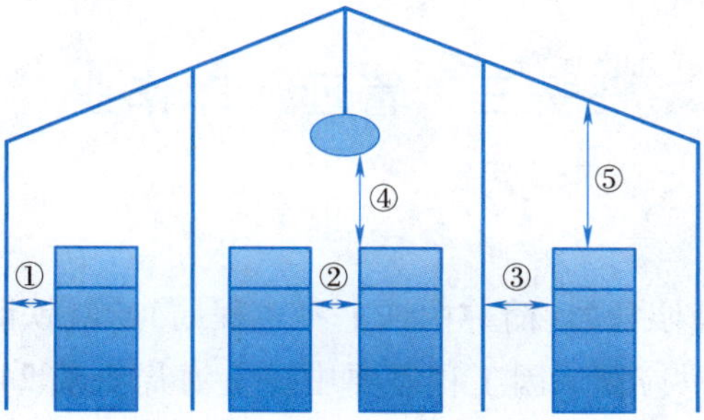

图 7-10　仓储“五距”

任务实施

按照任务引入中要求，分析砂石料场选址与布局条件，确定布局形式。

1. 分析砂石料场的选址与布局条件

（1）料场应选在搅拌机附近，不得超过 50 m，方便搅拌机作业，道路应直达砂石料的堆放地点，防止二次搬运。

(2)地面平整夯实，尽可能做到中间高、两边低、四周设有排水沟，没有杂草并应有一定的承载能力。

(3)有一定的照明设备，保障夜间施工和生活照明，堆放其他物资的露天料场视情况还应增加消防设施。

(4)堆放的高度在 5 m 左右，最高不得超过 10 m，应准备测算堆放面积。

(5)施工物资按不同型号与批次分别堆放，并设置物资标志牌。分货位，并进行货位编号。

2. 确定布局形式

料场的平面布局形式有垂直式和横列式。

垂直式布局指料垛和料架的排列与库墙和通道互相垂直。

横列式布置指料垛和料架的长度方向与库房的长度方向垂直。

任务评价

任务评价表见表 7-2。

表 7-2　任务评价表

序号	评价内容	评价标准	分数	评分记录		
				学生自评	组间互评	教师评分
1	仓库选址	根据储存物资的特性选择合适的位置建造仓库，客观、全面的，25 分	25			
2	仓库布局	根据储存物资的特性和场地的要求绘制仓库的平面图，准确、正确的，30 分	30			
3	仓库货道规划	根据库房的建筑状况和实际面积，合理规划货道并绘制平面图，准确、正确的，30 分	30			
4	仓库货垛规划	描述仓储“五距”，完整、正确的，15 分	15			
总分			100			

任务三　管理入库作业

任务引入

中铁上海工程局集团有限公司(简称中铁上海工程局)哈牡铁路项目部(甲方)，确定由安徽某材料厂(乙方)作临时供应商。因工程需要中铁上海局提前 24 h 通知材料厂供货 100 t。现 100 t 盘圆已送货到库，合同规定验收时甲方物资主管李刚、收料人李伟、交料人张三，结算以指定收货人签字确认的单据为准，其他人员的任何签字、签认均无效。作为仓库管理员，应怎样组织材料入库并根据物资入库信息填制物资管理软件“进料登记”单(见表 7-3)？

表 7-3　购买合同标的物

标的物名称	产地	生产厂家	规格型号	单位	数量	单价/元	金额/元	备注
盘圆	安徽	××材料厂	HRB300	t	100	3 150.00	315 000.00	

任务描述

施工企业通过采购、运输环节把外购物资从供应商转移到企业，通过检验确认合格后按照事先安排进入仓库供料管理环节。企业的仓库即是物资的储存保管场所，又是企业组织物资领用发放的场所，是企业组织物质吞吐的基地，是物资管理的重要环节。做好仓库作业流程管理工作，对于确保生产、合理使用物资、防止浪费、降低成本、提高企业经济效益有重要的作用。

相关知识

一、物资入库前的准备工作

1. 思想准备

仓库主管业务组长或经理根据任务，对作业人员进行政治思想动员，讲明任务的意义与要求。

2. 组织准备

对作业人员进行合理分工，指定专人统一指挥，确保人员和物资的安全，避免窝工浪费。组织有关人员熟悉到货合同的内容，准备验收场地及苫垫材料，明确存放的位置和垛型。

3. 验收及装卸搬运器械的准备

相关验收人员根据物品情况和仓库管理制度，确定验收方法，准备验收所需要计件、检斤、测试、开箱、装箱、丈量、移动照明等器具，同时要根据到货物资的特性、货位、设备条件、人员情况，科学合理地制定卸车搬运工艺，备好相关作业设备，保证验收装卸搬运作业的效率。

二、物资接运

物资接运是物资验收入库的第一道工序。接运工作的好坏，将直接影响到物资验收入库质量和速度，也会影响到物资保管保养。因此，在物资接运时，必须对照物资运单认真检查，必要时，还要取得一定证件，以避免将物资入库前的差错带入仓库，造成在验收或保管保养中的困难和责任不清。

施工企业的物资接运方式一般有：到承运方或供货单位提货；供货单位或承运部门送货。

1. 到承运部门或供货单位提货

承运部门指车站、码头、公路营运站、民航、邮局等，供货单位主要是指供货厂家和供应部，到以上部门提货时需注意如下本项：

(1)提货前做好各项准备工作，如装卸工具、存放场地、到货时间、人员安排等。提货人员对提取的物资应了解其特性、一般保管知识及装卸搬运的注意事项。

(2)提货时应根据运单、提单及有关资料详细核对物资的品名、规格、数量(件数)、质量证明书等。注意外观检查(包装、封印是否完好，有无玷污、受潮、水渍、油渍等异状)，如有疑点或情况不符，如系供方应当场要求调换或退货，如系承运部门应当场要求查验。对短缺损坏情况应会同承运方做出普通记录(属其他方面责任需要铁路部门证明)或货运记录，注意记录内容与实际情况相符后方可提货。属于索赔的应在规定的时间内向有关方面办理索赔。

(3)提货装车不允许乱装、混号，运输途中应注意在途物资安全，严防碰损、丢失等。精密仪器仪表、贵重物资、防潮或防寒物资等应尽量不在露天卸货，卸货后要及时苫盖并严格管理；

危险物品要按照危险物品搬运规则办理。

(4)物资到库后，提货人员应与保管员密切合作，保证安全作业，防止因卸车操作不当而造成物资变形、破损、散包等。对特殊物资，必须有相应的安全措施。应尽量使运输入库和验收工作衔接成一次性作业，缩短入库验收时间，并办清内部交接手续。

2. 供货单位或承运部门送货

根据合同或协议送货到库的，应由保管员或验收人直接与送货人办理接货手续。应根据送货明细单或合同，当面核对所送物资的品名、规格、数量、质量并做出记录。若不能完成全部验收项目时，也应进行初验，将外观质量情况和数量点清，若有短缺、损坏、受潮、变形等情况应与送货人一同查实后填写记录，由送货人签章认可，凭此在规定时间内向有关方面交涉处理。

三、物资验收

做好物资验收工作是做好企业物资保管和使用的前提。通过物资的验收可确定物资入库前的数量和质量状态，便于对物资进行维护与保养，掌握物资保管期限，可划清管库员与其他部门的责任，避免出现扯皮现象，物资验收要做到准确、及时、高效、经济。

1. 物资验收的程序

(1)验收准备。材料入库之前，必须做好各项验收准备工作：准备验收资料，如合同、质量标准等；准备验收的各类工具，并先做好校验，保其准确性安排库内存放位置；准备苫垫材料，准备搬运工具及人员。

(2)核对证件。验收时，收料人员应主要核对订货合同或协议书；供货单位提供的发货单产品质量证书或合格证、化验单、装箱单、磅码单、发票明细表；运输部门提供的运单、货运记录。必须做到准确齐全，否则不予验收。

(3)检验实物。实物检验包括物资的数量检验和质量检验。物资的数量检验方法，应根据物资的特点、来源、包装情况等决定。物资的数量验收方法包括计重(净重)、计件、计体积、量尺寸换算、计长度、计件换算计量等。检验时可全数检查也可抽样检查。抽检时无问题的少抽，有问题的多抽，问题大的要全部检查。

物资的质量检验首先包括外观质量检验。感官鉴定应检验外形是否符合名称、规格、质量要求，检查物资表面有无损伤异状以及尺寸偏差等缺陷。对于金属材料还要抽看表面裂纹、结疤、拉裂、弯曲、压痕、划痕、切斜等。外观质量检验，通常采用抽验的办法。抽验的物资要有代表性，并要做好抽验检查记录。其次包括理化性能检验。凡需进行理化性能检验的物资和技术性能较高的机械设备、仪表、仪器等，都应由技术检验部门事先或事后进行检查。但必须在合同规定期限内检验完毕，并作出检验记录。

素养教育

把好入库第一关

入库验收质量的好坏，直接影响物资的在库与出库作业质量；关系着企业本身物流成本和效益的高低。

在掌握必要的验收方法及标准时，同样需要具备诚实守信、精益求精、认真负责的职业素养。

（4）验收中应注意的问题。

一是数量不足、规格型号不符等应拒绝验收。验收人员要做好记录，及时报送业务主管部门处理。验收记录是办理退货、调换、赔偿、追究责任的主要依据，应严肃对待。做好记录的同时，应及时向供方提出书面异议，对于未验收的物资要妥善保管，不得随意动用。

二是凡证件不全的到库物资，均应作待验收处理，临时保管并及时与有关部门联系催办，等证件齐全后再验收。

三是凡质量证明书或技术标准与合同规定不符的物资，均应报业务主管部门处理。

四是物资运输损耗在规定的损耗率以内的，应按数验收入库，损耗部分填报运输损耗报告单冲销；损耗超过规定损耗率的，应填写运输损耗报告单，经业务主管批准后再办理验收入库手续。

五是入库前已经发生短缺或破损的物资，并有承运方的记录，检验后据实做出“检验情况记录”交有关部门。

六是检验过程中发现不合格品时，应对不合格情况作出记录并上报相关部门，处理措施一般包括拒收、报废、降级等。

四、办理入库手续

物资验收合格后完毕，应立即办理正式入库手续。

1. 交接手续

交接手续是指仓库对收到物品向送货单人进行确认，表示已经接收物品。办理完交接手续，意味着划分清楚运输、送货部门和仓库的责任。

2. 登账

物资保管账是详细反映物资进出库和结存情况的账目。保管账应分别按物资的类别、品名、规格，凭正式收料凭证（收料单、加工改制单）以实收数记账。

3. 立卡

货卡又叫料卡、料签、保管卡。不管采取哪种货位管理方法，都要在货位上悬挂料签。料签是简单显示物资名称、规格、编号、计量单位、库存数量、储备定额等基本情况的标牌。料签要统一制作，填写时，字迹工整，悬挂时，要挂在货位明显处，保持整齐美观。

任务实施

按照任务引入中要求，组织材料入库并根据物资入库信息填制物资管理软件“进料登记”单。

1. 验收准备

甲方指定验收人准备好验收材料，包括大堆材料验收记录单（图7-11）、订货合同、盘圆量检验标准等。准备好验收工具地磅，并先做好校验。同时要确定好砂的储存位置，组织协调好其他部门协助验收人员一同到场。

2. 核对证件

甲方指定验收人员主要核对供货单位提供的发货单、产品质量证书或合格证、检验标准、磅码单、订货合同，运输部门提供的运单、货运记录。必须做到准确齐全，否则不予验收。证件核对无误后准备实物验收。

大 堆 材 料 验 收 记 录 WS–04

材料名称：　　　　作 业 队：　　　　单 据 号：0007251

规格型号：　　　　装料地点：　　　　车　　号：

单位工程：　　　　卸料地点：　　　　收料日期：

时间 小时/分钟	实测体积 长×宽×高	验收数量（m^3/t）			签　认　人		
		初验数	扣减数	实收数	收料人	发料人	司机

此表一式两份印刷

施工负责人：　　　　收料方：　　　　发料方：　　　　运输方：

图 7-11　大堆材料验收记录单

3. 实物检验

货物的实物检验根据合同规定，甲乙双方当场对货物的外观、规格进行查验，如乙方未派人到场，甲方可单方验收，货物的数量确认方法以甲方现场实际过磅为准，确认数量及质量后，如数量、质量均无问题由甲乙双方签字确认，由甲方指定收料人签署大堆材料验收记录单作为结算依据。

视 频

填制进料单

4. 填制物资管理软件“进料登记”单

（1）单击“进料管理”模块，选择“进料登记”，如图 7-12 所示。

（2）单击“选材”按钮，添加入库材料“盘圆”，如图 7-13 所示。

（3）填制盘圆入库“数量”“生产厂家”等信息，单击“保存”并“审核”按钮，如图 7-14 所示。

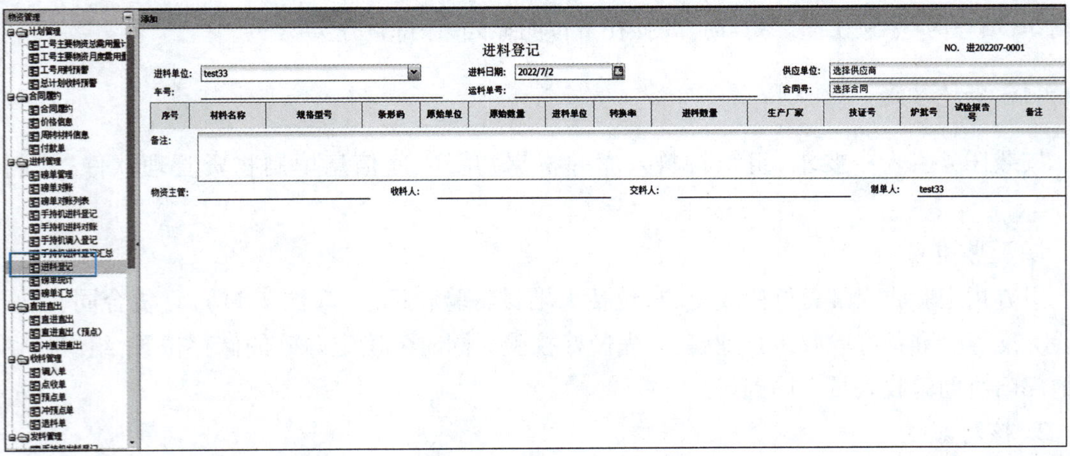

图 7-12　新建进料登记

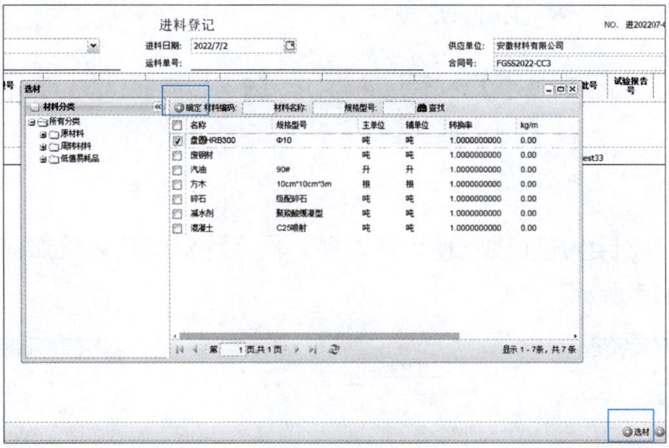

图 7-13　填制进料登记

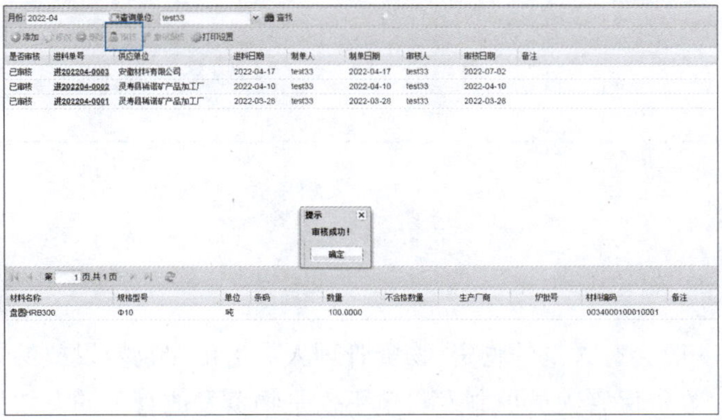

图 7-14　审核进料单

任务评价

任务评价表见表 7-4。

表 7-4　任务评价表

序号	评价内容	评价标准	分数	评分记录		
				学生自评	组间互评	教师评分
1	收货作业准备	验收及装卸搬运器械选择齐全，满足要求，5 分 能够正确的选择堆码的方式，5 分 人员及单证的准备满足要求，5 分 能够正确的选择苫盖的材料，5 分	20			
2	收货检验	验收准备完备，5 分 核对资料准确，5 分 检验方式正确，10 分 不良物品处理及时，5 分 完成入库交接与登记，5 分	30			
3	填制进料单	能够利用物资管理软件填制“进料登记”单，50 分	50			
总分			100			

任务四　管理在库与出库作业

任务引入

中铁六局某施工项目中施工现场使用砂石料。作为物资管理人员如何利用物资管理软件填制发料单,如图 7-15 所示。

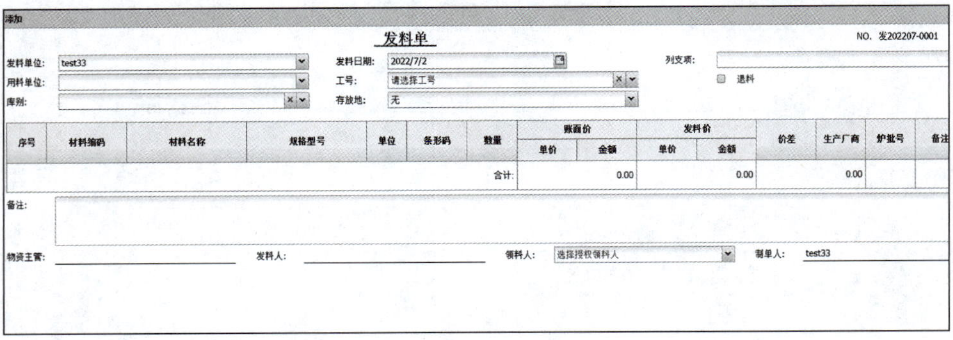

图 7-15　发料单

任务描述

在工程施工中,一般会有大量的物资,物资管理人员需依照物资发放的原则及出库程序,对出库物资进行管理。物资保管人员填制发料单不仅是物资发放管理的有效凭证,也是进行项目成本核算及施工单位结算的依据。

相关知识

一、物资在库管理

施工物资在库管理要做好物资"十防"(防雨、防潮、防锈、防火、防腐、防盗、防爆、防霉烂变质、防有害气体、防工伤事故)、"三无"(无差错、无损坏、无丢失)、"五清"(数量清、质量清、账卡清、规格清、用途清)、"四对口"(账、卡、物、资金对口),以保证物资的质量和数量。

(一)物资的保管

1. 物资的堆码

(1)物资的堆码要求。材料堆码就是根据物资的包装形状、性能、特点、重量、数量,结合季节气候、储存时间等因素,将物资按一定规律码成各种形状的货垛。物资堆码要做到合理、牢固、定量、整齐、节省。

(2)材料堆码的形式。各种物资性能不一、形状多种多样,因此形成了各种不同的垛形。目前通用的基本垛形是重叠式,各单位可结合实际情况选用或结合使用。

物资的堆码方式有正码法、骑缝式、衬垫式、通风式、纵横交错式、正反相扣式、栽柱堆码法、直立堆码法,如图 7-16 所示。

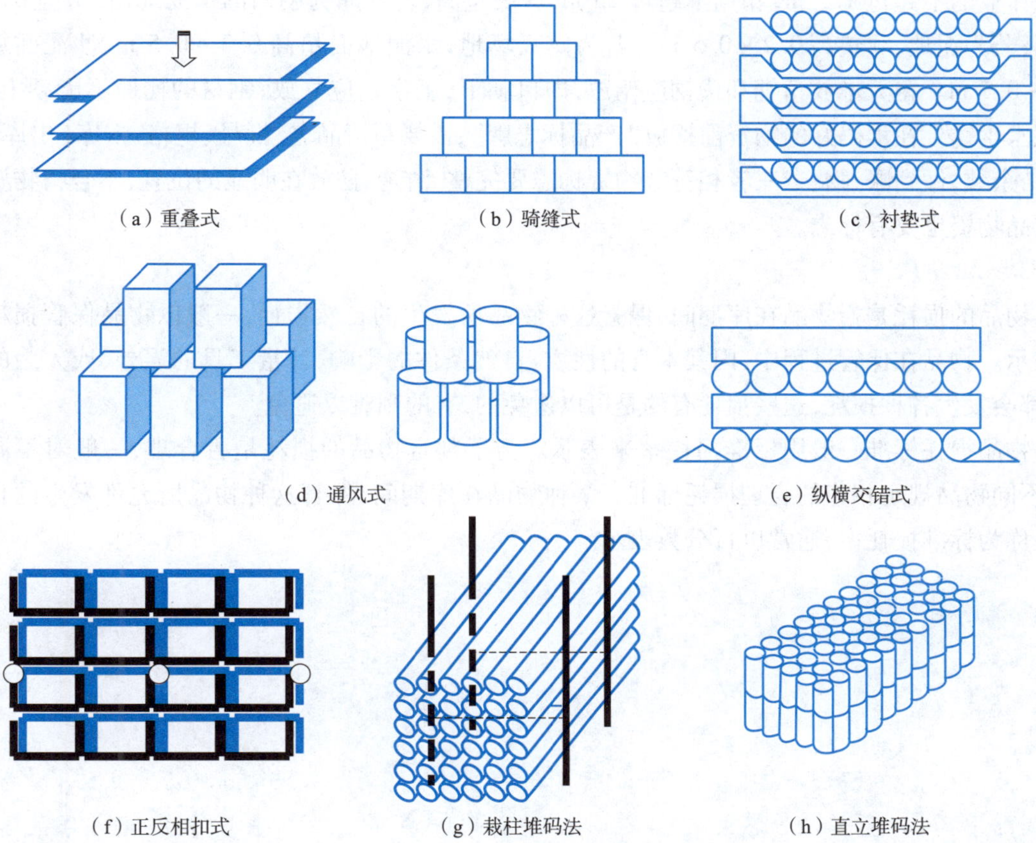

（a）重叠式　（b）骑缝式　（c）衬垫式

（d）通风式　（e）纵横交错式

（f）正反相扣式　（g）栽柱堆码法　（h）直立堆码法

图 7-16　物资的堆码方法

2. 物资的苫垫

施工企业因条件所限，有些物资露天存放，因此物资的上苫下垫，是避免物资遭受雨、雪、露、潮气的侵袭和受日光暴晒危害的必要措施。

（1）“苫”是指在物资的货垛上加盖遮盖，以钢材库为例，钢材堆码的原则是在码垛稳固、确保安全的条件下，做到按品种、规格码垛，不同品种的物资要分别码垛，防止混淆和相互腐蚀。堆放钢材要保障减少钢材的变形和锈蚀。钢材堆放场地必须要干燥，堆放场地要平整，并高于周围地面，四周有排水沟，雪后易于清扫。堆放时尽量使钢材截面的背面向上或向外，以免积雪、积水。禁止在垛位附近存放对钢材有腐蚀作用的物品。

（2）“垫”是指在物资垛底加上衬垫物。堆放在有顶棚的仓库内时，可直接堆放在地坪上（下垫楞木），对小型钢材亦可堆放在架子上，堆间、垛间留有一定的通道，检查通道一般为 0.5 m，出入通道视材料大小和运输机械而定，一般为 1.5 ~ 2.0 m。堆放时每隔 5 ~ 6 层放置楞木，其间距以不引起钢材明显的弯曲变形为宜。楞木要上下对齐，在同一垂直平面内。露天堆放的型钢，下面必须有木垫或条石，垛面略有倾斜，以利排水，并注意材料安放平直，防止造成弯曲变形。可使钢材互相勾连以增强堆放钢材的稳定性，或采取其他措施。一堆内上、下相邻的钢材须前后错开，以便在其端部固定标牌和编号。标牌标明钢材的规格、钢号、数量和材质验收证明书号，并在钢材端部涂上不同颜色油漆以区分钢号。堆垛高度，人工作业的不超过 1.2 m，机械作业的不超过 1.5 m，垛宽不超过 25 m，垛底垫高，若仓库为朝阳的水泥地面，垫高 0.1 m 即可；若为泥地，须垫高 0.2 ~ 0.5 m。若为露天场地，水泥地面垫高 0.3 ~ 0.5 m，沙泥面垫高 0.5 ~ 0.7 m。露天堆放角钢和槽钢应俯放，即口朝下，工字钢应立放，钢材的槽面不能朝上，以免积水生锈。在堆码好的物资前摆放"产品标志牌"，需要写清品名、批号、规格、入库（出库）时间，结余数，做到账、物、卡三者相符。物资标志要完整、清楚，摆放在明显的位置，不合格物资和半成品物资也要有标志。

3. 物品的损耗

物品的损耗是指物品在库期间，保管这种物品所发生的自然损耗，一般以物品保管损耗率来表示。物品在保管过程中，因其本身的性质、自然条件的影响、计量工具的误差，或人为的原因，都会发生各种损耗，这些损耗有的是可以避免的，有的则难以避免。

物品损耗标准一般用标准损耗率来表示。为了判定物品的损耗是否合理，一般对不同情况、不同物品规定相应的合理损耗标准。某种物品在库期间，保管这种物品所允许发生的自然损耗称为标准损耗率，通常以百分数表示。

素养教育

做好 5S 现场管理是企业管理的基础

5S[Seiri（整理）、Seiton（整顿）、Seiso（清扫）、Seiketsu（清洁）、Shitsuke（素养），5S]现场管理起源于日本。第二次世界大战后，在以丰田公司为代表的企业倡导下，5S 现场管理被各国的管理界所认识，随后的几十年里，5S 被广泛地用于制造业、服务业等改善现场环境的质量和员工思维的方法中。5S 现场管理对于塑造企业的形象、降低成本、安全生产、减少浪费、高度的标准化、现场改善等方面发挥了巨大作用。

（二）物资的养护

物资养护的目的，就是采取各种措施控制仓库的温度、湿度，使金属防锈、防虫害，保证在库材料不变质或少变质，满足使用要求。商品保管应遵循的原则是质量第一、预防为主、讲究科学、提高效率、保证安全。

1. 影响物资质量变化的因素

（1）影响物资质量变化的内因。商品在储存期间发生各种变化，起决定作用的是商品本身的内在因素，如化学成分、结构形态、理化性质、机械及工艺性质包装状况等。

（2）影响物资质量变化的外因。影响库存物资变化的外因主要包括自然因素、人为因素以及储存存期。自然因素包括温度、湿度、日光、大气、生物和微生物等。

2. 一般物品养护

物品在库期间，为防止物品因自身理化性质和外部因素的影响而发生质量变化降低或丧失使用价值，除要注意调节仓库温湿度外，还要注意虫鼠害、霉腐、锈蚀的防治。

（1）虫鼠害防治。

①仓虫的防治。仓库虫害不仅种类繁多，而且分布广泛，世界上已定名的有 500 多种，在我国发现的有近 200 种，在仓储部门已发现严重危害物品的大约有 30 种。

虫害的防治工作主要应杜绝虫源，杜绝害虫生长繁殖的环境。为此，要做好库内外环境卫生，定期做好消毒工作。

②鼠害的防治。危害仓储物的鼠类有很多种，危害及破坏力极强。鼠类性格机警狡猾、适应能力强且具有非常高的繁殖能力。

鼠害防治方法：做好库内卫生，断绝其食物来源和栖身之处；库房窗户和通风孔要安装防鼠网，库门安装防鼠板；超声波驱鼠器。

(2)药物防治。防治的药物包括：驱避剂，如精茶、对二氯化苯、樟脑精等，适用于毛、麻、丝、棉制品、皮毛、皮革制品以及竹木制品等，但不适用于橡胶、人造革、食品等。瓶蒸剂，如溴甲烷、磷化铝、环氧乙烷和硫黄等，可根据物品数量多少。结合仓库建筑条件，采用整库密封、熏蒸、小室密封等形式，气调充氨或二氧化碳，通过改变空气成分之间的比重，使害虫在缺氧条件下或高浓度氨和二氧化碳的条件下难以生存和繁殖。

(3)其他方法防治虫害。主要是利用紫外线、微波、辐射、高温、低温、缺氧。

3. 霉腐的防治

物品发生霉变会造成物品的使用价值降低甚至丧失使用价值，形成重大损失。霉腐现象的产生是由于霉菌的滋生与繁殖及随之而来的代谢物对物品造成的破坏与沾污。防霉方法就在于通过药剂毒杀霉菌和改变测节其生存环境抑制其生长和繁殖能力，具体包括化学药剂防霉、气相防霉、气调防霉、低温冷藏防霉、干燥防霉及利用紫外线、微波、红外线、辐射等防霉技术。

4. 锈蚀的防治

金属物品在库期间会受到周围介质的化学作用或电化学作用而引起破坏，即锈蚀。引起金属锈蚀的关键因素是水分和空气中的氧，金属锈蚀的防治措施包括：

(1)保管场所均应清洁干燥，避免与酸、碱、盐等化学品接触。

(2)堆码时要防止金属物品受潮。

(3)保护金属材料的防护层和包装，防止因防护层受损而生锈；采用密封法或涂油防锈蚀。

5. 特种物品养护

特种物品包括易燃、易爆及毒害物品等。特种物品在库储存期间，为保证安全防止质量变化或发生意外，保管养护的主要方法有通风、干燥、防潮、防热、防爆照明及避免日光照射和外部机械力的震动和冲击。

6. 危险品养护

(1)危险品应存放于专用库场内并有明显标示，库场配备相应的安全设施和应急器材。

(2)库场管理人员应经过专门训练，了解和掌握各类危险品保管知识，并经考试合格后方可上岗。

(3)危险品进入库场时，库场管理人员应严格把关，性质不明或包装不符合规定的，库场管理人员有权拒收。

(4)危险品应堆放牢固，标记朝外，一目了然。

(5)照明用灯，应选择专用防爆灯，避免生成电火花。

(6)危险品库场应建立健全防火责任制，确保各项安全措施的落实。

(三)物资盘点

物资盘点就是清查库存物资的数量、质量、保管条件等。通过盘点，掌握实际库存情况。盘点是保证储存货物达到账、卡、物完全相符的重要措施之一。库存物资只有经常保持数量准确和质量完好,才能更有效地为正常施工提供可靠的库存依据。通过盘点应达到"三清""三有""三对口"。"三清",即数量清、质量清、账表清;"三有",即盈亏有分析、事故差错有报告、调整账表有依据;"三对口",即账册、卡片、实物对口。

1. 盘点的内容

(1)盘点物资的数量。检查物资的账面数量与实存数量是否一致,即账实是否相符,记录为盘亏和盘盈。一般以"盘点盈亏率"作为考核指标。

(2)盘点物资的质量。检查物资外观质量是否有变化,是否临近或超过保质期,是否已属于淘汰或限制使用的产品,一般以"货损货差率"或"质量完好率"作为考核指标。

(3)检查保管条件。检查物资的堆放及维护情况,检查各种物资有无超储积压、损坏变质,检查对不合格品及呆废物资的处理情况。

(4)检查安全。检查安全设施及安全情况、温湿度控制及货架,检查地面、门窗是否存在不良隐患、计量衡器是否校验标准。

2. 盘点方法

盘点的方法有定期盘点法、永续盘点法、实地盘点法。

(1)定期盘点法。定期盘点法是指月末、季末、年末等固定周期对仓库物资进行全面、彻底盘点,达到账物相符的方法。

(2)永续盘点法。永续盘点法是指每日对有变动的材料及时盘点的方法。即当日对库房收入或发出的物资复查一次,核对账卡物和质量完好情况,做到账、卡、物相符。

(3)实地盘点法。实地盘点法是指盘点人员逐一对库存材料进行清点、过磅计重,查明库存材料实有数量的方法。对物资的盘点一般采用实地盘点法。

在盘点过程中必须注意以下几个方面内容:物资保管人员必须在场,协助盘点人员盘点,按盘点计划有步骤地进行,防止重复盘点或漏盘,盘点过程一般采用点数、过秤、量尺、技术推算等方法来确定盘点。

3. 盘点程序

(1)盘点前的准备。在盘点前,要确定盘点时间、盘点范围、盘点方式、盘点人员、盘点表单。一般每月下旬盘点,日期固定。

(2)初盘。盘点主持人以"永续盘存账"为基准,做出"初盘明细表",交给仓管人员进行盘点,同时整顿仓位,挂上盘点单并进行相应数据记录,将初盘结果报送盘点主持人。盘点主持人负责盘点进度,并对初盘差异进行分析,并尽量采取补救措施。

(3)复盘。由盘点主持人指派或请与被盘点部门权责比较不相干的部门人员进行。复盘主要是根据初盘阶段的"盘存单"去复查。在实际工作中,复盘人员应进一步检查物资的品质状况、保管条件、使用有效期等。

(4)盘点报告。由盘点主持人根据盘点内容进行总结分析,写出书面分析报告。

在实地盘点完成后对盘点中发现的问题,如材料损失、失盗、盘亏、盘盈、变质、报废等应编制盘点报告。发生数量盈亏则编制盘点盈亏报告,凡发生质量降低、损坏则编制报损报废报告。然后按规定及时报上级主管部门处理,根据盘点报告批复意见调整账务并做好善后处理。

(5)盘点中问题处理

盘点中发现问题应查明差异,分析原因;认真总结,加强管理;上报批准,调整差异。

①盘点中若发现数量盈亏,当其盈亏量在国家和企业规定的范围之内时,可在盘点报告反映,不必编制盈亏报告,然后经业务主管审批后据此调整账务;当盈亏量超过规定范围,除在盘点报告中反映外,还应填写盘点盈亏报告,经领导审批后再行处理。

②当库存材料发生损坏、变质、降低等级等问题时,应填写材料报损报废报告并通过有关部门定降等、变质及损坏损失金额,经领导审批后,根据批示意见处理。

动画

如何正确理解仓库

③当库房已被判明被盗,应针对丢失及损坏材料数量及相应金额撰写专项报告,并报告保卫部门认真查明,经批示后才能处理。

④当出现品种规格混串和单价错误时,可查实后经业务主管审批后进行调整。

⑤若库存材料在1年以上没有动态,则应列为积压材料,应编制积压材料清册,上报清理。

⑥代保管材料和外单位寄存材料应与自有材料分开,分别建账,单独管理。

(四)库存控制

动画

库存控制的重要性

库存控制是对施工企业物资以及其他资源进行管理和控制,使其储备保持在经济合理的水平上。

1. 定量订货法

定量订货法是指当库存量下降到订货点时,按规定的数量进行订货补充的一种库存控制方法。定量订货法的关键在于把握订货时机,主要控制订货点和订货批量两个参数来控制订货,从而达到即满足库存需求,又能使总费用最低的目的。采用定量订货法的方式必须先确定订货点和订货量。

2. ABC 分类法

ABC 分类法又称帕雷托分析法、ABC 分类管理法、重点管理法,在库存控制和货位优化中起着重要的作用。这里所讲的 ABC 分类法主要是以控制存货资金为原则的方法,是根据库存物资的品种、资金占用等因素实施不同的管理方法。施工企业生产中所需材料的种类很多,但耗用量并不均衡,消耗量最多的往往只是少数品种的材料。这部分材料的品种少,但消耗量大、资金占用多,因此必须作为重点控制。ABC 分类法就是从材料的品种和价值两个方面分析材料的重要程度,划分控制重点,把全部材料按一定标准分为 A、B、C 三类,实施分类管理。

3. CVA 管理法

一些管理者发现 ABC 分类并不令人满意,因为 C 类物资往往得不到应有的重视。例如,工程施工中会把螺钉、螺母作为 C 类物资,但是如果施工过程中少了任何一个配件都不能进行正常的施工。汽车制造厂往往会把铆钉作为 C 类物资,但缺少一个铆钉往往会导致整个汽车生产线中断,因而管理者们认为对关键的零件而言,不管它的金额大小都不能短缺。由此有企业采用关键因素分析法,简写为 CVA。CVA 的基本思想是把存货按照其关键性分为 3 ~5 类。

(1)最高优先级,这是关键性物资,不允许缺货。

(2)较高优先级,这是基础物资或 B 类存货,允许偶尔缺货。

(3)中等优先级,这类多属于比较重要的物资或 C 类物资,允许合理范围内缺货。

(4)较低优先级,工程中需用这些物资,但可替代性高,允许缺货。

CVA 管理法比起 ABC 分类法来有着更强的目的性。但人们通常倾向于制定高的优先级,从而都无法得到重视。通常将 CVA 管理法与 ABC 分类法结合使用,这样就能对库存进行有效的管理和控制,首先能对存货进行处理,其次还可以达到分清主次、抓住关键的目的。

4. 供应商管理库存(VMI)的运用

供应商管理库存(VMI)是指按照双方达成的协议,由供应链的上游企业根据下游企业的物料需求计划、库存信息和库存量,主动对下游企业的库存进行管理和控制的库存管理方式。VMI 是一种以用户和供应商双方都获得最低成本为目的,在一个共同的协议下由供应商管理库存,并不断监督协议执行情况和修正协议内容,使库存管理得到持续的改进的合作性策略。这种库存管理策略打破了传统的各自为政的库存管理模式,体现了供应链的集成化管理思想,适应了市场变化的要求,是一种新的、有代表性的库存管理思想。VMI 管理模式是从 QR(快速反应)和 ECR(有效客户反应)基础上发展而来的,其核心思想是供应商通过共享用户企业的当时库存和实际耗用数据,按照实际的消耗模型、消耗趋势和补货策略进行有实际根据的补货。由此,交易双方都变革了传统的独立预测模式,尽最大可能地减少由于独立预测的不确定性导致的商流、物流和信息流的浪费,降低了供应链的总成本。

5. 双堆法

双堆法是定量订货法的一种具体的、简化的形式,也称双仓法或分存控制法,由于操作简便因而经常被采用。这种方法将订货点物资数量从储备量中分出来,单独存放或划以明显标志,这样就可把再订货点的数量和其他数量从实物上明确区别开来,通常分为两堆。

当第一堆中的存货用完、开始动用第二堆的存货时,并同时提出订购,每次订购固定数量的物资,如此反复进行,就能做到既可对这类存货实现一定的控制,又能满足生产上的正常需要,手续也极为简便,因而是切实可行的。也可将保险储备量再从订货点一堆中分出,这样就有了三堆存货,也称为三堆法。双堆法或三堆法简便易行,不需要经常盘点,即使没有持续的库存记录,也可以直观识别订购点,及时组织订购。

这种控制方法比较适于价值较低、订货时间短的物资,一般属于 ABC 分类中的 C 类物资。双堆法是受到制造场地的螺钉、钉子等小零件装入箱内称量进行订货的方式启发而产生的。对小型标准零件,例如垫片、螺帽等,准备两个同样容量的箱子作为容器,当一个箱子里的零件用完后,就订购与该腾空箱子相应数量的商品。当库存量减少到一半后,就开始订购这一半的商品。此外,对固体粉末状物体、液体、气体等形态的物质,如水泥、石英砂、石油、特殊气体、化工药液等大批量的散装物质,预先准备两个堆放(储存)场所,将所有入库的材料按订货点商品数量分别放在两个场地,当其中一堆用完后,马上订货能保证所需要的产品不会缺货。

二、物资出库管理

物资的发放是仓库管理工作的最后阶段。物资及时准确地发放是物资仓库管理的最终任务,也是物资部门监督用料部门按定额用料、节约用料的第一道关口,这项工作的好坏将直接影响企业生产和经济效益。出库物资必须向提货人点交清楚。

(一)物资发放的原则

专料专用,按消耗定额领用的材料,工程细目之间相互挪用,要办理退、领料手续。材料出库应遵循“先进先出”的原则，有保存期限的物资先发。做到及时、准确、力求节约。凡属下列情况之一者，应拒发。

（1）没有验收入库的物资不发。

（2）超计划或超定额不发。

（3）白条、便条和借条不发。

（4）领料单涂改，印章不全不发。

（5）质量不合格的物资不发。

（6）有争议的物资暂不发。

（二）物资出库程序

动画

物资出库流程

1. 发放准备

准备好工具、装卸倒运设备、人力及随货发出的有关证件。

2. 核对凭证

核对凭证主要是核对材料拨料单、限额领料单和内部转库单发料等单据凭证细目，包括付货仓库的名称是否相符，提单式样是否相符，印鉴（货主的调拨章、财务章）是否齐全，物资编号、品名、规格、质量、等级或型号、应发数量、单位有无差错、涂改，是否超期等，以上内容有一项不符，仓库有权拒绝发货，待原开证单位更正并盖章后，才可继续发货。

3. 备料

根据出库凭证所列材料的品种、规格、数量准备物资。

4. 复核

复核方式包括个人复核，即由发货保管员自己发货、自己复核，并对所发物资的数量、质量负全部责任；相互复核，又称“交叉复核”，即两名发货保管员对对方所发物资进行照单复核，复核后应在对方出库单上签名以与对方共同承担责任；专职复核，即由仓库设置的专职复核员进行复核；环环复核，即发货过程的各环节，如查账、付货、检斤、开出门证、出库验放、销账等各环节，对所发货物的反复核对。

5. 点交

无论是内部领料还是外部提料，发放人与领取人应当面点交清楚。如果是一次未领完的物资，应作出明显标记，并得到领料人的确认，防止差错，分清责任。凡重量标准的、包装完整的、点件的物资，当场按件数点清并交给提货人或承运部门，并随即开具出门凭证，应请提货人在出门凭证上签名；凡应当场过磅计量或检尺换算计量的，按程序和规定检斤、检尺，并将磅码单抄件、检尺单抄件及出门证一并交提货人，亦应请提货人在原始磅码单及出门凭证上签名。

6. 清理

物资发放出库后，应及时清理拆散的垛、捆、箱、盒，部分材料应恢复原包装要求，做好善后工作。

（1）记卡销账。物资点交发出后，保管员应及时在该项物资保管卡上记录注销，并将出库凭证转料账员，及时核销保管账。

（2）整理垛位。发剩的物资，要及时对垛位进行清理，该并的并、该移的移、尽量腾出货位，为新的物资入库做准备。

（3）清理包装材料。对拆装腾空的包装材料要及时回收集中，妥善管理，以备回空或再用。

7. 注意事项

第一，物资出库时，领发双方应对出库物资数量、质量及相关凭证，技术资料进行签认。

第二，牵涉领发料需要结算扣款的承包班组或分包单位，须指派专人领料，指派的领料人员必须有承包责任人的书面授权，只有被授权人在物资部门开具的发料凭据上签字才能生效。

第三，发放物资，物资管理人员必须认真核对“单项工程物资定额供应、消耗、分析卡”，严格按定额发料，限额卡反映超用时，必须提出超用原因分析报告，经项目经理批准，否则物资管理人员应拒绝继续发放物资。

第四，不合格物资、未经检验的物资，以及已检待定的物资不得发放投入使用。因施工急需，来不及验收而需放行的物资，经领料人员填写“紧急放行物资申请表”经用料单位主管领导批准后方可放行。同时，管库员必须在该物资上做好标示，以保证一旦发现不合格时能及时追回或更换。凡不能实现追回或更换的物资（如主体用的钢筋、水泥等主要材料），不得紧急放行。

素养教育

出库注意事项

保管员在审核单证过程中，因未履行自己的职责，造成企业财产损失，情节严重会承担相应的法律责任。作为保管员应遵循爱岗敬业、诚实守信、精益求精的意识与品质，避免因未按操作流程或工作疏忽产生不必要的损失与法律责任。

三、物资仓储安全管理

（一）仓库火灾知识

凡发生火灾，就必须同时具备三个条件，即可燃物、助燃物、着火源。

1. 仓库火灾原因

仓库中储存有可燃物（各种物资），空气中也总是存在助燃物（氧气），根据燃烧三要素，分析引起仓库火灾的原因，就是要找出引起仓库火灾的着火源。其中可引起仓库火灾的着火源如明火、雷电、静电、电气、自燃、爆炸、撞击、摩擦、其他（人为破坏）等。

2. 仓库灭火的基本方法

根据物质燃烧原理，燃烧必须同时具备可燃物、助燃物和着火源三个条件，缺一不可，一切灭火措施都是为了破坏已经形成的燃烧条件，或终止燃烧的连锁反应而使火熄灭以及把火势控制在一定范围内，最大限度地减少火灾损失，这就是灭火的基本原理。灭火的基本方法有四种：冷却灭火法、隔离灭火法、窒息灭火法、抑制灭火法。

可用于扑灭火源的物质，称为灭火剂。现场常用的灭火剂有水、泡沫、二氧化碳、干粉、砂子、岩粉等。

（1）水。水是不燃液体，是消防上常用的灭火剂之一，主要依靠冷却和窒息作用进行灭火。

下列物质起火不能用水扑救：密度小于水或不溶于水的易燃液体，如汽油、煤油、甲苯等；遇水燃烧的物质，如金属钾、钠、电石等；水能导电，不适于扑救电气装置的火灾；对和水能起化学反应放出可燃气体和大量热以及遇水分解产生有毒气体的物品，某些氧化剂以及某些毒品不能用水扑救；强酸遇水后可能使酸飞溅伤人；精密仪器；贵重文件。

（2）泡沫。泡沫灭火剂是扑救油类、沥青、石蜡等液体火灾有效的灭火剂。泡沫灭火剂可分为化学泡沫灭火剂和空气机械泡沫灭火剂。

泡沫不能施救乙醇、甲酮、醋酸等能使泡沫消失的化学危险品，而必须使用“抗溶性泡沫剂”配制而成的灭火剂；泡沫也不适用于电器、精密仪器、贵重文件的火灾。

（3）二氧化碳。二氧化碳灭火器可扑救电器火灾，小范围的油类火灾，某些忌水性物质（如电石）和气体的燃烧。而在使用时，二氧化碳会逐渐散到空气中代替维持生命所需的氧，故在使用时要注意空气流通。

二氧化碳不宜扑救金属钠、钾、镁粉、铝粉等的火灾，因为它和这些物质起化学作用。

（4）干粉灭火剂。干粉灭火剂对扑救易燃液体、油类、可燃气体、带电设备火灾效果很好。干粉灭火剂不宜扑救精密仪器、锂电池及金属燃烧后的火灾。

（5）砂子和岩粉。砂子和盐粉在油料库广泛使用，常设有防火砂或岩粉池。

素养教育

生命重于泰山

2020年初，国家领导人专门对安全生产做出重要指示，强调生命重于泰山，要求层层压实责任制，狠抓整改落实，强化风险防控，从根本上消除事故隐患，有效遏制重大事故发生。再次强调安全意识、责任意识。

（二）仓储安全作业的基本要求

1. 人工作业的安全操作要求

由于人工作业方式受作业人员的身体素质、精神状况、感知能力、应急能力等多种因素的影响，因此必须做好作业人员的安全作业管理工作，具体要求如下：

（1）在合适的作业环境和负荷条件下进行作业。人工作业现场必须排除损害作业人员身心健康的因素；对于存在潜在危险的作业环境，作业前要告知作业人员，让其了解作业环境，尽量避免作业人员身处或接近危险因素和危险位置；人工作业仅限制在轻负荷的作业，不超负荷作业，人力搬运商品时要注意商品标重，一般来说，男性员工不得搬举超过80 kg的商品，女性员工搬运负荷不得超过25 kg，集体搬运时每个人的负荷不得超过40 kg。

（2）做好作业人员的安全防护工作。作业人员要根据作业环境和接触的商品的性质，穿戴相应的安全防护用具，携带相应的作业用具，按照规定的作业方法进行作业。不得使用自然滑动、滚动和其他野蛮作业方式。作业时注意人工与机械的配合。在机械移动作业时，人员需避开移动的商品和机械。

（3）在适合作业的安全环境下进行作业。作业前应使作业人员清楚作业的要求，让作业人员了解作业环境，指明危险因素和危险位置。

（4）作业现场必须设专人指挥和进行安全指导。安全人员要严格按照安全规范进行作业指挥；指导作业人员避开不稳定货垛的正面、运行起重设备的下方等不安全位置进行作业；在作业设备调整时应暂停作业，适当避让；发现作业现场存在安全隐患时，应及时停止作业，消除隐患后方可恢复作业。

(5)合理安排作息时间。为保证作业人员的体力和精力，每作业一段时间应作适当的休息，如每作业 2 h 至少有 10 min 休息时间，每作业 4 h 有 1 h 休息时间，还要合理安排吃饭、喝水等生理活动的时间。

2. 机械作业的安全要求

机械作业的安全管理的内容主要是注意机械本身的状况及可能对物资造成的损害，具体要求如下：

(1)在机械设备设计负荷许可的范围内作业。作业机械设备不得超负荷作业；危险品作业时还需降低负荷 25% 作业；所使用的设备应无损坏，设备的承重机件更应无损坏，符合使用的要求，不得使用运行状况不好的机械设备作业。

(2)使用合适的机械设备进行作业。尽可能采用专用设备作业，或者使用专用工具。使用通用设备必须满足作业需要，并进行必要的防护，如物品绑扎、限位等。

(3)设备作业要有专人进行指挥。采用规定的指挥信号，按作业规范进行作业指挥。

(4)移动设备运输物品的注意事项。移动吊车必须在停放稳定后方可作业；移动设备在载物时需控制行驶速度，不可高速行驶；物品不能超出车辆两侧 0.2 m，禁止两车共载一物；载货移动设备上不得载人运行。

视 频

填制发料单

任务实施

按照任务引入中要求，填制发料单过程如下。

(1)物资管理软件填制发料单。单击“发料管理”模块，选择“发料单”，单击“添加”按钮，如图 7-17 所示。

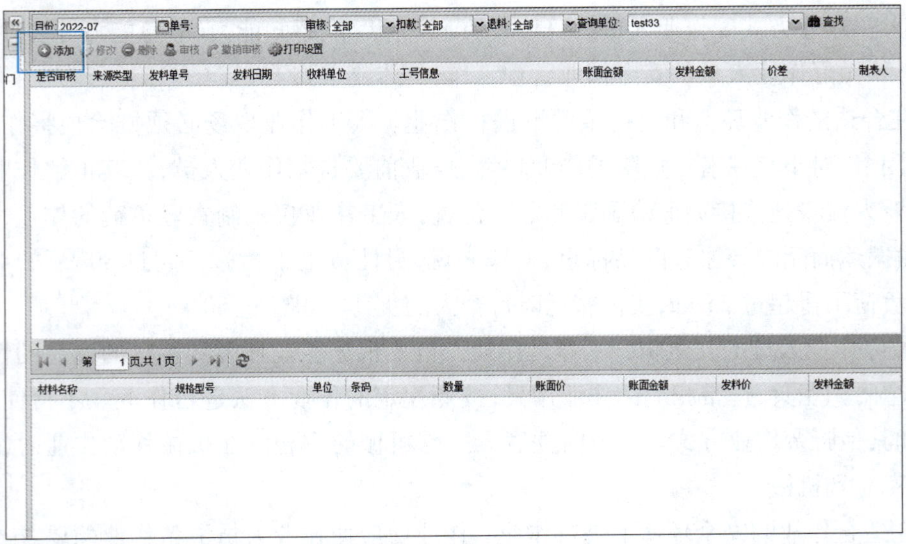

图 7-17　新建发料登记单

(2)填制“用料单位”“库别”“发料日期”“工号”“存放地”等信息。单击“选材”按钮，添加出库材料“碎石”，填制碎石“数量”“价格”，如图 7-18 所示。

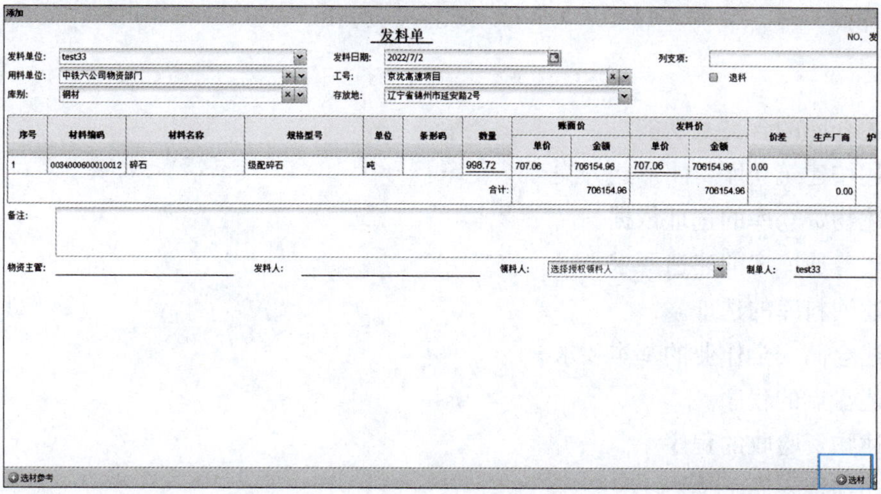

图 7-18 填制发料登记

(3)单击“保存”并“审核”按钮，如图 7-19 所示。

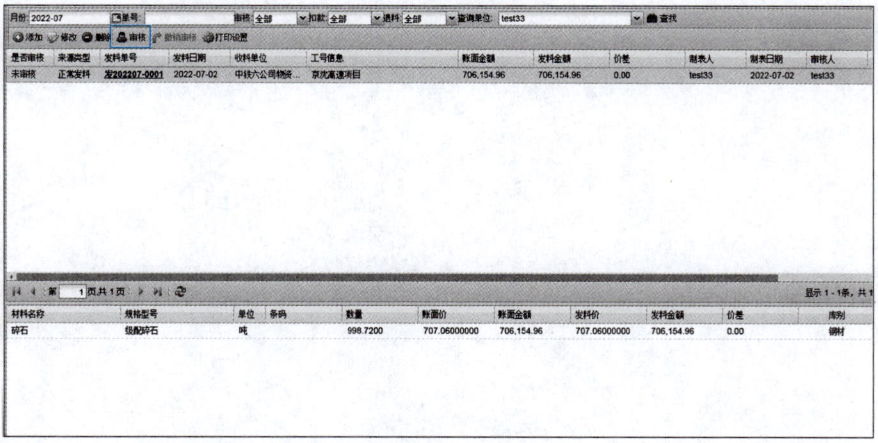

图 7-19 审核发料单

任务评价

任务评价表见表 7-5。

表 7-5 任务评价表

序号	评价内容	评价标准	分数	评分记录		
				学生自评	组间互评	教师评分
1	填制发料单	能够选择出库物资并填制发料单信息，准确、无误的，50 分	50			
2	发料单审核	能够保存发料单，20 分 审核发料单，30 分	50			
总分			100			

巩固练习

1. 简述仓库的含义及功能。
2. 简述按建筑仓库封闭形式分类。
3. 简述物资仓库的选址依据。
4. 简述普通库房的建造要求。
5. 简述油料库的选址。
6. 简述仓储安全作业的基本要求。
7. 简述盘点的程序。
8. 简述物资验收的程序。
9. 简述物资入库手续。
10. 简述库存控制的方法。
11. 简述物资堆码要遵循哪些原则。

项目八

物资供应管理

项目描述

物资供应管理,是为保障企业物资供应而对企业采购、仓储活动进行的管理,是对企业采购、仓储活动的计划、组织、协调、控制等活动。其职能是供应、管理、服务、经营。目标是以最低的成本最优的服务为企业提供物资和服务。物资供应管理包括确定物资需用计划、编著物资申请计划、编制物资供应计划、物资供应计划的实施、物资供应情况的分析和考核五个环节。

学习目标

知识目标

(1)掌握物资供应管理的概念、原则与过程。

(2)掌握物资流通过程,了解影响材料供应方式选择的因素。

(3)掌握材料供应方式。

(4)熟悉掌握限额领料数量的形式、程序和核算方法。

(5)熟悉掌握物资配送与装卸的方法。

能力目标

(1)能够正确说出物资供应管理的概念、原则与过程。

(2)会运用限额领料的程序和核算方法。

(3)会使用物资配送与装卸的方法。

(4)能够分析影响材料供应方式选择因素。

素养目标

(1)培养学生具有较强的企业责任感、社会责任感。

(2)培养学生对待物资管理上要有开源节流、合理利用的管理意识。

(3)培养学生认真对待每个单位的物资,精打细算节约物资,提升对绿色环保的认知。

学习导航

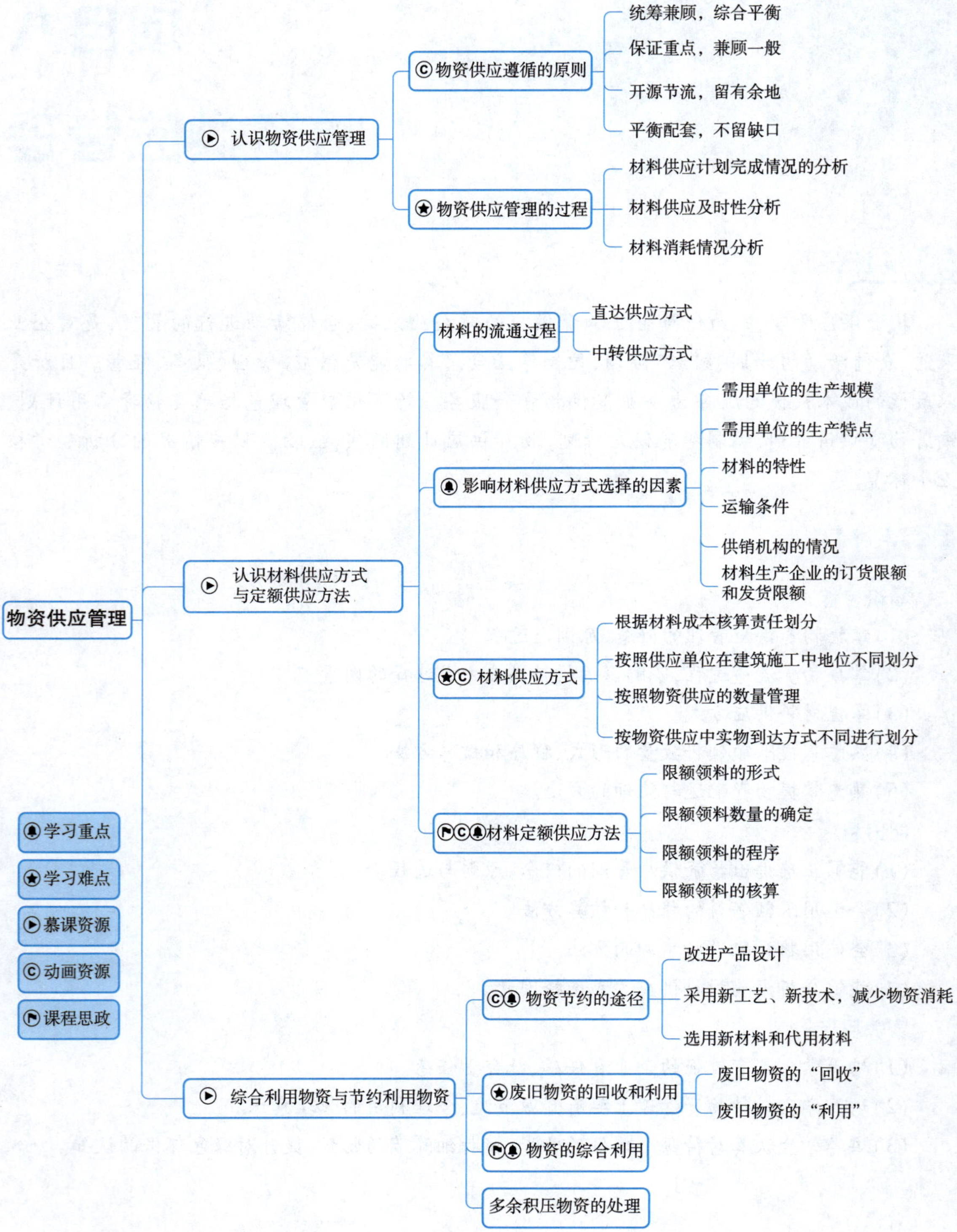
物资供应管理
认识物资供应管理
物资供应遵循的原则
统筹兼顾，综合平衡
保证重点，兼顾一般
开源节流，留有余地
平衡配套，不留缺口
物资供应管理的过程
材料供应计划完成情况的分析
材料供应及时性分析
材料消耗情况分析
认识材料供应方式与定额供应方法
材料的流通过程
直达供应方式
中转供应方式
影响材料供应方式选择的因素
需用单位的生产规模
需用单位的生产特点
材料的特性
运输条件
供销机构的情况
材料生产企业的订货限额和发货限额
材料供应方式
根据材料成本核算责任划分
按照供应单位在建筑施工中地位不同划分
按照物资供应的数量管理
按物资供应中实物到达方式不同进行划分
材料定额供应方法
限额领料的形式
限额领料数量的确定
限额领料的程序
限额领料的核算
综合利用物资与节约利用物资
物资节约的途径
改进产品设计
采用新工艺、新技术，减少物资消耗
选用新材料和代用材料
废旧物资的回收和利用
废旧物资的“回收”
废旧物资的“利用”
物资的综合利用
多余积压物资的处理
学习重点
学习难点
慕课资源
动画资源
课程思政

任务一　认识物资供应管理

任务引入

第三分公司第三季度地方材料供应计划完成情况见表8-1。

表8-1　材料供应计划完成情况

材料名称及规格		计量单位	计划供应量	实际进货量	完成计划百分比/%
砖		块	1 300	1 000	76.9
黏土瓦		匹	400	500	125.0
石灰		t	4 500	4 000	88.0
细砂		m^3	3 000	4 000	133.3
石子	总量	m^3	3 500	5 000	142.9
	粒径0.5～1.5	m^3	1 200	1 100	91.7
	粒径3～7	m^3	300	500	166.7

请根据上表计算各材料的实际完成情况并分析品种配套率的应用情况。

任务描述

考核某种材料供应计划完成情况时，其实物量计量单位一致，可使用实物量指标；若其实物量计量单位有差异，则应使用金额指标考核材料供应计划完成率是从整体上考核材料供应计划完成情况，而对具体品种规格，特别是对未完成材料供应计划的材料品种，进行材料品种配套供应考核是十分必要的。

相关知识

材料供应管理指及时、齐备、按质按量地为施工生产提供材料的经济管理活动，包括核定资源与需要、进行综合平衡、确定分配数量三个基本环节，其中确定分配数量是主体。建筑施工计划一般有“打一、备二、看三四”的安排，即有主攻项目、预备项目和正在考虑的项目。在材料供应中也相应地有“供一、抓二、备三四”，使之与施工协调。工作有主次之分，急缓之别，抓住主急，兼顾次缓，使材料供应与施工生产紧密配合，促进施工任务顺利完成。

一、物资供应遵循的原则

动画

什么是材料供应管理

为了使企业物资供应保证施工项目的顺利进行，在物资供应管理过程中，必须遵守一定的原则，使供应工作始终建立在正确的方向上。不论项目具体条件和材料来源怎样变化，供应工作所依据的原则不能有所改变。

1. 统筹兼顾，综合平衡

统筹兼顾要求统一筹划，全面考虑，各方兼顾，而不是顾此失彼。综合平衡是对管辖内的材料资源量和需要量进行平衡，包括品种规格平衡、数量平衡、时间平衡、运输平衡、内外资源平衡等，是求得资源和需要之间的矛盾暂时相对统一的过程，是做好物资供应工作的基础。

2. 保证重点，兼顾一般

保证重点就是保证国家和地方安排的重点项目；确保收尾及企业安排的施工重点，保证配套材料的完备，即有时用少量的材料配合使用，就可完成更多的任务。一般项目要根据施工任务的轻重缓急区别对待。这绝不意味着不管一般，即使是企业施工任务的一般部分，也应以积极的态度统筹兼顾。

3. 开源节流，留有余地

开源是开辟材料来源，积极寻找货源，特别是短线产品，充分使用库存资源以利用、代用、加工改制；组织横向联合等增加短缺物资，争取供应主动。节流就是节制使用，寻找进一步降低材料消耗定额的潜力及保证质量的前提下代用利用，采取有效的节约措施，减少或杜绝浪费。通过开源节流，缩小供需矛盾。材料分配时还要留有余地，材料计划分配时不要满打满算，留有一定剩余，急用时才有回旋余地。余地应当适当，一般不超过保险储备定额。

4. 平衡配套，不留缺口

材料供应的总要求是齐备配套。既要按所需的品种、规格、质量、数量等齐备，还要按需要时间配套供应。配套有大有小，大到建设项目，小到分部分项，应着眼于分部分项。时间有长有短，长则上年，短则当月当旬，应着手于当月当旬。

二、物资供应管理的过程

物资供应管理包括确定物资需用计划、编制物资申请计划、编制物资供应计划、物资供应计划的实施、物资供应情况的分析和考核五个环节。其中前四个环节见第四章物资计划管理，本部分主要阐述物资供应情况的分析和考核。

施工物资管理部门要经常对供应计划的执行情况进行检查分析，以发现执行过程中的问题，采取对策，保证计划实现。检查的方法主要有经常检查和定期检查两种。经常检查即在计划执行期间随时对计划进行检查，发现问题及时纠正。定期检查指如月度、季度和年度等固定时间进行的检查。

1. 材料供应计划完成情况的分析

将某种或某类材料实际供应数量与计划供应数量进行比较，可考核某种或某类材料计划完成程度和完成效果。其计算公式为

$$\text{某种(类)材料供应完成率} = \frac{\text{该种类材料实际供应数量(金额)}}{\text{该种类材料计划供应数量(金额)}} \times 100\% \tag{8-1}$$

考核材料供应计划完成率是从整体上考核材料供应计划完成情况，而对具体品种规格，特别是对未完成材料供应计划的材料品种，进行材料品种配套供应考核是十分必要的。其计算公式为

$$\text{材料供应品种配套率} = \frac{\text{实际满足供应的品种数}}{\text{计划供应品种数}} \times 100\% \tag{8-2}$$

2. 材料供应及时性分析

在检查考核材料收入总量计划的执行情况时，还会遇到收入总量的计划完成情况较好，但实际上施工现场却发生停工待料的现象，即收入总量充分，但供应时间不及时，也同样会影响施工生产的正常进行。

分析考核材料供应的及时性，应把时间、数量、平均每天需用量和期初库存量等信息联系起来考察。例如表8-2中第三公司8月普通水泥标号42.5水泥完成情况为110%，从总量上看满足了施工生产的需要，但从时间看供料很不及时，几乎大部分水泥的供应时间集中在中、下旬，影响了上旬施工生产的顺利进行。

表8-2 第三公司8月普通水泥标号42.5水泥及时性考核

进货批数	计划需用量/kg		月初库存量/kg	计划收入		实际收入		完成计划/%	对生产保证程度		延误	
	本月	平均每日用量/kg		日期	数量/kg	日期	数量/kg		按日计算/d	按数计算/kg	时间/d	数量/kg
	39 000	1 500	3 000						2	3 000		
第一批				1	8 000	5	4 500		3	4 500	4	3 500
第二批				7	8 000	14	10 500		7	10 500	7	
第三批				13	8 000	19	12 000		8	12 000	6	
第四批				19	8 000	27	15 900		3	4 500	8	
第五批				25	7 000							
总计	39 000						42 900	110		34 500		

注：在计算全月工作天数时，一般以当月的日历天数扣除周末休假天数进行计算。8月日历天数为31 d，设8月2日为星期天，则全月共有10个休假天。

3. 材料消耗情况分析

按照施工生产验收的工作量，考核材料供应量是否全部消耗，分析所供材料是否适用，以指导下一步材料供应并处理好遗留问题。

$$实际供应材料剩余量=实际供应量-实际消耗量 \tag{8-3}$$

式中，实际供应量是材料供应部门按项目申请计划所确定的数量而向项目供应的数量；实际消耗量是根据班组领料、退料、剩料和验收完成的工程量统计的材料数量。

任务实施

按照任务引入中要求，分析表8-1可以看出：

（1）砖实际完成计划76.9%，与原计划供应量差距很大。砖目前仍是土建工程的主要材料，如果缺乏足够的储备，势必会影响施工计划的完成。

（2）石灰只完成了计划的88.9%，石灰在主体工程和装饰工程中都是必需的材料，完不成供应计划，必将影响主体和收尾工程的完成。

（3）石子总量实际完成计划的142.9%，超额较多。但是，其中0.5～1.5 m^3 的石子只完成了计划的91.7%，供应不足，混凝土构件的浇灌将受到影响。

（4）从品种配套情况看，六种材料中有三种没有完成供应计划，配套率只有50%。材料供应品种配套率＝3/6×100%＝50%。

这样的配套不但影响施工的进行，而且使已进场的其他材料形成呆滞，影响资金的周转使用。要认真查找计划未完成的原因，采取相应措施，力争按计划配套供应。

任务评价

任务评价表见表8-3。

表8-3 任务评价表

序号	评价内容	评价标准	分数	评分记录		
				学生自评	组间互评	教师评分
1	各种材料完成百分比分析	分析完整,结论正确,每项15分	60			
2	材料配套考核	配套考核结论,20分 完善措施,20分	40			
总分			100			

任务二 认识材料供应方式与定额供应方法

任务引入

为了保证工程质量,必须根据进场的实际材料进行试配和试验。定额中混凝土及砂浆的消耗标准是在标准材质下确定的,而实际采用的材质与标准相差较大。所以要在施工前进行混凝土及砂浆试配,根据设计强度(比如C15、C20、C25、C30、C40、C50、C60等)进行的试验配比,主要由水泥、黄砂、石子组成,特殊混凝土要掺加外加剂(如减水、彩色、粉煤灰、速凝等),试配强度是施工配合比的依据和参考,有3d、7d、14d、28d等试验结果。使用实行限额领料试编制混凝土配合比申请单和混凝土配合比通知单。

任务描述

混凝土及砂浆的定额用料数量要根据试配合格后的用料消耗标准计算,所以对于实验中会使用到的各种材料要进行申请和记录,例如水泥品种及标号、厂别及牌号、进场日期,砂子产地及品种、细度模数、含泥量,石子产地及品种、最大粒径、含泥量,从而形成相应的试验结果。

相关知识

材料供应方式是指材料由生产企业向需用单位流通过程中所采用的方式。不同的材料供应方式对企业材料储备、使用和资金占用都有一定的影响。

一、材料的流通过程

由于材料流通过程的环节各不相同,材料供应方式有直达供应方式和中转供应方式两种。二者相辅相成,具体采取何种方式应根据当时当地的实际情况而定。

1. 直达供应方式

直达供应方式指由材料生产企业直接供给需用单位材料,而不经过第三者。这种供应方式减少了中间环节,缩短了材料流通时间,减少了材料的装卸、搬运次数,节省了人力、物力和财力支出,因此降低了材料流通费用和材料途中损耗,加速了材料周转和材料资金周转。直达供应虽然有很多优点，但是一般只适用于需要方向明确，需用量大的原材料，燃料、大宗设备和专用物资。

2. 中转供应方式

中转供应方式指材料生产企业供给需用单位材料时由第三方衔接。由于通过第三方与生产企业和需用单位联系，故可以减少材料生产企业的销售工作量，同时也可以减少需用单位的订购工作量，使生产企业集中精力搞好生产。这种方式适用于消耗量少、通用性强、品种规格复杂、需求可变性较大的材料，如建筑企业常用的小五金辅助材料、工具等。它虽然增加了流通环节，但从保证配套、提高采购工作效率和就地就近采购方面来看，是一种必不可少的材料供应方式。

但是，中转供应方式同样有它的局限性和缺陷，例如无法做到直达供应等，因此，也有一定的使用范围。

二、影响材料供应方式选择的因素

选择合理的供应方式，其目的在于实现材料流通的合理化。选择合理的供应方式能使材料用最短的流通时间、最少的费用投入使用、加速材料和资金周转，加快生产进程。选择供应方式时，主要应考虑如下因素：

1. 需用单位的生产规模

生产规模大，需用同种材料数量也大，其材料运输费用和中转费用比较高，适合采用直达供应方式；生产规模小，需要同种材料数量相对也少，为了节省人力、物力和财力支出，适宜采取中转供应方式。

2. 需用单位的生产特点

生产的阶段性和周转性往往使阶段性和周转性材料需用量较大，比如钢筋和砖在生产中期需用量比较大，就可以采取直达供应方式，反之，在生产初期和末期，使用量比较小的材料就可以采取中转供应方式。

3. 材料的特性

材料性质的不同，材料普适性也会不同，同样就会采用不同的供应方式。专用材料使用范围狭窄，以直达供应为宜；通用材料使用范围广，当需用量不大时，以中转供应为宜。体大笨重的材料，如钢材、水泥、木材、煤炭等，以直达供应为宜；不宜多次装卸、搬运且储存条件要求较高的材料，如玻璃、化工原料等，宜采取直达供应方式；品种规格多且需求量不大的材料，如辅助材料、工具等，宜采取中转供应方式。

4. 运输条件

运输条件的好坏直接关系到材料的流通时间和费用。一次发货量不够整车的，一般不宜采用直达供应方式而宜采用中转供应方式。需用单位离铁路线较近或有铁路专用线和装卸机械设备等，宜采取直达供应方式。需用单位如果远离铁路线且在不同运输方式的联运业务广泛推行的情况下，宜采用中转供应方式。

5. 供销机构的情况

材料供销网点比较广泛和健全，离需用单位较近，库存材料的品种、规格比较齐全，能满足需用单位的需求，服务比较周到的，中转供应的比重就会增加。

6. 材料生产企业的订货限额和发货限额

订货限额是生产企业接受订货的最低数量，如钢厂的订货限额多以换辊定额为基础来制定。同时考虑使用情况，对一般规格的普通钢材，订货限额较高；对优质钢材和特殊规格钢材一般用量较小，订货限额也较低。发货限额通常是以一个整车装载量为标准，采用集装箱时，则以一个集装箱的装载量为标准。某些普遍用量较小的材料和不便中转供应的材料，如危险品、腐蚀性材料等，其发货限额可低于上述标准。订货限额和发货限额定得过高，会影响直达供应的比重。

三、材料供应方式

(一)根据材料成本核算责任划分

施工项目涉及建设单位、施工单位，而且施工单位根据管理的层级关系，涉及集团公司、公司、分公司和项目部，材料供应在这些单位和部门之间各分管哪些责任这些责任如何进行划分，根据“既管供，又管用，供管并举”的原则，材料供应方式主要有以下几种。

1. 综合平衡计划供应

综合平衡计划供应即按企业内部材料供应分工范围，自下而上逐级将材料需用计划汇总上报，再自上而下逐级进行核实与平衡分配材料的办法。这种方式要求各级材料部门对供应管理工作有明确分工，各有侧重、各负其责，分工合作、互相支持，共同完成供应管理任务。如上一级材料部门以流通领域组织供应为主；下一级材料部门以生产领域里材料需用计划、现场管理(包括定额管理)为主。

2. 施工预算包干

这种供应方式，突出一个“包”字，是降低材料消耗、提高经济效益的措施之一。施工预算包干，就是组织基层施工队伍，以单位工程为对象、以施工预算为标准，按材料品种规格、数量及施工进度、竣工时间、工程质量等要求，一次性包干，节约有奖超耗受罚；实行定额供料，是指按工程分部分项工程量，结合材料施工消耗定额，计算定额需用量，实行限额供料，分部分项工程完成之后，办理结算退料，余料回收或结转，做到“完一阶段，算一阶段，消一阶段”，待工程竣工后加总计算奖(罚)金。

3. 内部材料供应合同制

施工企业内部材料部门，为了明确各层级之间经济责任、权利和义务，实现分工合作、互相制约、互相促进的目的实行内部材料供应合同制。内部材料合同订立一般以单位工程为对象，以施工预算为标准。合同主要内容包括：需方在签订合同时提出的施工预算、施工组织设计、施工进度计划、按分部分项的材料需用量及使用时间，提出该工程全部材料计划并作合同附件；供方按需用材料计划组织按时、按质、按量保证供应，还有堆放场地、道路，送料退收、计划内或计划外余料转移的经济责任；设计修改、材料需用计划的修改、材料代用利用、供应计划的提前或推迟等工作程序都应有明确的规定；违约的经济责任，处理处罚标准，内部签证、仲裁等问题也都应列入合同。此种供应方式责任分明，对违约者处理有具体条款，可使双方加强责任心，加强经济核算，提高管理水平。

4. 单位工程全面承包

全面承包，即以全优为目标，以施工预算为标准，以“五包”为内容，以“三挂钩”为手段，以成本票为依据的单位工程全面承包。

(1)五包,即包人工费、材料费、机械费、脚手架费、工具费。

①人工费。施工预算项目内的人工费(除外加工构件人工费),定额外的人工费(如机械故障、停电、停水、雨雪天气等造成的人工费;竣工时的修补、清扫;一天以内的待料等),按照人工费定额一次性包干。

②材料费。施工定额内各种材料按施工预算的材料价格一次性包干,包括周转材料辅助材料,但不包括外加工构件的材料。

③机械费。按施工组织设计或施工方案规定的机械使用台班费,按内部收费标准(不合电费)承包。

④脚手架费。按施工组织设计或施工方案规定的搭设脚手架数量及安全网,按内部租赁标准承包。

⑤工具费。按施工预算的工程计算,例如砌体 30 元/100 m 包干使用。

(2)奖励。奖励有质量奖和费用节约奖两种。

①质量奖。以工程最终评定的质量等级为例,如民用建筑评为优良者每平方米奖 0.8 元,评为全优者每平方米奖 1 元;工业建筑评为优良者每平方米奖 1 元,评为全优者每平方米奖 1.12 元,构筑物按造价折算建筑物平方米计算。

②费用节约奖(奖罚相抵后的节约额)。费用节约奖的奖励标准,举例说明如下:材料费按节约额奖 20%、超耗额罚 10% 执行;机械费按节约额奖 30%、超耗额罚 15% 执行;脚手架费按节约额奖 30%、超耗额罚 15% 执行;工具费按节约额奖 50%、超耗额罚 50% 执行。

(3)三挂钩。三挂钩是指质量、工期、安全互相挂钩。奖励额以费用节约奖为基础计算。

①质量。工程评为优良者费用节约奖加发 20%,工程评为全优者费用节约奖加发 40%,工程评为合格者费用节约奖扣发 40%。

②工期。以签订承包合同的工期为准,提前 5~10 d 费用节约奖加发 10%,提前 10 d 以上费用节约奖加发 20%,反之,按同等比率扣减。

③安全。全过程无安全事故,费用节约奖加发 10%,发生事故按情节另有规定。

(4)成本票核算。以施工预算为基础的"五包"中,按各种费用总金额发给等额的专用成本票(代金券),分人工费、材料费、机械费、脚手架费及工具费的专用票。所有上述各项费用一律用成本票支付,如领材料、工具就用专用成本票换取材料、工具,退料也相应退还成本票。机械、脚手架按租赁费标准支付成本票,工资按完成工作量计算工资额,以成本票兑换现金。最后竣工结算如节余成本票则为费用节约额。除工资外其余分别按比例计奖(罚),填制费用节约奖结算表,并交回全部成本票。成本票工程之间不准串用,平时一律不能兑换现金,不能挂失。

这种方法比较直观,适合工人使用,效果较好。但必须有正确的施工预算,已经制定了机械、脚手架及钢模租赁标准及管理办法,严格执行材料收发领退管理制度,并健全安全管理制度及违反制度发生事故的处理标准等。

(二)按照供应单位在建筑施工中的地位不同划分

按照供应单位在建筑施工中的地位不同,材料供应方式有甲方供应方式、乙方供应方式、甲乙双方联合供应方式和物资企业供应方式四种。

1. 甲方供应方式

甲方供应方式也称为建设单位组织供应方式,即建设单位按照建筑工程施工图纸预算的材料用量及施工单位有关材料品种、规格、使用时间的计划,将全部材料供应到施工现场,由施工单位负责验收。凡在使用过程中造成的损失和浪费,均由施工单位承担。

甲方供应物资,一般是工程项目所需关键的、价值较高的、用量较大的或生产工艺较复杂的物资。对于甲方供应物资,物资质量由甲方负责,如果在供应时间上与施工要求有出入或耽误工期,其工期和误工损失由甲方承担。

2. 乙方供应方式

乙方供应方式即建筑企业供应材料,由建筑企业组织全部材料的供应,材料质量完全由建筑企业负责。乙方供应方式,有利于建筑企业对材料进行统一管理和统一核算,有利于降低材料成本。

3. 甲乙双方联合供应方式

建设单位和建筑企业签订工程承包合同时,应签订材料供应分工协议,明确双方在材料供应中应承担的责任和拥有的权利。施工过程中,双方按照协议明确的分工范围分别组织材料的供应。建设项目开发部门或建设项目业主根据分工确定材料采购供应范围,实施材料供应。由于是甲乙双方联合完成一个项目的材料供应,因此在项目开工前必须就材料供应中的具体问题作出明确分工,并签订材料供应合同。在合同中应明确以下内容:

(1)供应范围,包括项目施工用的主要材料、辅助材料、装饰材料、水电材料、专用设备、各种制品、周转材料、工具用具等的分工范围。应明确到具体的材料品种甚至规格。

(2)供应材料的交接方式,包括材料的验收、领用、发放、保管、运输方式和分工及责任划分,还有材料供应中可能出现问题的处理方式和程序。

(3)材料采购、供应、保管、运输、取费及有关费用的计取方式,包括采购保管费的计取、结算方式,成本核算方法,运输费用的承担方式,现场二次搬运费、装卸费、试验费及其他费用,材料采购中价差核算方法及补偿方式。

(4)材料供应中可能出现的其他问题,如质量、价格认证及责任分工,材料供应对工期的影响等因素均应阐明要求,以促进双方的配合和协作。

甲乙双方联合供应方式在目前是一种较普遍的供应方式。这种方式一方面可以充分利用甲方的资金优势和采购渠道优势,又能使施工企业发挥其主动性和灵活性,提高投资效益。但是这种供应方式容易出现采购中必然产生的由交叉因素所带来的责任不清问题,因此必须用有效的材料供应合同做保障。

甲乙双方联合供应方式,甲方供应的物资一般是工程项目所需关键的、价值较高的、用量较大的或生产工艺较复杂的物资,乙方负责其他材料为主;也有所有材料以甲方或乙方为主,另一方为辅的分工形式。无论哪种供应方式,必定与资金、储备、运输的分工及利益发生关系。因此,建筑企业在进行材料分工的谈判前,必须确定材料供应的质量目标和时间目标,为建设项目的顺利进行和完成奠定基础。

4. 物资企业供应方式

物资企业供应是将材料供应业务发包给材料公司,由材料公司负责全部材料的供应工作。随着我国物流技术和物流行业的发展,许多物资销售中间商,根据区域划分形成了集运输、储存、销售、包装、加工、配送于一体的物资供应企业,一般分专业建筑物资供应企业和综合物资供应企业。这些中间供应商,主要涉及从供应链的制造商到终端客户的运输和储存活动。运输的功能在于完成产品空间上的物理转移,克服制造商与客户之间的空间距离,从而产生空间效用;而储存的功能就是将产品保存起来,调节产品供应与需求在时间上的差距,创造时间效用。所以中间供应商主要创造了时间效用和空间效用。

物资供应企业是一种"中转"形式,是从物流节点至用户的一种特殊送货形式,其特殊性表现为:从事送货的是专职流通企业,而不是生产企业;是客户需要什么送什么。所以,要做到需要什么送什么、要什么时候送就什么时候送,物资供应企业就必须在一定中转环节筹集这种需要,从而使物资中间商必然以中转形式出现。

物资供应公司与物资生产企业和物资销售企业有一定区别。物资供应公司要有一定规模,一是使成本有效降低,二是物资品种品类齐全,这就需要物资供应公司具有集货、理货、加工、配送的功能,追求物资供应整个链条的优势,甚至承担了企业物资供应的任务,使企业做到物资零库存。

随着物流行业的发展,这种具有配送功能的物资供应企业会成为生产企业和建筑企业的桥梁,逐步将成为建筑市场上主要的物资供应模式。

(三)按照物资供应的数量管理

物资供应的数量管理主要是施工企业内部的物资供应方式的选择,一般有两种方式:

1. 限额供应方式

限额供应也称定额供应,就是根据计划期内施工生产任务、材料消耗定额和技术节约措施等因素来确定供应材料数量标准。材料部门依此作为供应的限制数量,施工操作部门在限额内使用材料。

限额供应方式分为定期和不定期两种,既可按旬、按月、按季限额,也可按部位、按分项工程限额。不论其限额时间长短,限额数量都可以一次供应,也可分次供应,但供应累计总量不得超过限额数量。限额的限制方法可以采取凭票、凭证方法,按时间或部位分别记账、分别核算。凡在施工中材料耗用已达到限额而未完成相应的工作量,需超限额使用时,均须经过申请和批准,并计入超耗账目。

2. 敞开供应方式

根据资源和需求供应,对供应数量不做限制、不下指标,材料耗用部门随用随要的供应方式即为敞开式供应。

对施工生产部门来说,敞开供应方式灵活方便,可减少现场材料管理的工作量,使施工部门集中精力搞生产。实行这种供应方式的材料必须是资源比较丰富、材料采购供应效率高且供应部门必须保持适量的库存。敞开供应容易造成用料失控、材料利用率下降,从而增加成本。故这种供应方式通常用于抢险工程和突击性建设工程的材料需用。

(四)按物资供应中实物到达方式不同进行划分

物资供应中实物到达主要集中在施工现场,对于施工项目部来说,物资实物到达方式可以分为领料供应方式和送料供应方式两种。

1. 领料供应方式

领料供应方式也称为提料方式,是由施工生产用料部门根据供应部门开出提料单或领料单,在规定的期限内到指定的仓库提取材料。提料过程中的运费、损失、人工费等由用料单位负责。

2. 送料供应方式

送料供应方式是由材料供应部门根据用料单位的申请计划负责组织运输，将材料直接送到用料单位指定地点。送料供应方式要求材料供应部门做到供货数量、品种质量必须与生产需要相一致，送货时间必须与施工进度要求相协调，送货时间间隔必须与生产进度的延续性相平衡。送料过程中的运费、损失、人工费等由材料供应部门负责，如果因为材料质量差异或时间延迟给施工造成造价和工期损失，由材料供应部门负责。

四、材料定额供应方法

定额供应、包干使用是在实行限额领料的基础上，通过建立经济责任制，签订材料定包合同，以达到合理使用材料、提高经济效益的目的。限额领料指施工时必须将材料的消耗量控制在消耗定额之内。

(一)限额领料的形式

1. 按分项工程限额领料

按分项工程限额领料指按工程进度限额领料，以班组为对象限额领料。

2. 按工程部位限额领料

按工程部位限额领料指按基础、结构、装饰等施工阶段，以混合队为对象进行限额。它是扩大了的分项工程限额领料。

3. 按单位工程限额领料

按单位工程限额领料指对一个工程从开工到竣工的用料实行限额。它是工程部位限额领料的扩大，适用于工期不太长的工程。

(二)限额领料数量的确定

1. 限额领料数量的确定依据

(1)正确的工程量是确定材料限额的基础。

(2)定额的正确选用是计材料限额的标准。

(3)凡实行技术措施的项目，一律采用节约措施规定的单方用料量。

2. 实行限额领料应具备的技术条件

(1)施工组织设计。施工组织设计的总则，为协调人力、物力，妥善搭配，根据施工的组织设计划分流水段，搭接工序、操作工艺以及现场平面布置图和节约措施，用以组织管理。

(2)施工预算。施工预算是根据施工图纸计算的分项工程量及施工定额计算来反映完成一个单位工程所花费的经济文件，见表8-4。

表8-4 施工预算工程量人工材料分析

工程名称：　　　　　　　　年　月　日　　　　　　　　第　页　共　页

定额编号	工程项目	单位	数量	其中分层	劳动定额			材料分析					
					编号	时间定额	合计工日	( )	( )	( )	( )	( )	( )

①工程量：按施工图纸和施工定额的口径规定计算的分项、分层、分段工程量。

②人工数量：根据分项、分层、分段工程量及时间定额计算出用工量，最后计算出单位工程的总用工量和人工数。

③材料限额耗用数量：根据分项、分层、分段工程量及施工定额中的材料消耗数量，计算出分项、分层、分段的材料需用量，然后汇总成为单位工程材料用量，并计算出单位工程材料费。

(3)班组作业计划。班组作业计划(班组书)主要反映施工班组在计划期内所施工的工程项目、工程量及工程进度要求，是企业按照施工预算和施工作业计划把生产任务具体落实到班组的一种形式，见表8-5和表8-6。

表8-5　班组作业计划

单位：
工程名称：　　　　年　月　日　编号　　　　下达日期：　年　月　日
班　　组：　　　　　　　　　　　　　　　　验收日期：　年　月　日

<table>
<tr><td rowspan="5">施工定额编号</td><td rowspan="5">工程部位及项目</td><td rowspan="5">计量单位</td><td rowspan="5">工程量</td><td rowspan="5">每工产量</td><td rowspan="5">时间定额</td><td rowspan="5">定额用工</td><td rowspan="5">工程量</td><td rowspan="5">定额工日</td><td rowspan="5">实际用工</td><td rowspan="5">到达定额%</td><td>材料名称</td><td colspan="3"></td><td colspan="3"></td><td colspan="3"></td></tr>
<tr><td>规格</td><td colspan="3"></td><td colspan="3"></td><td colspan="3"></td></tr>
<tr><td>单位</td><td colspan="3"></td><td colspan="3"></td><td colspan="3"></td></tr>
<tr><td rowspan="2">配合比</td><td rowspan="2">单方</td><td colspan="2">数量</td><td rowspan="2">单方</td><td colspan="2">数量</td><td rowspan="2">单方</td><td colspan="2">数量</td></tr>
<tr><td>计划</td><td>实际</td><td>计划</td><td>实际</td><td>计划</td><td>实际</td></tr>
<tr><td></td><td></td><td></td><td></td><td></td><td></td><td></td><td></td><td></td><td></td><td></td><td></td><td></td><td></td><td></td><td></td><td></td><td></td><td></td><td></td><td></td></tr>
<tr><td></td><td></td><td></td><td></td><td></td><td></td><td></td><td></td><td></td><td></td><td></td><td></td><td></td><td></td><td></td><td></td><td></td><td></td><td></td><td></td><td></td></tr>
</table>

表8-6　班组用工记录表

单位：
工程名称：　　　　年　月　日　编号　　　　下达日期：　年　月　日
班　　组：　　　　　　　　　　　　　　　　验收日期：　年　月　日

<table>
<tr><td>日期</td><td>1</td><td>2</td><td>3</td><td>4</td><td>5</td><td>6</td><td>7</td><td>8</td><td>9</td><td>10</td><td>11</td><td>12</td><td>13</td><td>14</td><td>15</td><td>16</td><td>实际耗用量</td></tr>
<tr><td rowspan="3">工数</td><td rowspan="3"></td><td rowspan="3"></td><td rowspan="3"></td><td rowspan="3"></td><td rowspan="3"></td><td rowspan="3"></td><td rowspan="3"></td><td rowspan="3"></td><td rowspan="3"></td><td rowspan="3"></td><td rowspan="3"></td><td rowspan="3"></td><td rowspan="3"></td><td rowspan="3"></td><td rowspan="3"></td><td rowspan="3"></td><td></td></tr>
<tr><td>节超分析</td></tr>
<tr><td></td></tr>
<tr><td>日期</td><td>17</td><td>18</td><td>19</td><td>20</td><td>21</td><td>22</td><td>23</td><td>24</td><td>25</td><td>26</td><td>27</td><td>28</td><td>29</td><td>30</td><td>31</td><td>合计</td><td>原因分析</td></tr>
<tr><td>工数</td><td></td><td></td><td></td><td></td><td></td><td></td><td></td><td></td><td></td><td></td><td></td><td></td><td></td><td></td><td></td><td></td><td></td></tr>
</table>

计划员：　预算员：　劳动定额员：　工长：　材料定额员：　材料员：　成本员：

(4)技术节约措施。企业内部定额的材料消耗标准是在一般的施工方法、技术条件下确定的，为了降低材料消耗、保证工程质量，必须采取技术节约措施。

素养教育

三亚棚户区改造项目降低碳消耗推动绿色发展

三亚棚户区改造项目降低施工项目碳消耗，加快民生工程建设速度。施工企业利用自主研发的新型技术、新型材料使钢筋损耗率降低3%、模板用量减少10%、建筑垃圾减少近40%，推动建设项目绿色发展(如图8-1所示)。利用技术手段节约物资消耗。

图 8-1　三亚市天涯区西瓜、芒果片区棚户区改造(二期)项目施工现场

(5)混凝土及砂浆的试配资料。定额中混凝土及砂浆的消耗标准是在标准材质下确定的,而实际采用的材质往往与标准相差较大。为了保证工程质量,必须根据进场的实际材料进行试配和试验。因此,混凝土及砂浆的定额用料数量要根据试配合格后的用料消耗标准计算。

(6)有关技术翻样资料。有关技术翻样资料主要指门窗、五金、油漆、钢筋、铁件等,其中五金、油漆在施工定额中没有明确的式样、颜色和规格,这些问题需要和建设单位协商,根据图纸和当时资源情况来确定。门窗也可根据图纸、资料,按照有关标准图提出加工单。钢筋根据图纸和施工工艺的要求由技术部门提供加工单。所以,资料和技术翻样是确定限额领料的依据之一。

(7)补充定额。材料消耗定额的制定过程中可能存在遗漏,也可能随着新工艺、新材料、新的管理方法的采用,原制定的定额已不适用,因此使用中需要进行适当的修订和补充。

动画

限额领料的程序

(三)限额领料的程序

1. 限额领料单的签发

限额领料单的签发由计划统计部门按施工预算的分部分项工程项目和工程量编制班组作业计划,由劳动定额员计算用工数量,材料定额员按照企业现行内部定额扣除技术节约措施的节约量计算限额用料数量,并注明用料要求及注意事项。在签发过程中要注意定额要选用准确,对于采取技术节约措施的项目应按实验室通知单上所列配合比单方用量加损耗签发。另外,装饰工程中采用新型材料时,定额中没有的项目一般采用的方法是参照新材料的有关说明书,协同有关部门进行实际测定,套用相应项目的预算。

2. 限额领料单的下发

限额领料单一般一式五份,一份交计划员作存根,一份交材料保管员做发料凭证,一份交劳资部门,一份交材料定额员,一份交班组作为领料依据。限额领料单要注明质量等部门提出的要求,由班组长向班组下达和交底,对于用量大的领料单应进行口头或书面交底。

用量大的领料单一般指分部位承包下达的混合队领料单,如结构工程既有混凝土又有砌砖及钢筋支模等,应根据月度进度做出分层次分项目的材料用量,这样便于控制用料及核算,起到限额领料的作用。

3. 限额领料单的检查

在限额领料方法应用过程中,会有许多因素影响班组用料,定额员要深入现场调查研究,会同有关人员从多方面检查，发现问题应帮助班组解决，使班组正确执行定额用料，落实节约措施，做到合理使用。检查内容主要有以下几点。

(1)查项：检查班组是否按照用料单上项目进行施工，是否存在串料项目。在定额用料中，对班组经常进行检查和落实，主要有五个方面：检查设计变更的项目是否发生变化；检查用料单所包括的施工是否做、是否甩、是否齐；检查项目包括的工作内容是否都做完；检查班组是否做限额领料单以外的施工项目；检查班组是否有串料项目。

(2)查量：检查班组已验收的工程项目的工程量是否和用料单上下达的工程量一致。

(3)查操作：检查班组在施工中是否严格按照规定的技术操作规范施工。

(4)查措施的执行：检查班组在施工中节约措施的执行情况。

(5)查活完脚下清：检查班组在施工项目完成后是否做到"三清"及用料有无浪费现象。若材料超耗的因素是落地灰过多，则可以采取以下措施：一是少掉灰；二是及时清理，有条件的要随用随清；三是不能随时使用的应集中分拣利用。

材料员要协助做好班组计划用料，做到砂浆不过夜，灰槽不剩灰，半砖砌上墙，大堆材料清底使用，砂浆随用随清，运料车严密不漏，装车不要过高，运输道路保持平整，筛漏集中堆放，后台保持清洁，刷罐灰尽量利用。通过对"活完脚下清"的检查，达到利用现场废物和节约材料的目的。

4. 限额领料单的验收

班组完成任务后，应由班组长组织有关人员进行验收，工程量由主管领导审批验收签字、统计，预算部门把关、审核工程量，工程质量由技术质量部门验收并在任务书上签署检查意见，用料情况由材料部门签署意见，验收合格后办理退料手续。

5. 限额领料单的结算

班组长将验收件合格的任务书送交定额员结算。材料定额员根据验收的工程量和质量部门签署的意见计算班组实际应用量和实际耗用量并结算盈亏，最后根据已结算的定额用料单分别录入班组用料台账，按月公布班组用料节超情况，并作为评比和奖励的依据，见表 8-7。

表 8-7　分部分项工程材料承包结算表

单位名称		工程名称		承包项目
材料名称				
设计预算用量				
发包量				
实耗量				
实耗与设计预算比				
实耗与发包量比				
节超价值				
提供率				
提奖率				

主管领导审批意见	材料部门审批意见
（盖章）　年　月　日	（盖章）　年　月　日

在结算中应注意以下问题：

(1)班组任务书中若个别项目由于某种原因由班组长或计划员进行了更改，原项目未做或完成一部分而又增加了新项目，则需要重新签发用料单与实际消耗对比。

(2)若由上道工序造成下道工序用料超过常规，则应按验收的实际工程量计算材料用量。如抹灰班组施工的某一项目——墙面抹灰，定额标准厚度是 2 cm，由于墙面不平整而增加了抹灰工序的抹灰厚度，应按照班组长实际验收的厚度换算单方用量后再进行结算。

(3)在要求结算的任务书中，材料耗用量与班组领料单实际耗用量及结算数字要相符。

6. 限额领料单的分析

根据班组任务结算的盈亏数量进行节超分析，主要是根据定额的执行情况分析材料节约和浪费的原因，堵塞漏洞，总结并交流节约经验，促使进一步降低材料消耗和工程成本，并为今后修订和补充定额提供可靠资料。

(四)限额领料的核算

核算的目的是考核该工程的材料消耗是否控制在施工定额以内，同时也为成本核算提供必要的数据。

(1)根据预算部门提供的材料进行分析，做出主要材料分部位的两算对比。

(2)要建立班组用料台账，按月登记各工程材料耗用情况，竣工后进行汇总，并以单位工程形式做出总结，作为现场用料节约奖励和超耗罚款的依据。

任务实施

按照任务引入中要求，混凝土及砂浆试配过程如下。

(1)混凝土配合比申请单

编号：

委托单位：__________工程名称：__________施工部位：__________

设计的强度等级：__________申请强度等级：__________坍度要求：

其他要求：

搅拌方法：__________振捣方法：__________养护方法：__________

水泥品种及标号：__________厂别及牌号：__________进场日期：__________实验编号：__________砂子产地及品种：__________细度模数：__________含泥量：__________试验编号：__________

石子产地及品种：__________最大粒径：__________含泥量：__________试验编号：__________其他材料：__________

掺和料名称及掺量：____________________外加剂名称及掺量：

申请日期：__________使用日期：__________申请负责人：__________

(2)混凝土配合比通知单见表 8-8。

表 8-8　混凝土配合比通知单

标号	水灰比	砂率/%	水泥/kg	水/kg	砂/m^3	石/m^3	掺和料	配合比	试配编号

备注：

负责人：__________审核：__________计算：__________试验：__________

任务评价

任务评价表见表 8-9。

表 8-9　任务评价表

序号	评价内容	评价标准	分数	评分记录		
				学生自评	组间互评	教师评分
1	申请单	内容全面，编号、品种、品质、规格等要素必须包含，每项5分	60			
2	配合比	材料名称全面，单位使用正确，每项4分	40			
总分			100			

任务三　综合利用物资与节约利用物资

任务引入

施工企业材料消耗过程管理是对材料在施工生产消耗过程中进行组织、指挥、监督、调节和核算，减少不合理的消耗，以达到物尽其用、降低材料成本、增加企业经济效益的过程。在建筑工程中，材料费用占工程造价的比重很大，大约达到60%～70%，因此企业的利润主要取决于节约材料采购成本和降低材料消耗两个方面。请结合相关知识，简析物资节约合理利用的有效途径和实施措施。

任务描述

在阐述物资节约合理利用的时候要考虑到与其相关的诸多因素。例如物资节约是企业经营管理工作中一项非常重要的内容，物资节约与企业经营其他工作既相互制约又相互联系，存在着相辅相成的关系。企业应遵循一定的原则，既搞好物资节约，又保证生产按质按量按时完成。在分析有效途径时要考虑由于行业与企业的特点不同，物资节约的途径也是多种多样各不相同，归纳起来主要有两个途径：一是生产技术；二是企业管理。在这两大方向中再细分各自的节约途径。最后在分析实施措施时要注意结合搞好物资节约工作，明确对企业经营管理的必要性与实际意义。

相关知识

节约是企业增加生产、降低成本、增加利润的重要途径，每一个企业都应该贯彻“生产与节

动 画

物资的节约

约并重”的方针。物资的节约要求最合理地利用资源，以一定量的物资生产出更多更好的产品，或者说生产一定量的产品消耗更少的物资。

一、物资节约的途径

1. 改进产品设计

企业产品的结构、零件数量、式样，大小、长短及选用材料的规格、材质等，首先是由设计决定的。产品设计上的浪费，是一种先天的、长期的浪费，因此，在产品设计中采用价值工程方法，在保证产品必要功能的条件下改进产品结构，取消不必要的零附件，降低过大的安全系数，简化零件形状，设计出重量轻、体积小、成本低、效率高的产品。这是节约物资的重要措施。

2. 采用新工艺、新技术，减少物资消耗

工艺性损耗是物资消耗的重要部分，因此减少工艺性消耗、提高加工质量、降低废品率，是节约原材料和能源消耗的重要方面。在机械加工行业中，推广少、无切削加工工艺，如精锻、精铸、冷轧、冷挤、冷墩、爆炸成型等加工方法代替金属切削加工，可以大大提高材料利用率。

采用耗料少、效能高的设备，会减少原材料损耗，提高能源转化效率，充分发挥物资的效益。如陈旧落后的工业锅炉，热效率平均只有50%，如果推广新型节能锅炉，使热效率提高10%，便可以节约大量能源。

3. 选用新材料和代用材料

在保证产品质量的前提下，千方百计地选用经济合理的新材料和代用材料，是企业减少物资消耗、降低成本的重要措施。因此，企业的物资管理部门要同设计部门紧密配合，尽量地选用资源丰富的材料代替紧张稀缺的材料，用价格低廉的材料代替贵重的材料，用国产材料代替进口材料，用工业原料代替农业原料。另外，实行科学下料办法、修旧利废、改进物资运输和保管工作等，也是物资节约的重要途径。

二、废旧物资的回收和利用

生产建设企业每年要消耗大量的物资，同时也产生大量的废旧料。这些废旧料虽然不能直接按其原来的用途使用，但还残存着不同程度的使用价值，及时地进行回收利用，则可以变废为宝。这对于节约国家资源，具有重大的意义。因此，企业要经常对广大职工进行勤俭节约的教育，使人人树立勤俭办企业、人人精打细算的良好习惯。同时要采取有效措施，从组织上、制度上加以落实。企业要建立健全废旧物资回收、管理、修复和利用的组织制度，配备必要的人员、设备和工具，并同经济责任制结合起来。

1. 废旧物资的“回收”

废旧物资的“回收”，即把分散的废旧物资集中起来。为了搞好回收工作，企业物资管理部门必须做好一系列组织工作，包括：明确回收范围，如回收边角余料的尺寸标准；制定废旧物资回收的指标，明确责任；规定包装物的回收利用办法；对某些劳保用品、工具等规定以旧换新的办法；建立废旧物资回收奖励制度等等。

2. 废旧物资的"利用"

收集的废旧物资,必须有专人进行分类挑选,确定哪些是无法利用、只能当废料处理,哪些是可以修复利用的,哪些是可以让给其他企业使用的。有计划地利用废旧物资是回收的目的,收而不用,就失去了回收的意义。废旧物资的利用,一般有以下几种方法:

(1)仍旧当作原来的材料利用,就是把废品、废料根据一定比例再用于生产。

(2)加工改制,即将各种不能再用的材料,在经济合理的条件下改制成另一种材料加以利用。

(3)修复利用,即废旧材料经过加工修理,恢复原来的使用价值,可以继续利用。

(4)出售给其他企业。凡本企业不符合使用,而外单位可以使用的材料,可以出售给外单位。本企业不能利用,外单位也无人需要的废旧料,则可按规定出售给有关废旧物资收购公司。

三、物资的综合利用

物资的综合利用是反映国家科学技术发展水平的重要标志,是现代工业向深度和广度发展的必然趋势,对于充分利用和节约物资具有特别重要的作用。

随着现代工业的发展,综合利用越来越具有广阔的天地。综合利用可以变无用为有用、变一用为多用,大大提高物资的利用程度,最大限度地实现物资的使用价值,降低产品成本中材料的消耗费用。例如,制糖厂用甘蔗制糖后,蔗渣可以用来造纸,炼铁厂的矿渣可以用来制造水泥等建筑材料。

综合利用还可以改善职工的劳动条件和城镇居民的环境卫生。每一个企业都必须把综合利用和治理"三废"结合起来;否则,工业越发展,"三废"任其排出,不仅资源浪费越大,而且还会严重污染空气,毒化江河,影响环境卫生,危害人民生活和健康。因此,搞好物资的综合利用,已成为我们党和国家一项重大的技术经济政策。每个企业都要根据自己的生产特点,分析研究技术上的可能性和经济上的合理性,通过技术革新、改革工艺、改造设备、加强管理等有效措施,积极地开展物资的综合利用,真正做到化废为宝、化害为利、扩大资源、发展生产、为人民造福。

素养教育

创建节约型社会

生活中可回收资源主要有:废纸——报纸、书本纸、包装用纸、办公用纸、广告用纸、纸盒等;塑料——各种塑料袋、塑料泡沫、塑料包装、一次性塑料餐盒餐具、硬塑料、料牙刷、塑料杯子、矿泉水瓶等;玻璃——玻璃瓶和碎玻璃片、镜子、灯泡、暖瓶等;金属——易拉罐、铁皮罐头盒、牙膏皮等;布料——主要包括废弃衣服、桌布、毛巾、布包等。如每回收1 t废纸可造好纸850 kg,节省木材300 kg,比等量生产减少污染74%;每回收1 t塑料饮料瓶可获得0.7 t二级原料;每回收1 t废钢铁可炼好钢0.9 t,比用矿石冶炼节约成本47%,减少空气污染75%,减少97%的水污染和固体废物。

让我们积极行动起来，提高对节约资源和保护环境基本国策的认识，创建节约型社会（图8-2）。在生产和消费过程中，用尽可能少的消耗资源、能源，创造相同甚至更多的财富，最大限度地充分利用回收各种废弃物。

图8-2 创建节约型社会

四、多余积压物资的处理

企业多余积压的物资应积极处理，一般原则是采用ABC分类法，对占金额高的A类物资进行重点处理，这对加速资金周转，减少资金占用，是很重要的。具体的处理办法有：

（1）参加各种物资调剂会议，签订合同或协议。

（2）印发处理清册，寄有关单位选购。

（3）委托商业部门代销。

（4）设立门市部自销。

（5）到重点部门、企业登门推销。

任务实施

按照任务引入中要求，学生可以根据自己的知识储备和认知实施任务。物资节约的简析可以从两方面着眼考虑：一是以技术求节约，二是以管理求节约。技术节约中可以对改进设计，改进工艺、采用新工艺，利用技术新材料，节约代用，提质降废等方面展开阐述。管理节约可以从观念管理、计划管理、定额方法考核管理等方面进行阐述。

任务评价

任务评价表见表8-10。

表 8-10　任务评价表

序号	评价内容	评价标准	分数	评分记录		
				学生自评	组间互评	教师评分
1	技术节约	新技术、新工艺、新材料，每个领域阐述完整，正确，20 分	60			
2	管理节约	观念、计划、定额、考核，每项管理指标全面，正确，10 分	40			
总分			100			

巩固练习

1. 物资供应遵循的原则有哪些？
2. 编制供应计划的内容有哪些？
3. 物资供应情况的分析和考核包括哪些指标？
4. 根据材料流通过程的环节不同如何划分材料供应方式？
5. 影响材料供应方式选择的因素有哪些？
6. 材料供应方式有哪些？
7. 物资节约的途径有哪些？
8. 多余积压物资的具体处理方法有哪些？

项目九 物资核算管理

项目描述

施工企业物资属于企业的流动资产，通过存货进行核算。判断一项资产是否属于存货，关键要看其目的和用途。存货范围的确认标准是企业对其是否有法定所有权。存货的确认、计量直接影响施工企业期末资产价值及损益的确认与计算。

施工企业存货的核算方法有按实际成本核算、计划成本核算两种。为保证材料的完整、账实相符，施工企业必须建立材料清查盘点制度。存货按规定应当定期盘点，对于存货盘盈、盘亏要查明原因，分清责任作出处理。

学习目标

知识目标

(1)掌握存货的概念、性质、内容以及存货范围。

(2)掌握施工企业存货收入和发出的计价方法，掌握如何计算本期发出存货的金额、期末结存金额；理解各种方法的优缺点及适用范围。

(3)熟悉掌握按实际成本核算、按计划成本核算方法时收入、发出存货的核算特点及相应的会计处理，以及计划成本与实际成本核算方法的差别。

(4)掌握委托加工存货实际成本的内容；熟悉核算方法。

(5)掌握周转材料和低值易耗品的核算、摊销方法及核算方法。

(6)熟悉存货盘盈、盘亏的核算，重点了解盘盈收益、盘亏或毁损损失的列支。

能力目标

(1)能够按照会计处理流程核算库存材料。

(2)会使用存货计价的方法。

(3)会使用各种会计账户存货核算。

素养目标

(1)引导学生秉持勤俭节约的职业品质，避免物资超储积压造成浪费，增加物资成本。

(2)培养学生秉持实事求是的工作作风，物资管理人员应该具备诚信、客观、公正等基本职业道德，遵循会计准则和遵守法律法规，确立正确的价值观。

学习导航

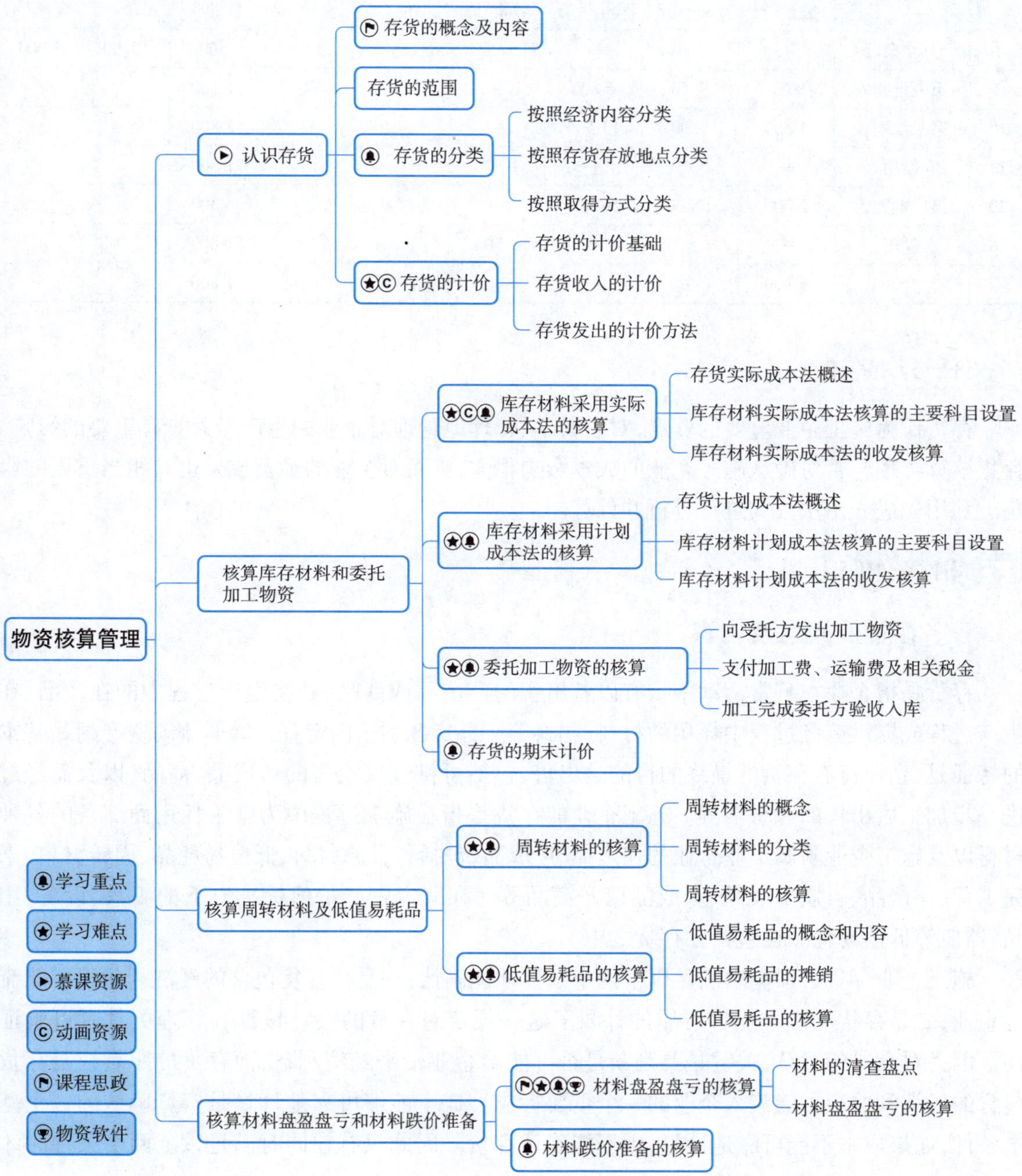

任务一 认识存货

任务引入

某建设工程公司本月某项物资的购入和发出情况见表9-1。试采用先进先出法确定发出某项物资的金额。

表 9-1 某项物资明细账

日期	摘要	购入			发出			结存		
		数量/kg	单价/元	金额/元	数量/kg	单价/元	金额/元	数量/kg	单价/元	金额/元
1	月初余额	—	—	—	—			500	10.00	5 000
3	第一批购入	800	8.50	6 800	—			1 300		
10	第二批购入	1 500	9.00	13 500	—			2 800		
12	领用	—	—	—	1 500			1 300		
20	第三批购入	3 000	12.00	56 300	—			4 300		
28	领用	—	—	—	2 500			1 800		
	合计	5 300	—	—	—			1 800		

任务描述

存货作为施工企业重要的资产,对它科学、合理地管理对企业的生产经营具有重要的影响。存货核算合理与否对确认施工企业的成本影响很大,进而对企业的经营成果也有相当重要的影响。利用先进先出法公式进行分析并计算。

相关知识

一、存货的概念及内容

存货是指企业在日常活动中持有以备出售的产成品或商品、处在生产过程中的在产品、在生产过程或提供劳务过程中耗用的材料、物料等。存货区别于固定资产等非流动资产的最基本的特征是,企业持有存货的最终的目的是出售,包括可供直接销售的产成品、商品,以及需经过进一步加工后出售的原材料等。施工企业的存货是指在施工过程中为施工耗用而储备的各种材料以及施工企业附属工业企业的在产品、产成品,包括各种原材料、低值易耗品、周转材料、未完工程、在产品、自制半成品、产成品以及商品等。在固定资产价值标准以下的工具、设备、用品、器皿等低值易耗品也包括在存货之中。

施工企业存货必须同时满足以下两个条件才能确认:一是该存货包含的经济利益很可能流入企业;二是存货的成本能够可靠的计量。这一规定对存货的会计核算和管理更具有可验证性。因为对存货的确认,关键是要判断是否可能给企业带来经济利益,而存货的所有权是存货包含的经济利益很可能流入企业的一个重要标志。成本能够可靠地计量是资产确认的一个基本条件,如果成本不能可靠地计量,则不能确认存货。因此只有在同时满足以上两个条件时才能加以确认。

存货在施工企业占整个资产总额的比重很大,存货数量及价值的计算,直接影响到资产负债表中资产价值的真实性。存货成本与工程成本之间存在着密切的关系,材料费是主要的工程成本项目之一,约占成本的70%。存货计价还会直接影响到当期和以后各期的财务成果。因此在企业中,要加强存货的收发保管、维护存货的安全、防止存货遭受损失,其重要性并不亚于现金。

素养教育

某特钢连续8年财务造假,虚增利润近20亿元!

新华社2020年5月10日报道,某特钢2010年至2016年年度报告和2017年第三季度报告中披露的期末存货余额存在虚假记载,2010年至2016年度、2017年1月至9月,某特钢通过伪造、变造原始凭证及记账凭证、修改物供系统、成本核算系统、财务系统数据等方式调整存货中"返回钢"数量、金额,虚增涉案期间各定期报告期末存货。

要建立正确的世界观、人生观、价值观,培育法制观念,培养法律意识,树立正确的职业道德观。

二、存货的范围

确定存货范围的一般原则就是所有权。凡是在盘存日期,法定所有权属于企业的供销售或生产耗用的一切产品和物资,不论其存放地点,都应该视为存货;反之如果产品和物资的所有权已经转移,即使产品和物资还存放在本企业内,也不属于本企业的存货。

三、存货的分类

企业的存货内容、品种繁多,各自的用途、特点也不尽相同。为了做好存货的核算工作,加强存货的管理,正确计算工程成本,施工企业必须根据管理的需要,结合自身管理的特点,按照不同标准对存货进行科学分类。

(一)按照经济内容分类

存货按照经济内容分类,可以分为以下几类。

1. 库存材料

库存材料包括主要材料、结构件、机械配件、其他材料等。

2. 低值易耗品

低值易耗品是指单位价值较低,容易损坏,不作为固定资产管理的各种物品。

3. 周转材料

周转材料是指在施工生产过程中能够多次使用,可以基本保持其原有实物形态,并逐渐转移其价值的工具性材料。

4. 在产品

在产品是指尚未完成生产过程的产品和尚未完成施工过程、正在建造的各类承包工程。

5. 产成品

产成品是指已经完成生产过程的库存产品和已经完成施工过程但尚未与建设单位(或总包单位)办理结算的已完工程。

(二)按照存货存放地点分类

按照存货保管责任和存放地点分类,可以分为以下几类:

1. 库存存货

库存存货是指储存在仓库或存放在施工现场的各种材料、在产品、产成品等。

2. 在途存货

在途存货是指货款已经支付,但尚未运达企业或虽已运达企业但尚未办理入库手续的各种材料、物品等。

(三)按照取得方式分类

按照存货取得方式,可以分为外购存货、自制存货、委托加工存货、投资者投入的存货、接受捐赠取得的存货、通过债务重组取得的存货、非货币性资产交换取得的存货、盘盈的存货等。

四、存货的计价

存货的计价就是存货在核算时按什么价格计算。根据资产计价的原理,存货的计价基础有投入价值基础和产出价值基础两种。在会计实务中,存货以其成本入账,也就是说企业在持续经营的前提下,存货入账价值的基础即初始价值基础是历史成本或者说是实际成本,具体来说又分为实际成本计价和历史成本计价两种计价方式。

(一)存货的计价基础

1. 投入价值基础及其计价标准

存货的投入价值是指为了获得存货而支付的各项费用。从投入这一角度出发,其计量的标准有以下几项:

(1)历史成本。历史成本是指存货在购入或生产时所花费的各项费用的总和。采用历史成本计价是会计核算的一般原则之一,它是通过交易确定的价格或实际支付的金额反映存货的价值,比较客观,数据易于取得又真实可靠,可防止随意变动存货的价值的行为。但是在货币购买力或物价变动时,会消减会计信息的有用性。

(2)重置成本。重置成本是指在现行条件下,重新购置存货的价值。存货按重置成本计价可以使存货价值接近于现行变现价值,能避免物价变动时期收益计算的虚假现象,确保存货耗用的实物补偿,具有现实的经济意义。但是这种计价的工作量十分繁重,并且计价依据的客观性较弱。

(3)成本与市价孰低。成本与市价孰低是指将存货的成本与市价进行比较,若成本低于市价按成本计价,若成本高于市价则按市价计价。这里的成本是指历史成本。市价指可变现净值。这一计价标准是对历史成本原则在运用时的修正,体现了稳健性的原则。它确认可变现净值低于成本隐含的损失,不确认可变现净值高于成本时的额外收益,维护了债权人的利益。存货因市价下跌而形成的损失计入当期损益,而对于存货因市价上涨而形成的收益不予预计。

2. 产出价值基础及其计价标准

产出价值是指存货出售时可获得的价值。主要从产出这一角度出发确定存货的价值,其计量的标准有以下几项。

(1)现行市价。现行市价指现行销售价格,又称脱手价值,是指存货在正常条件下预期的出售价格,或者说可实现价值。存货按现行市价计价可比较真实地反映存货的实际经济价值;但是对那些没有售价的存货(如在产品)计价比较困难,再者,存货在出售前就确认其价值,不稳健也不现实,工作量也非常大。

(2)可实现净值。可实现净值也称预期脱手价值,是指存货在正常条件下的最终售价减去与存货完工、销售、交运等有关的预期追加成本后的现时价值,存货按可实现净值计价与按现行市价计价的优缺点基本相同。

(3)预期未来现金流量的现值。存货的预期未来现金流量的现值是指存货能够带来的未来现金流入量按一定的贴现率计算的价值。它考虑了货币的时间价值,比将来能够收取的实际金额要少。存货以预期未来现金流量的现值计价,能够较好地反映存货的预期经济价值;但是确定某项存货的预期现金流入较难,其流入的时间分布和数量多少以及贴现率的选择有赖于人的主观判断能力,受主观因素影响较大。

(二)存货收入的计价

施工企业的存货收入与发出的计价要采用一定的计价标准。

存货收入的计价在于确定存货的入账价值。我国《企业会计制度》规定:"各种存货应按取得时的实际成本记账。"但由于施工企业取得存货的途径不同,存货的实际成本内容也有差异。根据不同情况,存货的实际成本分别由以下项目组成。

1. 国内市场购入的存货

(1)买价,包括材料的原价和供销部门的手续费。

(2)运杂费,包括运到工地仓库(施工现场堆有材料的地点)以前所发生的包装、运输、保险、装卸、搬运、仓储、整理、验收和合理运输损耗等费用。物资从工地仓库运到施工地点的运输、装卸等费用,不计入材料实际成本之内,应按费用的性质分别列入人工费等。

(3)采购保管费,指企业的材料供应部门和仓库在组织材料采购、验收、保管和收发存货过程中所发生的各种费用以及保管过程中发生的全部损耗。其采购保管费范围主要包括以下内容:

①采购和保管人员的薪酬。

②采购和保管人员的办公费。

③采购和保管人员的差旅费。

④固定资产折旧及修理费。

⑤工具用具使用费。

⑥材料保险费。

⑦检验试验费。

⑧材料整理及零星运费。

⑨材料盘亏及毁损(减盘盈)。

⑩其他。

实际内部独立核算的供应单位,还应包括支付的银行存款利息。

以上第一项支出应直接计入各种存货的采购成本;第二项支出能分清的可以直接计入有关存货的采购成本。不能分清的,应按存货的业务量或买价比例,分别计入有关存货的采购成本;第三项支出通过"材料采购—采购保管费"账户归集后,月终分配计入各种存货的采购成本。

2. 国外购入的存货

(1)进口存货的原价和调进外汇的差价。

(2)国外运杂费,包括国外运费、保险费、银行手续费等。

(3)税金,包括进口关税产品税等。

(4)国内运费。

(5)采购保管费。

3. 客户供应的存货

(1)双方签订合同确定的存货价值。

(2)企业负担的运杂费。

4. 企业自制的存货

(1)直接材料费。

(2)直接人工费。

(3)其他制造费用。

5. 委托外单位加工的存货

(1)耗用存货的实际成本。

(2)加工费用。

(3)加工存货发生的往返运杂费。

6. 投资者投入的存货

(1)国有企业投入的属于国有资产的存货,为国有资产管理部门评估确认的价值。

(2)其他企业投入的存货,为合同双方协议约定的价值。

7. 接受捐赠的存货

(1)对方提供有发票账单的,发票账单的原价加上企业负担的运杂费、保险费税金等。

(2)对方无发票账单的,为同类存货的市价。

8. 盘盈的存货

盘盈的存货按照同类存货的实际成本或市价计价。

(三)存货发出的计价方法

动画

什么是限额领料单

施工企业材料发出主要凭证包括“领料单”“限额领料单”“大堆材料耗用计算单”“集中配料耗用计算单”等。

领料单是一种一次性使用的领料凭证。限额领料单又称定额领料单,是一种可在规定的领用限额内多次使用的累计领料凭证。大堆材料耗用计算单主要适用于用料时既不易点清数量,又难于分清用料对象的砖、砂、石、石灰等材料。集中配料耗用计算单是指领用时虽能点清数量,但属于集中配料或统一下料的材料,则应在领料单上注明“集中配料”,月末由材料部门根据配料情况,结合材料耗用定额编制“集中配料耗用计算单”,据以分配计入各受益对象。

施工企业材料发出的计价,通常可以根据实际情况,分别采用以下两种方法:

1. 采用实际成本发出存货的计价

采用实际成本发出存货进行日常核算的企业,在一个会计期间,如果期初存货和本期购货的所有同类货品单位成本都相同,则发出材料同期末存货就可以按单一的单位成本计算,比较简单。可是,实际上相同的存货总是按不同的单位成本购入和加工的,要确定发出存货和每次发出后剩余存货的实际成本,就需要采用一定的计算方法。存货发出的计价方法主要有先进先出法、加权平均法、个别计价法等。

（1）先进先出法。先进先出法是指假定先收到的存货先发出，并根据这种假定的存货流转次序对发出存货和期末存货进行计价的方法。具体做法是：接收有关存货时，逐笔登记每一批存货的数量、单价和金额；发出存货时，按照先进先出的原则计价，逐笔登记存货的发出和结存金额。

动画

什么是先进先出法

这种方法的优点是在发出存货时，就可以确定其实际成本，能把计价工作分散在平时进行，而且能够使存货的价值接近于市价变动趋势。缺点是每次发出存货都要辨别批次、同时都必须计算一次实际成本，而且同一批发出的同类材料的价格也可能不同，在收发业务频繁、价格变动大的情况下，会加大计价工作量。另外，由于按这种方式计算的出库实际成本是前期成本，在物价上涨的条件下，会使利润虚增，在物价下降的条件下，会使利润虚减。

现特以材料为例来说明该方法的运用。

【例 9-1】 已知某建筑工程公司 2020 年 6 月原材料存货变动情况见表 9-2。采用先进先出法确定发出 A 材料的价值。

表 9-2 原材料明细账

名称：A 材料 金额单位：元

<table>
<tr><th colspan="2">2020 年</th><th rowspan="2">摘要</th><th colspan="3">收进</th><th colspan="3">发出</th><th colspan="3">结存</th></tr>
<tr><th>月</th><th>日</th><th>数量</th><th>单价</th><th>金额</th><th>数量</th><th>单价</th><th>金额</th><th>数量</th><th>单价</th><th>金额</th></tr>
<tr><td>6</td><td>1</td><td>月初结存</td><td>—</td><td>—</td><td>—</td><td>—</td><td>—</td><td>—</td><td>600</td><td>10.00</td><td>6 000</td></tr>
<tr><td rowspan="2">6</td><td rowspan="2">3</td><td rowspan="2">第一批购入</td><td rowspan="2">500</td><td rowspan="2">8.50</td><td rowspan="2">4 250</td><td rowspan="2">—</td><td rowspan="2">—</td><td rowspan="2">—</td><td rowspan="2">1 100</td><td>10.00</td><td>6 000</td></tr>
<tr><td>8.50</td><td>4 250</td></tr>
<tr><td rowspan="3">6</td><td rowspan="3">10</td><td rowspan="3">第二批购入</td><td rowspan="3">2 000</td><td rowspan="3">9.00</td><td rowspan="3">18 000</td><td rowspan="3">—</td><td rowspan="3">—</td><td rowspan="3">—</td><td rowspan="3">3 100</td><td>10.00</td><td>6 000</td></tr>
<tr><td>8.50</td><td>4 250</td></tr>
<tr><td>9.00</td><td>18 000</td></tr>
<tr><td rowspan="3">6</td><td rowspan="3">12</td><td rowspan="3">领用</td><td rowspan="3">—</td><td rowspan="3">—</td><td rowspan="3">—</td><td rowspan="3">1 500</td><td>10.00</td><td>6 000</td><td rowspan="3">1 600</td><td rowspan="3">9.00</td><td rowspan="3">14 400</td></tr>
<tr><td>8.50</td><td>4 250</td></tr>
<tr><td>9.00</td><td>3 600</td></tr>
<tr><td rowspan="2">6</td><td rowspan="2">20</td><td rowspan="2">第三批购入</td><td rowspan="2">2 500</td><td rowspan="2">12.00</td><td rowspan="2">30 000</td><td rowspan="2">—</td><td rowspan="2">—</td><td rowspan="2">—</td><td rowspan="2">4 100</td><td>9.00</td><td>14 400</td></tr>
<tr><td>12.00</td><td>30 000</td></tr>
<tr><td rowspan="2">6</td><td rowspan="2">28</td><td rowspan="2">领用</td><td rowspan="2">—</td><td rowspan="2">—</td><td rowspan="2">—</td><td rowspan="2">3 000</td><td>9.00</td><td>14 400</td><td rowspan="2">1 100</td><td rowspan="2">12.00</td><td rowspan="2">13 200</td></tr>
<tr><td>12.00</td><td>16 800</td></tr>
<tr><td>6</td><td>30</td><td>本月合计</td><td>5 000</td><td>—</td><td>52 250</td><td>4 500</td><td>—</td><td>45 050</td><td>1 100</td><td>—</td><td>—</td></tr>
</table>

解：采用先进先出法确定发出 A 材料的价值为

6 月 12 日发出材料金额 $=600\times10+500\times8.5+400\times9=13\ 850$（元）

6 月 28 日发出材料金额 $=1\ 600\times9+1\ 400\times12=31\ 200$（元）

6 月月末结存材料金额 $=1\ 100\times12=13\ 200$（元）

（2）加权平均法。

①一次加权平均法，是指根据期初结存存货和本期收入存货的数量和实际成本，期末一次计算存货的本期加权平均单价，作为计算本期发出存货成本和期末结存存货成本的单价，据以求得本期发出存货成本和期末结存存货成本的方法。其计算公式如下：

$$加权平均单价 = \frac{期初结存存货实际成本 + 本期收入存货实际成本}{期初结存存货数量 + 本期收入存货数量} \tag{9-1}$$

$$本期发出存货成本 = 本期发出存货数量 \times 加权平均单价 \tag{9-2}$$

在加权平均单价有尾差(即存在近似计算的四舍五入值)的情况下,通常先计算结存存货成本,并采用倒挤方法计算本期发出存货成本,以优先保证存货结存成本的正确性。其公式如下:

$$期末结存存货成本 = 期末结存存货数量 \times 加权平均单价 \tag{9-3}$$

$$本期发出存货成本 = 期初结存存货成本 + 本期收入存货成本 - 期末结存存货成本 \tag{9-4}$$

【例 9-2】 仍以【例 9-1】资料为例,见表 9-2。采用一次加权平均法计算月末结存材料成本。

解:加权平均单价 =(6 000 +52 250)÷(600 +5 000)≈10.40(元)

月末结存材料成本 =4 500 ×10.40 =46 800(元)

采用此种方法,发出存货的单价只在月末计算一次即可,简化了平时的核算工作。而且在市价上涨或下跌时按此种方法计算,对存货成本的分摊较为折中。但由于每期发出存货的加权平均单价月末才能计算,因此,从平时账面上不能及时反映存货的发出金额和结存金额,不利于存货的日常管理。

②移动加权平均法也称移动平均法,是指每次(批)收货以后,立即根据库存存货数量和成本,计算出新的移动平均单价的方法。计算原理与加权平均法基本相同。其计算公式如下:

$$移动平均单价 = \frac{原有存货成本 + 本批收入存货实际成本}{原有存货数量 + 本批收入存货数量} \tag{9-5}$$

$$发出存货成本 = 发出存货数量 \times 移动平均单价 \tag{9-6}$$

【例 9-3】 仍以【例 9-2】资料为例,见表 9-2。采用移动加权平均法,先计算移动加权平均单价,计算发出 A 材料的价值。

解:6 月 3 日移动平均单价 =(6 000 +4 250)÷(600 +500)≈9.32(元)

6 月 10 日移动平均单价 =(6 000 +4 250 +18 000)÷(600 +500 +2 000)≈9.11(元)

6 月 12 日发出存货成本 =1 500 ×9.11 =13 665(元)

6 月 20 日移动平均单价 =(14 400 +30 000)÷(1 600 +2 500)≈10.83(元)

6 月 22 日发出存货成本 =3 000 ×10.83 =32 490(元)

(3)个别计价法。个别计价法又称个别认定法、分批实际法,是指逐一认定每次(批)发出存货的实际成本,并按其购入或完工时确认的单位成本分别计价的方法。这种方法是建立在假定存货的成本流转与实物流转相互一致的基础上的。采用这种方法,需在仓库中将每次(批)收进的存货分别存放,标明单价,按品种和批次设详细的存货记录,并在存货上附加标签或编号,以便准确分辨发出存货的个别实际成本。在传统手工记账模式下,采用个别计价法,当存货单位成本不稳定且存货收发频繁时,辨别发出存货成本的工作量较大。此外,往往容易出现企业随意选用较高或较低价格的存货、人为调整本期利润的现象。在企业普遍采用计算机信息系统进行会计处理的电算化模式下,个别计价法可以广泛应用于发出存货的计价。而且,个别计价法的成本计算符合实际情况,最为准确。对于施工企业来说,这种计价方法较适用于为某一建造合同专门购置或建造,并单独存放的特殊材料设备,也适用于未完工程和已完工程的成本确认。

以上各种存货发出的计价方法,施工企业可以根据自己的具体情况选用,但计价方法经确定,不得随意变更。实际处理中还应注意,无论采用何种方法,如遇到单位成本尾数除不尽的情况,应用倒挤法把尾差计入发出存货成本。

2. 采用计划成本发出存货的计价

存货按计划成本计价,就是对每种存货的收、发、结存,都按预先确定的计划成本计价,计划成本与实际成本的差额在“材料成本差异”科目核算。计划成本通常是指企业或其主管部门根据国家有关规定,以及地区材料预算价格等资料所确定的本企业一定时期适用的统一存货价格,如统一材料价格等。

存货计划成本的组成项目与实际成本相同。如国内购入的存货,其价格由买价运杂费和采购保管费组成,只不过这些组成价格不是按实际所发生的,而是按有关资料结合本企业情况所计算确定的。确定后一般编有“材料价格目录”,对某种存货进行编号,标明其计划单位成本、由各部门遵照执行。存货计划成本一经确定后,一般在年内不做调整。计划成本与实际成本之间的差额,从“材料成本差异”会计科目反映,并逐月分配记入领用存货的工程或其他项目中。也就是计划成本加上或减去材料成本差异,以求得各类存货收、发、结存的实际成本。

存货采用计划成本核算,简化了核算手续,使企业在不同时期、不同地点、不同价格购买的同等存货在入库后价格统一,在发出时只计算数量,到月终一次计算进入工程成本或其他费用中。另外,通过存货成本差异核算,便于考核存货的采购和自制的业务成果,对实际耗用量和计划耗用量进行比较,可以考核材料消耗量的节超情况。但是这种计价方法要求计划成本的确定要合理,不能与实际水平相差太大,否则会影响核算结果的正确性,一般只适用于存货品种繁杂的大型施工企业在组织材料日常核算时使用。此外,采用计划成本进行存货日常核算的企业,对于某些品种不多、占成本比重较小的存货,也可以用实际成本来进行核算。

任务实施

按照任务引入中要求,根据表 9-1 分析某建设公司某项物资,利用先进先出法确定发出某项物资的金额为

(1)6 月 12 日发出某项物资金额 $=500\times10+800\times85+200\times9=13\ 600$(元)。

(2)6 月 28 日发出某项物资金额 $=1\ 300\times9+1\ 200\times12=26\ 100$(元)。

(3)6 月末结存某项物资金额 $=1\ 800\times12=21\ 600$(元)。

任务评价

任务评价表见表 9-3。

表 9-3 任务评价表

序号	评价内容	评价标准	分数	评分记录		
				学生自评	组间互评	教师评分
1	先进先出法计算	利用先进先出法进行核算发出材料金额正确的,50 分	50			
2		利用先进先出法进行核算月末结存金额正确的,50 分	50			
总分			100			

任务二　核算库存材料和委托加工物资

任务引入

某建筑施工企业3月初结存材料的计划成本为10万元,成本差异为节约1 000元;本月入库材料的计划成本为15万元,成本差异为超支400元。当月工程领用材料的计划成本为20万元。假定该企业按月末计算的材料成本差异率分配和结转材料成本差异。要求:采用计划成本法分析计算当月工程领用材料的实际成本。

任务描述

采用计划成本计价的方法,发出的存货都按计划成本计算,大大简化了日常核算工作。需要注意的是,如果采用计划成本计价,最终还要通过一定的方法将耗用材料的计划成本调整最终实际成本。

相关知识

施工企业存货的日常核算有两种方法:一种是采用实际成本法进行核算;另一种是采用计划成本法进行核算。

一、库存材料采用实际成本法的核算

(一)存货实际成本法概述

存货实际成本法是指每种存货的收进、发出、结存核算均按实际成本计价。其特点是从存货收发凭证到明细分类账和总分类账均按实际成本计价。此种方法一般适用于规模较小存货品种少、采购业务不多的施工企业。

(二)库存材料实际成本法核算的主要科目设置

实际成本法下,为核算库存材料的收付存业务,应设置以下主要核算账户:

1."在途物资"账户

"在途物资"账户用于核算企业已购入但尚未到达或尚未验收入库的原材料的实际成本。该账户中借方登记已付款或已开出、承兑商业汇票的材料的实际成本;贷方登记已验收入库材料的实际成本。期末余额在借方,反映企业在途物资的实际成本。该账户按供应单位设置明细分类账户,进行明细核算。

2."原材料"账户

"原材料"账户用于核算企业库存各种材料的收发与结存情况。该账户借方登记入库原材料的实际成本;贷方登记出库原材料的实际成本。期末余额在借方,反映企业库存原材料的实际成本,该账户按原材料的保管地点(仓库)、材料的类别、品种和规格设置明细分类账或材料卡片,进行明细核算。

(三)库存材料实际成本法的收发核算

1. 库存材料外购

施工企业外购材料时,由于结算方式和采购地点的不同,材料入库和货款的支付在时间上

不一定同步,相应的会计处理也有所不同。

(1)货款已付(或已开出承兑商业汇票),材料验收入库材料验收入库后,根据有关凭证按实际成本借记"原材料"账户,贷记"银行存款"或"应付票据"账户等。

【例9-4】 方兴建筑工程公司从B公司购入原材料,价款80 000元,增值税税率13% 运费2 000元,增值税税率9%,款已付,材料验收入库。

根据有关发票账单,应编制会计分录如下。

借:原材料　　82 000

　应交税费——应交增值税(进项税额)　　10 580(10 400 + 180)

　贷:银行存款　　92 580

(2)货款已付,但材料尚未入库根据发票账单等结算凭证,借记"在途物资",贷记"银行存款"或"应付票据"等账户;待材料入库后,再根据收料单,借记"原材料",贷记"在途物资"。

【例9-5】 方兴建筑工程公司采购原材料一批,价款80 000元,增值税税率13%,发票账单已到,货款已付,材料尚未运达。应编制会计分录如下。

借:在途物资　　80 000

　应交税费——应交增值税(进项税额)　　10 400

　贷:银行存款　　90 400

该项材料运达,供方转来代垫运费单据2 000元,以银行存款付讫。应编制会计分录如下。

借:在途物资　　2 000

　应交税费——应交增值税(进项税额)　　180

　贷:银行存款　　2 180

待该项材料验收入库,应编制会计分录如下。

借:原材料　　82 000

　贷:在途物资　　82 000

(3)材料已入库,但发票账单未到,货款未付由于难以确认材料的入账价值,因此,在月份内收到材料时只登记明细分类账,暂不进行总分类核算。如果直到月末发票账单仍未收到,为使账实相符,按材料的市价、合同价暂估入账,借记"原材料"账户,贷记"应付账款"账户。下月初用红字做同样的会计分录,予以冲回,以便待有关发票账单到达并支付货款后,再按正常程序进行账务处理。

【例9-6】 方兴建筑工程公司从外地采购原材料一批,材料已运达并验收入库,但发票账单仍未收到,货款未付。

月末按暂估价200 000元入账。应编制会计分录如下。

借:原材料　　200 000

　贷:应付账款　　200 000

下月初用红字予以冲回(方框内的数字表示红字,下同)。

借:原材料　　[200 000]

　贷:应付账款　　[200 000]

如果下月收到有关发票账单,并载明价款200 000元,增值税税率13%,运杂费1 000元,增值税税率 9%，款项以银行存款付讫。应编制会计分录如下。

借：原材料　201 000
　　应交税费——应交增值税（进项税额）　26 090
　　贷：银行存款　227 090

（4）材料验收入库时，发生短缺或损耗应区分不同情况做相应处理。

动画
什么是合理损耗

①运输途中的合理损耗，计入材料的采购成本。

②由于供应单位责任造成的短缺或损失，如果尚未支付货款，结算时，企业应按短缺的数量和发票单价计算拒付金额，承付部分按实际支付金额入账。

③由运输部门、责任单位或过失人造成的短缺，如果货款已付，应将索赔金额记入“其他应收款”账户。

④属于自然灾害等非正常原因造成的损失，将扣除残料价值和过失人、保险公司赔款后的净损失，记入“营业外支出”账户。

以上的短缺或损耗（除尚未支付货款的情况之外），在未查明原因时，先记入“待处理财产损溢”账户，查明原因并经批准后再按不同情况进行处理。

【例 9-7】　方兴建筑工程公司 4 月 5 日购入原材料一批，买价 60 000 元，增值税税率 13%，运杂费 1 000 元，增值税税率 9%，共计 71 200 元，以银行存款支付。4 月 21 日材料验收入库时，发现途中短缺材料价款计 5 000 元，其中 500 元属定额内合理损耗，其余 4 500 元短缺原因待查。

付款时，应编制会计分录如下。

借：在途物资　61 000
　　应交税费——应交增值税（进项税额）　7 890
　　贷：银行存款　68 890

材料验收入库时，应编制会计分录如下。

借：原材料　56 500
　　待处理财产损溢——待处理流动资产损溢　4 500
　　贷：在途物资　61 000

上述短缺，经查明核准：属于供应单位的责任 3 000 元，应由运输部门赔偿 500 元，途中意外事故损失 1 000 元。

应编制会计分录如下。

借：其他应收款——供应单位　3 000
　　　　　　　——运输部门　500
　　营业外支出——非常损失　1 000
　　贷：待处理财产损溢——待处理流动资产损溢　4 500

2. 库存材料发出

施工企业的存货按实际成本法核算，由于材料的日常领发业务频繁，为了简化日常核算工作，平时材料发出可以填制领料单（一次性领料凭证）、限额领料单（累计领料凭证）、大堆材料耗用单等，一般只登记材料明细分类账，反映各种材料的收发和结存金额月末根据施工任务完成单、实际发料记录、大堆材料耗用计算单，依照材料类别和受益对象，并按实际成本计价，汇总编制“发料凭证汇总表”，见表 9-4。

表 9-4　原材料明细账

2020 年 6 月 30 日　　　　单位:元

材料类别		主要材料	结构件	机械配件	其他材料	合计
工程施工		500 000	120 000	—	—	620 000
其中	Ⅰ工程	400 000	80 000	—	—	480 000
	Ⅱ工程	100 000	40 000	—	—	140 000
机械作业		—	—	6 000	3 000	9 000
辅助生产		20 000	—	1 600	—	21 600
管理部门		—	—	—	1 000	1 000
合计		520 000	120 000	7 600	4 000	651 600

【例 9-8】 方兴建筑工程公司 6 月各有关部门领料情况见表 9-4,应编制会计分录如下。

借:工程施工——合同成本(Ⅰ工程)　　480 000
　　　　　——合同成本(Ⅱ工程)　　140 000
　机械作业　　9 000
　生产成本——辅助生产成本　　21 600
　管理费用　　1 000
　贷:原材料——主要材料　　520 000
　　　　　——结构件　　120 000
　　　　　——机械配件　　7 600
　　　　　——其他材料　　4 000

二、库存材料采用计划成本法的核算

(一)存货计划成本法概述

存货按计划成本法核算是指存货的收进、发出和结存均采用计划成本进行总分类核算和明细分类核算,同时将实际成本与计划成本的差额通过设置"材料成本差异"账户反映,期末计算发出存货、结存存货应分摊的成本差异,将发出存货及结存存货由计划成本调整为实际成本。采用计划成本法,一般适用于存货品种繁多、收发频繁的大中型施工企业。该方法的基本步骤如下:

(1)企业应先行确定各种存货的计划单位成本,在年度内一般不做调整。

(2)平时收到存货时,按计划单位成本计算出收入存货的总计划成本,并将实际成本与计划成本的差额,记入"材料成本差异"账户。

(3)平时领用、发出存货,均按计划成本计算。月份终了再将本月发出存货应负担的成本差异进行分摊,随同本月发出原材料的计划成本记入有关账户,将发出存货的计划成本调整为实际成本。

发出材料应负担的成本差异,除委托加工物资可按月初材料成本差异率计算外,均应使用本月的材料成本差异率,并且必须按月分摊,不得在季末或年末一次计算。

该方法的计算公式如下:

$$\text{本月存货成本差异率}=\frac{\text{月初结存材料的成本差异}+\text{本月收进材料的成本差异}}{\text{月初结存材料的计划成本}+\text{本月收进材料的计划成本}}\times 100\% \tag{9-7}$$

$$上月存货成本差异率 = \frac{月初结存材料的成本差异}{月初结存材料的计划成本} \times 100\% \quad (9\text{-}8)$$

$$发出存货应负担的成本差异 = 发出存货的计划成本 \times 存货成本差异率 \quad (9\text{-}9)$$

$$发出存货的实际成本 = 发出存货的计划成本 + 发出存货应负担的成本差异 \quad (9\text{-}10)$$

$$结存存货的实际成本 = 结存存货的计划成本 + 结存存货应负担的成本差异 \quad (9\text{-}11)$$

计算应用时,存货的超支通常以正值差异率表示,相应的差异额亦为正值;存货的节约通常以负值差异率表示,相应的差异额亦为负值。

【例 9-9】 方兴建筑工程公司采用计划成本法对材料进行日常核算。2020 年 10 月,月初结存材料的计划成本为 2 000 000 元,材料成本差异账户贷方余额为 30 000 元(月初结存存货的节约额);本月入库材料的计划成本为 10 000 000 元,材料成本差异账户借方发生额为 60 000 元(月末调整前结存存货的超支额);本月发出材料的计划成本为 8 000 000 元。求该公司本月发出材料的实际成本。

解:本月材料成本差异率 = 差异额 ÷ 计划成本 × 100%

= (−30 000 + 60 000) ÷ (2 000 000 + 10 000 000) × 100%

= 30 000 ÷ 12 000 000 × 100% = 0. 25%

发出材料实际成本 = 发出材料计划成本土应负担的差异额

= 800 000 + (8 000 000 × 0. 25%)

= 8 000 000 + 20 000 = 8 020 000(元)

(二)库存材料计划成本法核算的主要科目设置

施工企业采用计划成本法进行材料的日常核算时,需设置以下账户。

1. "材料采购"账户

该账户中,借方登记外购材料物资的实际成本和结转实际成本小于计划成本的节约差异,以及发包单位拨入抵作备料款的材料价款;贷方登记验收入库材料物资的计划成本和结转实际成本大于计划成本的超支差异。期末余额在借方,反映已收到发票账单付款或已开出承兑商业汇票,但尚未到达或尚未验收入库的在途材料物资的实际成本。

2. "原材料"账户

与实际成本法下原材料账户核算内容相同,但借方、贷方和余额均反映材料的计划成本。

3. "材料成本差异"账户

用于核算企业各种材料实际成本与计划成本的差异,属于调整账户。该账户中,借方登记入库材料实际成本大于计划成本的差异(超支差);贷方登记入库材料实际成本小于计划成本的差异(节约差)和分配发出材料应负担的材料成本差异(超支差异用蓝字,节约差异用红字)。期末余额若在借方,反映结存材料的超支差异;若在贷方,反映结存材料的节约差异。

(三)库存材料计划成本法的收发核算

1. 库存材料外购

施工企业外购材料时,如同采用实际成本法核算一样,也要根据结算方式和采购地点的不同,做出相应的账务处理。在计划成本法下,取得材料先要记入"材料采购"账户,材料的实际成本与计划成本的差异,通过"材料成本差异"账户核算。

(1)货款付讫,材料验收入库。

【例 9-10】 方兴建筑工程公司从 B 公司购入材料 100 t,买价计 60 000 元,增值税税率 13% 运费 2 000 元,增值税税率 9%,以银行存款支付,材料验收入库,计划单位成本 80 元支付货款时,应编制会计分录如下。

借:材料采购 62 000

应交税费——应交增值税(进项税额) 7 890

贷:银行存款 69 890

材料入库时,应编制会计分录如下。

借:原材料 58 000

贷:材料采购 58 000

结转入库材料成本差异时,62 000 - 58 000 = 4 000(即超支差异)应编制会计分录如下。

借:材料成本差异 4 000

贷:材料采购 4 000

(2)货款已付(或已开出承兑商业汇票),材料未验收入库。

【例 9-11】 方兴建筑工程公司从外地购入材料 200 t,买价 74 000 元,增值税税率 13%,运杂费 4 000 元,增值税税率 9%,企业开出并承兑一张面值为 78 000 元,期限 3 个月的商业承兑汇票,材料尚未运达。应编制会计分录如下。

借:材料采购 78 000

应交税费——应交增值税(进项税额) 9 980(9 620 + 360)

贷:应付票据 87 980

待材料验收入库,实收 198 t,计划成本 400 元/t,应编制会计分录如下。

借:原材料 79 200

贷:材料采购 79 200

结转入库材料成本差异时,应编制会计分录如下。

78 000 - (198 × 400) = 78 000 - 79 200 = -1 200 元(即节约差)

借:材料采购 1 200

贷:材料成本差异 1 200

(3)材料入库,但发票账单未到,货款未付。

【例 9-12】 方兴建筑工程公司购入水泥一批,并已验收入库,月末发票账单未到,货款未付。月末按计划成本 20 000 元暂估入账。应编制会计分录如下。

借:原材料 20 000

贷:应付账款——暂估应付账款 20 000

下月初用红字冲回(用方框处理)时,应编制会计分录如下。

借:原材料 [20 000]

贷:应付账款——暂估应付账款 [20 000]

日后收到发票账单并支付款项时,按正常程序记账。

(4)材料验收入库时,发现短缺、毁损的账务处理(同实际成本法)。

【例 9-13】 方兴建筑工程公司购入钢材一批,买价 13 000 元,增值税税率 13%,运杂费 400 元,增值税税率 9%,共计 13 400 元,以银行存款支付。验收入库时,发现短损,确定由运输单位赔偿 800 元,该批钢材的计划成本为 13 000 元。

付款时,应编制会计分录如下。

借:材料采购　　13 400

　　应交税费——应交增值税(进项税额)　　1 726(1 690 + 36)

　　贷:银行存款　　15 126

要求责任方赔偿时,应编制会计分录如下。

借:其他应收款——某运输单位　　800

　　贷:材料采购　　800

验收入库时,应编制会计分录如下。

借:原材料　　13 000

　　贷:材料采购　　12 600

　　　　材料成本差异　　400

2. 库存材料发出

施工企业采用计划成本法进行材料日常核算时,所有材料的领料凭证均是按计划成本计价的。为了简化核算,月份终了,财会部门根据领用材料的计划成本和应分摊的材料成本差异,合并编制发料凭证汇总表,据以进行相应的账务处理。发料凭证汇总表的格式见表 9-5。

表 9-5　发料凭证汇总表

2020 年 6 月 30 日

材料类别 受益对象		主要材料		结构件		机械配件		其他材料		合计/元	
		计划成本/元	差异率/1%	计划成本/元	差异率/2%	计划成本/元	差异率/1.5%	计划成本/元	差异率/1.1%	计划成本	差异额
工程施工		460 000	4 600	180 000	360	—	—	—	—	478 000	4 960
其中	Ⅰ工程	380 000	3 800	10 000	200	—	—	—	—	390 000	4 000
	Ⅱ工程	80 000	800	8 000	160	—	—	—	—	88 000	960
机械作业		—	—	—	—	6 000	90	2 000	22	8 000	112
辅助生产		12 000	120	—	—	—	—	—	—	12 000	120
管理部门		—	—	—	—	—	—	4 000	44	4 000	44
合计		472 000	4 720	180 000	360	6 000	90	6 000	66	502 000	5 236

【例 9-14】 根据表 9-5 发料凭证汇总表,编制会计分录如下。

(1)根据表中的计划成本,编制会计分录如下。

借:工程施工——合同成本(Ⅰ工程)　　390 000

　　　　　　——合同成本(Ⅱ工程)　　88 000

　　机械作业　　8 000

　　生产成本——辅助生产成本　　12 000

管理费用　4 000
贷:原材料——主要材料　472 000
——结构件　180 000
——机械配件　6 000
——其他材料　6 000

(2)结转发出材料应负担的材料成本差异,编制会计分录如下。

借:工程施工——合同成本(Ⅰ工程)　4 000
——合同成本(Ⅱ工程)　960
机械作业　112
辅助生产　120
管理费用　44
贷:材料成本差异——主要材料　4 720
——结构件　360
——机械配件　90
——其他材料　66

三、委托加工物资的核算

施工企业有时需要将某种库存材料物资委托其他单位加工,以满足施工生产的需要。例如,将木料加工为成材、将空心钢加工为门窗等。材料物资经过委托加工后,其品种、规格均与加工前不同,而且材料物资的价值也将发生变化。因此,委托加工物资应单独设置账户进行核算。

"委托加工物资"账户用来核算企业委托外单位加工的各种物资的实际成本。该账户属于资产类账户,借方登记发生加工物资的实际成本、支付的加工费、应负担的往返运杂费及应计入委托加工物资成本的税金;贷方登记加工完成收回物资和退回剩余物资的实际成本。期末若有余额在借方,反映在外加工尚未完成物资的实际成本。该账户应按加工合同和受托加工单位设置明细分类账户,进行明细核算。

委托加工物资的核算分为三个步骤。

1. 向受托方发出加工物资

企业发给受托方加工的物资,按实际成本核算的企业以实际成本或按计划成本核算的企业以计划成本,借记"委托加工物资"账户,贷记"原材料"等账户。按计划成本核算的企业,还应同时结转成本差异,实际成本大于计划成本的差异,借记"委托加工物资"账户,贷记"材料成本差异"等账户;实际成本小于计划成本的差异,进行相反的会计分录。

2. 支付加工费、运输费及相关税金

企业支付加工费用及承担的运杂费等,应借记"委托加工物资"账户、"应交税费应交增值税(进项税额)"等账户,贷记"银行存款"等账户。

3. 加工完成委托方验收入库

加工完成验收入库的物资和剩余的物资,按加工收回物资的实际成本和剩余物资的实际成本,借记"原材料""库存商品"等账户(采用计划成本或售价核算的企业,按计划成本或售价记

入“原材料”或“库存商品”账户，实际成本与计划成本或售价之间的差异，记入“材料成本差异”或“商品进销差异”账户），贷记“委托加工物资”账户。

【例9-15】 方兴建筑工程公司发出A材料一批，委托M公司加工成B材料。假定方兴公司的存货采用实际成本计价。A材料的实际成本为240 000元，支付加工费30 000元，往返运杂费4 000元，款项以银行存款结算。B材料加工完毕验收入库。委托加工全过程，方兴公司应做如下账务处理：

(1)发出委托加工材料时，应编制会计分录如下。

借：委托加工物资 M公司　　240 000

　贷：原材料——A材料　　240 000

(2)支付加工费、运杂费和税金时，应编制会计分录如下。

借：委托加工物资——M公司　　34 000

　贷：银行存款　　34 000

(3)B材料加工完毕验收入库时，应编制会计分录如下。

借：原材料——B材料　　274 000

　贷：委托加工物资　　274 000

【例9-16】 同【例9-15】，假定方兴建筑工程公司的存货采用计划成本计价。A材料的计划成本差异率为-1%，加工完毕验收入库的B材料计划成本差异率为+2%。委托加工全过程，方兴公司应做如下账务处理：

(1)发出委托加工材料时，应编制会计分录如下。

借：委托加工物资——建桥公司　　240 000(实际成本)

　贷：原材料——A材料　　242 400(计划成本)

　　材料成本差异　　2 400(差异额)

(2)支付加工费、装卸费时，应编制会计分录如下。

借：委托加工物资——建桥公司　　34 000

　贷：银行存款　　34 000

(3)B材料加工完毕验收入库时，应编制会计分录如下。

借：原材料——B材料　　279 480

　贷：委托加工物资　　274 000

　　材料成本差异　　5 480

四、存货的期末计价

按照相关规定存货采用成本与可变现净值孰低计价。

成本与可变现净值孰低法，是指按照存货的成本与可变现净值两者之中的较低者对期末存货进行计量的一种方法。采用这种方法，当期末存货的成本低于可变现净值时，存货仍按成本计量；当期末存货的可变现净值低于成本时，存货则按可变现净值计量。

所谓成本，是指期末存货的实际成本，即采用先进先出法、加权平均法等存货计价方法，对发出存货(或期末存货)进行计价所确定的期末存货账面成本。如果存货的日常核算采用计划成本法、售价金额核算法等简化核算方法，则期末存货的实际成本是指通过差异调整而确定的存货成本。

所谓可变现净值，是指在日常活动中，存货的估计售价减去至完工时估计将要发生的成本、估计的销售费用以及相关税费后的金额。存货在销售过程中，不仅会取得销售收入，也会发生销售费用和相关税费；为使存货达到预定可销售状态，还可能发生进一步的加工成本。这些销售费用、相关税费和加工成本，均构成销售存货产生的现金流入的抵减项目，只有扣除了这些现金流出后，才能确定存货的可变现净值。因此，可变现净值不是指存货的预计售价或合同价，而是指存货的预计未来净现金流入量。

采用成本与可变现净值孰低法对期末存货进行计量，当某项存货的可变现净值跌至成本以下时，表明该项存货为企业带来的未来经济利益将低于账面成本，企业应按可变现净值低于成本的差额确认存货跌价损失，并将其从存货价值中扣除，否则，就会虚计当期利润和存货价值；而当可变现净值高于成本时，企业则不能按可变现净值高于成本的金额确认这种尚未实现的存货增值收益，否则，也会虚计当期利润和存货价值。因此，成本与可变现净值孰低法体现了谨慎性的要求。

企业应当在期末对存货进行全面清查，由于存货毁损、全部或部分陈旧过时或销售价格低于成本等原因，使存货成本高于可变现净值的，应当按可变现净值低于存货成本部分计提存货跌价准备，借记“管理费用——计提的存货跌价准备”，贷记“存货跌价准备”，恢复价值时做相反分录，其金额应以入账的减少数为限。

任务实施

按照任务引入中要求，利用计划成本法进行分析如下：

（1）材料成本差异率 = (−1 000 + 400) / (100 000 + 150 000) × 100% = −0.24%。

（2）领用材料应负担的材料成本差异 = 200 000 × (−0.24%) = −480（元）。

（3）当月工程领用材料的实际成本 = 200 000 + (−480) = 199 520（元）。

任务评价

任务评价表见表 9-6。

表 9-6　任务评价表

序号	评价内容	评价标准	分数	评分记录		
				学生自评	组间互评	教师评分
1	材料成本差异率	计算材料成本差异率正确的，30 分	30			
2	领用材料应负担的材料成本差异	计算领用材料应负担的材料成本差异正确的，30 分	30			
3	当月工程领用材料的实际成本	计算当月工程领用材料的实际成本正确的，40 分	40			
总分			100			

任务三　核算周转材料及低值易耗品

任务引入

某施工企业跳板使用期限 18 个月，单位成本 14 403 元，预计残值率为 5%。本月领用跳板 8 m^3。请利用分期摊销法对周转材料进行摊销分析。

任务描述

建筑施工企业的周转材料在施工生产过程中可以反复使用，并不改变其原来的实物形态，其价值是逐渐转移到成本、费用中去，应根据周转材料的使用情况和特点，需要采取科学、合理的摊销方法进行价值摊销。

相关知识

一、周转材料的核算

(一)周转材料的概念

周转材料是指企业在生产经营过程中能够多次使用，逐渐转移其价值，仍可基本保持原有实物形态而不确认为固定资产的各种材料。企业会计准则规范的周转材料包括包装物、低值易耗品和建筑承包商的钢模板、木模板、脚手架、安全网等。

(二)周转材料的分类

周转材料按其用途和特点的不同可分为以下类别。

1. 一般工商企业的周转材料

一般工商企业的周转材料主要包括包装物和低值易耗品。

包装物是指为了包装本企业商品而储备的各种包装容器，如桶、箱、瓶、坛、袋等。包装物的主要功能是盛装商品、方便运输、防止毁损、装潢外观。

低值易耗品是指使用年限较短、单位价值较低、不符合固定资产确认条件的各种用具物品，如工具、管理用具、玻璃器皿、劳动保护用品等。

2. 施工企业的主要周转材料

施工企业的周转材料主要包括以下项目内容。

(1)模板。指浇灌混凝土使用的木模、组合钢模(图 9-1)等，包括配合模板使用的支撑材料、滑模材料和构件(图 9-2)等，但按固定资产管理的固定钢模和现场使用固定大型钢模板不包括在内。

(2)挡板。指土方工程使用的挡土板等，其中包括支撑材料。

(3)架料。指搭脚手架用的竹竿(图 9-3)、木杆、钢踏板(图 9-4)、钢管脚手架及其附件等。

(4)其他。指除以上各类外，作为流动资产管理的其他周转材料，如安全网(图 9-5)、护栏塔吊使用的轻轨、枕木等，但不包括附属于塔吊的钢轨。

图 9-1　组合钢模

图 9-2　竖向构件

图 9-3　竹竿

图 9-4　钢踏板

图 9-5　安全网

3. 周转材料的摊销方法

施工企业周转材料的摊销方法有以下几种。

(1)一次摊销法,是指在领用时将其全部价值一次计入成本、费用的方法,一般应限于价值较低或易于损坏的周转材料,如安全网等。

(2)五五摊销法,是指在领用时将其价值的一半计入成本、费用,在其报废时再摊销其余一半的方法,一般适用于价值相对较高、使用期限略长的工具、用具、挡土板等,也适用于每期领用和报废大致相当的各种物品。

(3)分期摊销法,是指根据周转材料的预计使用期限分期将其领用价值摊入成本、费用的方法,一般适用于脚手架、跳板、塔吊轻轨、枕木等周转次数较多的周转材料。其计算公式如下。

$$\text{周转材料每月摊销额}=\frac{\text{周转材料原价(实际成本或计划成本)}\times(1-\text{预计残值率})}{\text{预计使用月数}} \tag{9-12}$$

(4)分次摊销法,是指根据周转材料的预计使用次数将其领用价值分次摊入成本、费用的方法,一般适用于钢模板、木模板、挡板等使用次数较小的周转材料。其计算公式如下。

$$\text{周转材料每次摊销额}=\frac{\text{周转材料原价(实际成本或计划成本)}\times(1-\text{预计残值率})}{\text{预计使用次数}} \tag{9-13}$$

$$\text{本期摊销额}=\text{每次摊销额}\times\text{本期使用次数} \tag{9-14}$$

(5)定额摊销法,是指根据实际完成的实物工作量和预算定额规定的周转材料消耗定额,计算确认本期应摊销额的方法,一般适用于模板等周转材料。其计算公式如下。

$$\text{周转材料每次摊销额}=\text{本期完成的实物工作量}\times\text{单位工程量周转材料的消耗定额} \tag{9-15}$$

以上各种周转材料的摊销方法,由企业根据具体情况确定,一经确定不得随意变更,如果改变,需要在会计报表附注中加以说明。

(三)周转材料的核算

施工企业为了反映周转材料的增减变化,应设置"周转材料"科目。该科目中,借方登记企业库存及在用周转材料的计划成本或实际成本;贷方登记周转材料的推销价值及盘亏、报废、毁损等减少的周转材料价值。期末借方余额,反映期末在库周转材料的计划成本或实际成本,以及在用周转材料的推余价值。"周转材料"科目余额应列入资产负债表中的"存货"项目,并在会计报表附注中说明周转材料的摊销方法。

该科目应设置"在库周转材料""在用周转材料"和"周转材料摊销"三个明细账户,并按周转材料的种类设置明细分类账,进行明细核算。采用一次转销法的,可以不设置以上三个明细账户。

(1)购入、自制、委托外单位加工完成并已验收入库的周转材料,应比照"原材料"的相关规定进行账务处理。

(2)领用周转材料,如采用一次摊销法,应将其领用的全部账面成本一次摊销完毕,直接借记"工程施工"等账户,贷记"周转材料"账户。如采用其他摊销法,应将其领用的价值暂由在库转为在用;摊销时,按摊销额,借记"工程施工"等账户,贷记"周转材料摊销"账户;退库时,按其全部价值,由在用转为在库。

(3)报废周转材料,应将已推销额,借记"周转材料——周转材料摊销"账户,回收残值,借记"原材料"账户,应补提的摊销额,借记"工程施工"等账户,贷记"周转材料——在用周转材料"科目。

采用计划成本核算周转材料,应于月末,结转当月领用周转材料应分推的成本差异。

【例 9-17】 某工程项目本月领用分次摊销的钢模板计划成本 40 000 元,本月应摊销 8 000 元。另外本月报废上年度领用的模板一批,计划成本为 60 000 元,已摊销数为 70%,其余 30% 应在本月摊销。该模板的材料成本差异率为 -2%，残值率为 6%。

(1)领用时按计划成本由在库转为在用，应编制会计分录如下。

借：周转材料——在用周转材料　　40 000

　贷：周转材料——在库周转材料　　40 000

(2)同时，摊销 8 000 元，应编制会计分录如下。

借：工程施工——合同成本　　8 000

　贷：周转材料——周转材料摊销　　8 000

(3)报废时将报废模板补提摊销，摊销额 = 60 000 × (1 - 6%) - 60 000 × 70% = 14 400 元，应编制会计分录如下。

借：工程施工——合同成本　　14 400

　贷：周转材料——周转材料摊销　　14 400

(4)将报废模板收回的残料交库，并转销报废模板的计划成本，应编制会计分录如下。

借：原材料　　3 600

　周转材料——周转材料摊销　　56 400

　贷：周转材料——在用周转材料　　60 000

(5)月末结转报废模板应分配的材料成本差异 -1 200 元[60 000 × (-2%)]，应编制会计分录如下。

借：工程施工——合同成本　　1 200

　贷：材料成本差异——周转材料　　1 200

【例 9-18】 某工程项目本月领用分次摊销的钢模板一批，计划成本 30 000 元，本月应摊销 8 000 元。使用几个月后，报废模板一批，计划成本 10 000 元，估计残值 1 000 元作为其他材料，已验收入库报废当月模板计划成本 28 000 元，已摊销 19 500 元。该模板的材料成本差异率为贷差 2%。

(1)领用时按计划成本由在库转为在用。

借：周转材料——在用周转材料　　30 000

　贷：周转材料——在库周转材料　　30 000

(2)计提摊销额 8 000 元。

借：工程施工——合同成本　　8 000

　贷：周转材料——周转材料摊销　　8 000

以后各月计提各月摊销时，均按上述方法作摊销分录。

(3)报废模板报废时补提摊销额的计算，公式如下：

$$报废模板报废应补提的摊销额 = 应提摊销额 - 已提摊销额$$

$$已提摊销额 = 报废模板的计划成本 \times \frac{模板账面已提摊销额}{模板账面计划成本}$$

根据上述计算公式，本例计算如下：

应提摊销额 = 10 000 - 1 000 = 9 000(元)；

已提摊销额 = 10 000 × (19 500 ÷ 28 000) ≈ 6 964(元)；

应补提摊销额 = 10 000 - 1 000 - 6 964 = 2 036(元)。

根据上述计算结果,应编制会计分录如下。

借:工程施工——合同成本　　2 036

　　贷:周转材料——周转材料摊销　　2 036

(4)将报废模板收回的残料交库,并转销报废模板的计划成本,应编制会计分录如下。

借:原材料　　1 000

　　周转材料——周转材料摊销　　9 000

　　贷:周转材料——在用周转材料　　10 000

(5)月末结转报废模板应分配的材料成本差异200元[10 000×2%],应编制会计分录如下。

借:工程施工——合同成本　　200

　　贷:材料成本差异——周转材料　　200

二、低值易耗品的核算

1. 低值易耗品的概念和内容

低值易耗品是指单项价值在规定限额之内或使用期限低于规定时间,能多次使用且基本上保持其实物形态的物品。低值易耗品具有劳动资料的某些特征,但由于其价值较低,容易损坏等,所以在核算中一般都是将其视作材料进行管理和核算。

施工企业的低值易耗品种类较多,按其在施工生产中的作用可划分为如下四类:

(1)生产工具,指在施工生产过程中使用的各种生产工具,如铁锹、铁镐、手推车等。

(2)劳保用品,指发给工人在施工生产中使用的各种劳动保护用品。

(3)管理用具,指在管理和服务工作中使用的价值较低而又易于损耗的各种家具和用具。

(4)试验用的玻璃器皿。

对低值易耗品的确认,虽然在原则上可采用单项价值和使用期限两条标准,但实际工作中仍不免产生一些困难或混乱。因此,在我国常由企业主管部门征得财政部门同意后,制订低值易耗品目录、作为所属单位区分固定资产与低值易耗品的具体依据。

2. 低值易耗品的摊销

由于低值易耗品可以多次使用而不改变其实物形态,有的在使用过程中需要进行维修,报废时也有一定的残值,这些特点都与固定资产相似,但其价值损耗不是采用计提折旧的方式进行补偿,而是以摊销的方式计入成本。容易破碎的可以在领用时一次摊销外,其余都应在领用时转作在用低值易耗品,并按一定的方法,将其价值分期摊销。施工企业低值易耗品的摊销方法主要有以下几种。

(1)分期摊销。价值较大的,可以根据耐用期限分期摊入成本费用。

(2)"五五"摊销法。在领用低值易耗品时,摊销其价值的50%,报废时再摊销50%(扣除残值)的一种方法。

(3)一次摊销法。价值较小的,可以在领用时一次计入成本、费用。玻璃器皿等易碎物品可不论其价值大小,在领用时一次计入成本。

低值易耗品的摊销方法,一般由企业主管部门或由企业根据具体情况自行规定。当企业规定采用某种摊销方法之后,则不能随意改变。

3. 低值易耗品的核算

为了核算和监督低值易耗品的采购、领用和摊销的情况,施工企业应设置"低值易耗品"科目。本科目下设"在库低值易耗品""在用低值易耗品"和"低值易耗品摊销"三个明细账户。

现举例说明"五五"摊销法摊销低值易耗品的核算。

【例 9-19】 假设行政管理部门领用工具一批,计划成本为 3 000 元,本月报废工具计划成本为 600 元,残料 50 元入库,本月材料成本差异率为借差 2%。

(1)领用时按计划成本由在库转为在用,应编制会计分录如下。

借:低值易耗品——在用低值易耗品　　3 000

　贷:低值易耗品——在库低值易耗品　　3 000

(2)同时,按计划成本摊销 50%,应编制会计分录如下。

借:管理费用　　1 500

　贷:低值易耗品——低值易耗品摊销　　1 500

(3)报废时将报废工具计划成本的 50% 扣除线料价值后摊销,应编制会计分录如下。

借;管理费用　　250

　贷:低值易耗品——低值易耗品摊销　　250

(4)将报废工具收回的残料作为其他材料入库,并转销报废生产工具的计划成本,应编制会计分录如下。

借:原材料　　50

　低值易耗品——低值易耗品摊销　　550

　贷:低值易耗品——在用低值易耗品　　600

(5)月末结转报废工具应分配的材料成本差异 12 元(600 ×2%),应编制会计分录如下。

借:管理费用　　12

　贷:材料成本差异——低值易耗品　　12

任务实施

按照任务引入中要求,根据分期摊销法施工企业的跳板摊销额为

$$\text{本月跳板摊销额} = \frac{8 \times 1\ 440 \times (1 - 5\%)}{18} = 608(\text{元})$$

任务评价

任务评价表见表 9-7。

表 9-7 任务评价表

序号	评价内容	评价标准	分数	评分记录		
				学生自评	组间互评	教师评分
1	分期摊销法	计算分期摊销法正确的,100 分	100			
总分			100			

任务四　核算材料盘盈盘亏和材料跌价准备

任务引入

某施工企业郑西项目部根据发生的有关存货盘亏和毁损的经济业务，盘亏盘圆 HRB300，规格为 Φ10，实际成本为 3 000 元，原因待查。后经查明原因，盘亏盘圆 HRB300 是定额内合理损耗，批准作为管理费用列支。根据资料做出会计分录。并将盘圆 HRB300 实际数量 500 t，利用物资管理软件填制“用料单位月末盘点”单，如图 9-6 所示。

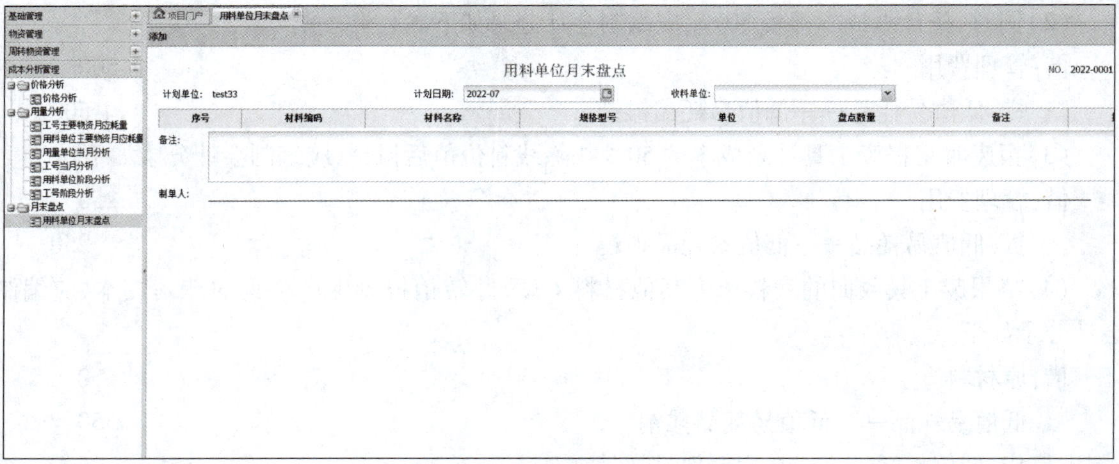

图 9-6　用料单位月末盘点单

任务描述

施工企业因计划不周、盲目采购等原因，可能引起材料物资超储积压等现象。为了保护企业流动资产的安全和完整，做到账实相符，企业必须对存货进行定期或不定期的清查盘点。企业对存货进行清查盘点后，确定各种存货的实际库存数量，并与账面结存数量核对，从而查明存货盘盈、盘亏和毁损的数量以及造成存货盘盈、盘亏和毁损的原因，明确责任。

相关知识

一、材料盘盈盘亏的核算

（一）材料的清查盘点

施工企业的存货品种规格多、数量大、收发频繁。在存货的收发和保管过程中，由于计量误差、管理不善、核算差错、检验疏忽、自然损耗等原因，常会发生账实不符的现象。为保护存货的安全完整，对存货进行定期或不定期的清查是保证账实相符的必要手段。

施工企业存货清查通常采用实际盘点和技术推算的方法。前者通过盘点确定各种存货的实际库存数，并与账面结存数相核对；后者是对那些大量的成堆的存货，采用量方、计尺等技术方法，对存货的实存数进行推算。企业存货平时可以进行不定期清查，年末编制年报前，进行定期、全面清查。

存货是企业资产的重要组成部分，且处于不断销售或耗用以及重置之中，具有较强的流动性。为了加强对存货的控制，维护存货的安全完整，企业应当定期或不定期对存货的实物进行盘点和抽查，以确定存货的实有数量，并与账面记录进行核对，确保存货账实相符。企业至少应当在编制年度财务会计报告之前，对存货进行全面的清查盘点。

存货清查采用实地盘点、账实核对的方法为，在每次进行清查盘点前，应将已经收发的存货数量全部登记入账，并准备盘点清册，抄列各种存货的编号、名称、规格和存放地点。盘点时，应在盘点清册上逐一登记各种存货的账面结存数量和实存数量并进行核对。对于账实不符的存货，应查明原因，分清责任，并根据清查结果编制“存货盘存报告单”，作为存货清查的原始凭证。

施工企业造成账实不符的原因主要有：①建筑安装材料种类繁多，收发频繁；②分散在各个仓库，现场存储；③材料计量不准；④自然损耗；⑤收发时点错数量；⑥人为短缺。因此，必须通过清查盘点进行检查核实。材料的清查盘点，在平时应当轮流进行。每年在编制年度财务决算以前，还要进行一次全面清查盘点，使年度会计报表的数字正确可靠。

素养教育

三省吾身

曾子（图9-7）曰：“吾日三省吾身——为人谋而不忠乎？与朋友交而不信乎？传不习乎？”（图9-8）遇到问题时切莫责怪他人，而应先反过来从自己身上找出问题的症结，并努力加以改正。

图9-7　曾子

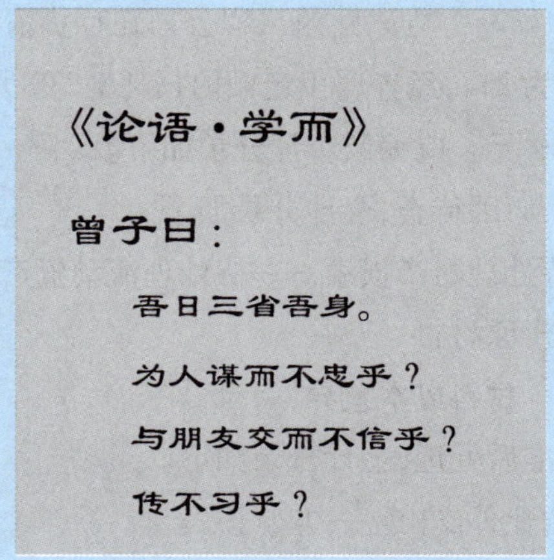

图9-8　论语：学而篇之吾日三省吾身

材料清查盘点人员发现实存材料数量和“材料卡片”结存数量不符时，要查明原因，分清责任，并填制“材料盘点盈亏报告单”经清查领导小组审查、鉴定，提出处理意见后，按规定报有关部门审批。“材料盘点盈亏报告单”见表9-8。

表 9-8　材料盘点盈亏报告单

材料仓库：　　　　　　　　　　　　　　　　　　　　　　　　2020 年 12 月 25 日

材料二级科目	材料编号	材料名称规格	计量单位	数量		计划单价	盘盈		盘亏		盈亏原因	分摊材料成本差异（+2%）
				账存	实存		数量	金额	数量	金额		
主要材料	1506	标号 40 水泥	t	350	345	100			5	500		2
合计										2 800		

清查领导小组：　　　　　　　　　　仓库保管员：　　　　　　　　　　清点：

材料盘点的盈亏，可以分为两大类。一类是经查明属于材料明细账卡记录的错误，如收发数量登记错误，金额计算错误、明细账卡加减计算错误，登记时搞错材料规格，造成一种规格多、一种规格少等。对这些差错，可由材料核算人员开列清单，注明原因，经会计部门复核后，按规定的改正错误的方法进行更正。另一类是真正的材料盘点盈亏，也可能包括未经查明属于明细账卡登记的错误。对于真正的材料盘点盈亏，应于期末前查明原因，并根据企业的管理权限，经股东大会或董事会，或经理（厂长）会议或类似机构批准后，在期末结账前处理完毕。盘盈的存货，应当冲减当期的管理费用；盘亏的存货，在减去过失人或保险公司等赔款和残料价值后，计入当期管理费用；属于非常损失的、计入营业外支出。

（二）材料盘盈盘亏的核算

存货的盘盈、盘亏、毁损，通过“待处理财产损溢”科目核算。盘盈的存货，应冲减当期的管理费用；盘亏、毁损的存货，在减去过失人或保险公司等赔款和残料价值后，计入当期管理费用，属于非常损失的，计入营业外支出。

凡由于人力不可抗拒的自然灾害等原因造成的材料短缺，按规定手续报经有关部门批准后，应将扣除保险公司赔款后的净损失，记入“营业外支出——非常损失”科目的借方。

1. 材料清查过程中盘亏的核算

【例 9-20】　方兴建筑工程公司在存货清查中，盘亏木材一批其计划成本 4 000 元，材料成本差异率为 2%，经查属于定额内损耗 1 280 元，自然灾害造成损失 2 000 元，应由保险公司赔偿的损失 800 元。应编制会计分录如下。

盘亏，原因待查，会计分录如下。

借：待处理财产损溢——待处理流动资产损溢　　4 080
　贷：原材料　　4 000
　　材料成本差异　　80

经批准后处理，会计分录如下。

借：营业外支出——非常损失　　2 000
　　管理费用　　1 280
　　其他应收款——某保险公司　　800
　贷：待处理财产损溢——待处理流动资产损溢　　4 080

2. 材料盘盈的核算

对于材料盘盈，在发生时，应按计划价格成本计入原材料科目的借方和“待处理财产损溢——待处理流动资产损溢”科目的贷方。

按规定报经批准后，将盘盈材料自“待处理财产损溢——待处理流动资产损溢”科目转入“管理费用”科目的贷方。

【例 9-21】　某施工企业在清查中发现下列材料账实不符：盘盈甲材料（主要材料）一批，按计划成本价为 1 500 元；主要材料乙材料盘亏 500 元，经确认其中属自然耗费 200 元，由于管理人员工作失职损失 50 元，因自然灾害造成的毁损 250 元，林料成本差异率为借差 2%。根据上述资料，对盘盈盘亏作会计分录。

（1）根据盘盈盘亏结果，做如下分录。

借：原材料——甲材料　　1 500

　　贷：待处理财产损溢——待处理流动资产损溢　　1 500

借：待处理财产盘盈——待处理流动资产盘盈　　510

　　贷：原材料——乙材料　　500

　　　　材料成本差异　　10

（2）上述盘盈盘亏材料按规定程序经批准予以转销，分录如下。

借：待处理财产损溢——待处理流动资产损溢　　1 500

　　贷：管理费用　　1 500

借：管理费用　　204

　　其他费用收款——某人　　51

　　营业外支出　　255

　　贷：待处理财产损溢——待处理流动资产损溢　　510

二、材料跌价准备的核算

《企业会计制度》规定，存货采用成本与可变现净值孰低计价。企业应当在期末对存货进行全面清查，由于存货毁损、全部或部分陈旧过时或销售价格低于成本等原因，使存货成本高于可变现净值的，应当按可变现净值低于存货成本部分计提存货跌价准备。如前所述，这里的“成本”是指期末存货的实际成本；“可变现净值”是指正常生产经营情况下的存货预计未来现金流量。

企业在对存货进行定期检查时，如果存在下列情况之一，表明存货的可变现净值低于成本：

（1）该存货的市场价格持续下跌，并且在可预见的未来无回升的希望。

（2）企业使用该项原材料生产的产品的成本高于产品的销售价格。

（3）企业因产品更新换代，原有库存原材料已不适应新产品的需要，而该原材料的市场价格又低于其账面成本。

（4）因企业所提供的商品或劳务过时或消费者偏好改变而使市场的需求发生变化、导致市场价格逐渐下跌。

（5）其他足以证明该项存货实质上已经发生减值的情形。

企业采用备抵法核算存货跌价损失，应设置“存货跌价准备”账户，该账户属于存货的备抵账户，贷方登记计提的跌价准备数；借方登记冲减的跌价准备，期末贷方余额，反映企业已提取的跌价准备。当可变现净值低于成本时，计算出应计提的准备，与“存货跌价准备”账户的余额比较，多冲少补。提取时借记“资产减值损失”账户，贷记“存货跌价准备”账户；冲减时则作相反的分录。其冲减的数额应以“存货跌价准备”账户的余额减至零为限。

【例 9-22】 方兴建筑工程公司在 2021 年末开始计提存货跌价准备，有关资料见表 9-9。

表 9-9　存货资料表　　单位:元

日期	成本	可变现净值	日期	成本	可变现净值
2018. 12. 31	200 000	180 000	2020. 12. 31	240 000	234 000
2019. 12. 31	220 000	196 000	2021. 12. 31	250 000	256 000

(1)2018 年末，应计提跌价准备为

应计提跌价准备 200 000 − 180 000 = 20 000(元)

应编制会计分录如下。

借:资产减值损失——计提的存货跌价准备　　20 000

　贷:存货跌价准备　　20 000

该年末计提后，“存货跌价准备”账户贷方余额为 20 000 元。

(2)2019 年末，应计提跌价准备为

应计提跌价准备(220 000 − 196 000) − 20 000 = 4 000(元)

应编制会计分录如下。

借:资产减值损失——计提的存货跌价准备　　4 000

　贷:存货跌价准备　　4 000

该年末计提后，“存货跌价准备”账户贷方余额为

20 000 + 4 000 = 24 000(元)

(3)2020 年末，应冲减跌价准备为

24 000 − (240 000 − 234 000) = 18 000(元)

应编制会计分录如下。

借:存货跌价准备　　18 000

　贷:资产减值损失——计提的存货跌价准备　　18 000

该年末冲减后，“存货跌价准备”账户贷方余额为

24 000 − 18 000 = 6 000(元)

(4)2021 年末，应冲减跌价准备 6 000 元。应编制会计分录如下。

借:存货跌价准备　　6 000

　贷:资产减值损失——计提的存货跌价准备　　6 000

该年末冲减后，“存货跌价准备”账户贷方余额为

6 000 − 6 000 = 0(元)

任务实施

视频

填制用料单位月末盘点

按照任务引入中要求，根据物资盘点施工企业发生的亏损，会计处理如下。

(1)盘亏 A 材料，实际成本为 3 000 元，原因待查。

借：待处理财产损溢——待处理流动资产损溢　　3 000

　　贷：原材料　　3 000

(2)查明原因，盘亏 A 材料是定额内合理损耗，批准作为管理费用列支。

借：管理费用　　3 000

　　贷：待处理财产损溢——待处理流动资产损溢　　3 000

利用物资管理软件填制用料单位月末盘点单，步骤如下。

(1)物资管理软件填制月末盘点单，单击“成本分析管理”模块，选择“用料单位月末盘点”，单击“添加”按钮，如图 9-9 所示。

(2)填制“收料单位”，单击“选材”按钮，选择“盘圆 HRB300”，单击“确定”按钮，如图 9-10 所示，将盘点数量 500 t 填制到表中。

(3)单击“保存”并“审核”按钮，如图 9-11 所示。

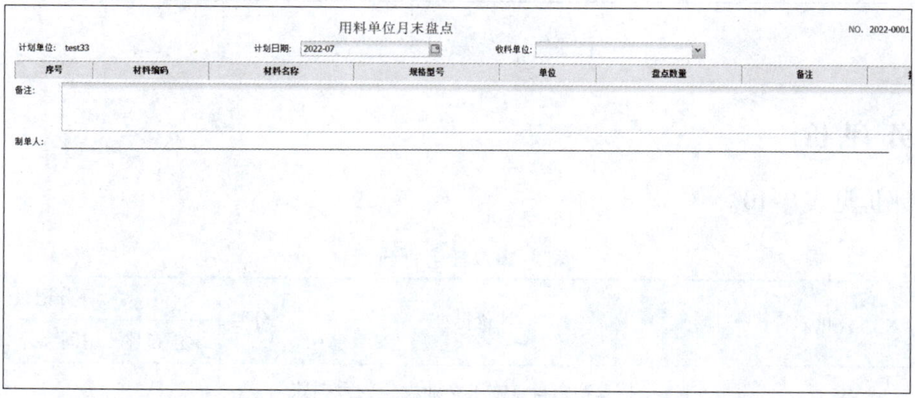

图 9-9　用料单位月末盘点单

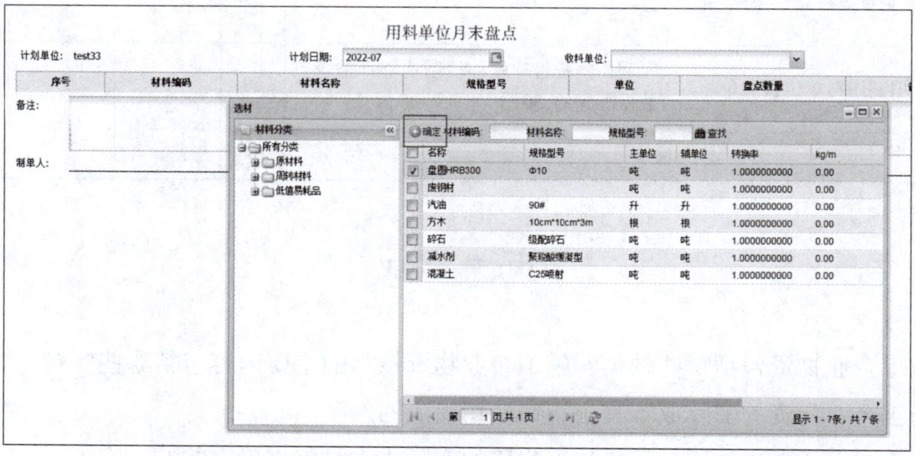

图 9-10　填制月末盘点单

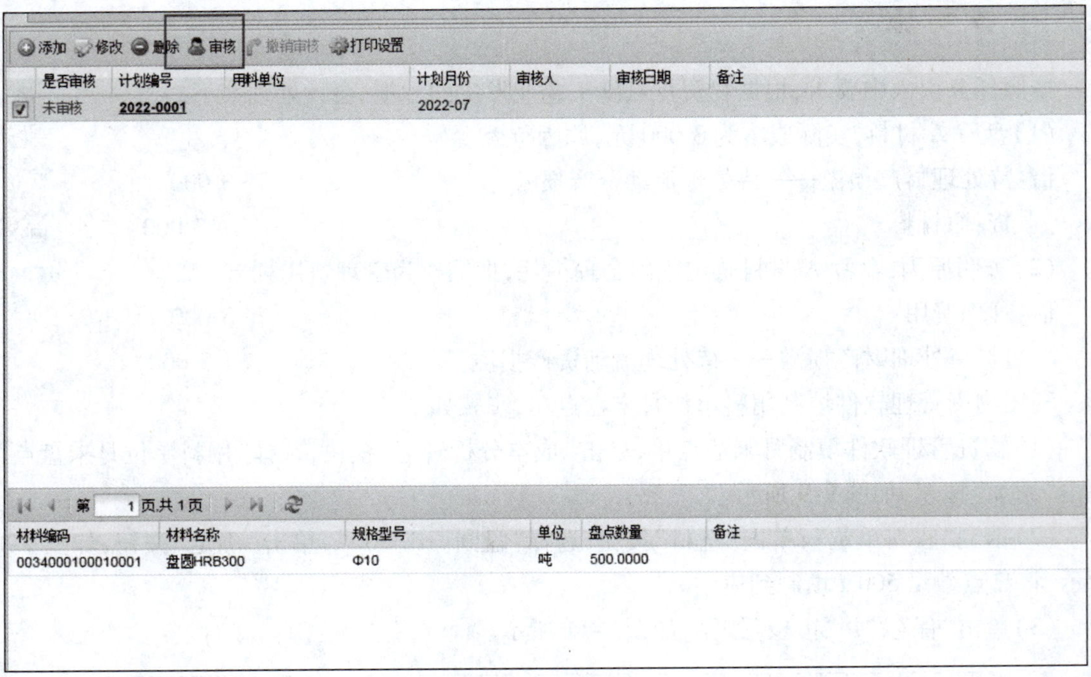

图 9-11　审核月末盘点单

任务评价

任务评价见表 9-10。

表 9-10　任务评价表

序号	评价内容	评价标准	分数	评分记录		
				学生自评	组间互评	教师评分
1	物资盘点施工企业发生的亏损	核算物资盘点施工企业发生的亏损账务处理,客观、正确的,25 分	25			
2	物资盘盈盘亏核算	核算物资盘亏账务处理,客观、正确的,25 分	25			
3	填制用料单位盘点单	利用物资管理软件填制物资月末盘点数量准确的,50 分	50			
总分			100			

巩固练习

1. 施工企业物资包括哪些种类?施工企业物资核算的主要内容包括哪些?
2. 施工企业物资的实际成本是由哪些费用组成的?
3. 什么叫委托加工物资?委托加工物资的实际成本是怎样确定的?

4. 什么叫周转材料？周转材料的分类有哪些？
5. 施工企业的低值易耗品包括哪些？如何进行核算？
6. 施工企业在哪些情况下应提取材料等存货跌价准备？应该如何计算和核算？
7. 存货计划成本法的基本步骤有哪些？
8. 施工企业的主要周转材料有哪些？
9. 施工企业造成账实不符的原因主要有哪些？

参考文献

[1] 段英文,刘敬严. 施工企业物资管理[M]. 北京:中国财富出版社,2017.

[2] 曹俊超,戴克商. 物资管理理论与实务[M]. 北京:清华大学出版社;北京交通大学出版社,2006.

[3] 江建达,颜文华,李佑珍. 物流运输管理:理论、实务、案例、实训[M]. 4 版. 大连:东北财经大学出版社,2021.

[4] 张燕. 物流运输组织与实务[M]. 西安:西安电子科技大学出版社,2017.

[5] 霍红,张玉斌,徐玲玲. 采购实务[M]. 北京:化学工业出版社,2015.

[6] 潘意志,谢华兴,罗厚成. 采购管理实务[M]. 广州:暨南大学出版社,2013.

[7] 卢秀军,吴伟. 大型工程项目物资供应管理实践与思考[M]. 成都:西南财经大学出版社,2014.

[8] 徐丽蕊,杨卫军. 仓储作业实务[M]. 北京:北京理工大学出版社,2016.

[9] 薛威. 仓储作业管理[M]. 3 版. 北京:高等教育出版社,2018.

[10] 张欣,何文敏. 工程的物资仓储管理[M]. 成都:西南交通大学出版社,2010.

[11] 全国物流标准化技术委员会. 物流术语:GB/T 18354—2021. 北京:中国标准出版社,2021.

[12] 方晶晶,邢广媛,邢振祥. 建筑施工企业会计核算实务[M]. 北京:化学工业出版社,2020.